2009年中华文化论坛文集

区域文化与中华文化

中华文化学院 编

顾 问：游洛屏 邵鸿 冯之浚
主 编：黄易宇 于志平
副主编：李道湘 于铭松

知识产权出版社

内容提要

五千年光辉灿烂的中华文化，体现了中华民族的智慧。生活在中华大地上的各民族，在特定的自然和地理环境下创造了各具特色的区域文化，经过交流融合，最终汇合成博大精深、兼容并蓄的中华文明。本书汇集了区域文化与中华文化研究成果，从多个层面展示了丰富多彩中华文化的精神风貌及其现代意义和价值。

责任编辑：赵　军

图书在版编目（CIP）数据

区域文化与中华文化/中华文化学院编．—北京：知识产权出版社，2010.4
ISBN 978-7-80247-681-3
Ⅰ.区…　Ⅱ.中…　Ⅲ.传统文化-中国-文集　Ⅳ.G12-53
中国版本图书馆 CIP 数据核字（2010）第 002680 号

区域文化与中华文化
QUYU WENHUA YU ZHONGHUA WENHUA

中华文化学院　编

出版发行：知识产权出版社

社　　址：北京市海淀区马甸南村 1 号	**邮　　编**：100088
网　　址：http://www.ipph.cn	**邮　　箱**：bjb@cnipr.com
发行电话：010-82000893 82000860 转 8101	**传　　真**：010-82000893
责编电话：010-82000860 转 8127	**责编邮箱**：jyb.999@163.com
印　　刷：北京富生印刷厂	**经　　销**：新华书店及相关销售网点
开　　本：787 mm×1092 mm　1/16	**印　　张**：18.75
版　　次：2010 年 6 月第 1 版	**印　　次**：2010 年 6 月第 1 次印刷
字　　数：235 千字	**定　　价**：58.00 元

ISBN 978-7-80247-681-3/G·320（2800）

目　录

Contents

代　序

在全国中华文化学院工作会议暨“区域文化与中华文化”论坛开幕式上的致辞

何鲁丽

何鲁丽：女，十届全国人大常务委员会副委员长，民革中央原主席，中央社会主义学院原院长

各位嘉宾，同志们，朋友们：

由中央社会主义学院主办、山东省社会主义学院承办的全国中华文化学院工作会议暨“区域文化与中华文化——2009 年中华文化论坛”，今天隆重开幕。我谨向大会表示热烈的祝贺！向与会代表致以诚挚的问候！

中华文化学院成立以来，致力于弘扬中华文化，在开展海外统战工作方面取得了显著的成绩。各省市的文化学院积极利用各自的区域优势，发挥地方特色，推动文化学院工作不断迈上新的台阶，呈现出可喜的局面。近年来，文化学院不断扩大在港澳台及海外的影响，使文化学院正在成为一个对外交流的平台，宣传中华文化的窗口，爱国人士的研修基地，民族宗教、党外人士、统战系统干部历史文化的学习基地。

随着我国国际地位的提高，中华文化更加为人们所关注，文化学院传播中华文化的任务更加繁重。这次文化学院工作会议和文化论坛合二为一，既全面总结一年来的工作经验，又进一步突出了文化学院工作的文化内涵，有利于大家交流经验，凝聚共识，加强自身建设，

进一步提高文化学院的办学和工作水平。

山东是孔孟之乡，是齐鲁文化的摇篮，是中国古代文化发祥地之一。著名的泰山、黄河、儒学和孔子构成了齐鲁文化的标志性特征，“齐鲁之邦一山一水一圣人”的佳话源远流长。山东历史上涌现过大批军事家、文学家、艺术家，对中国的文明作出了巨大的贡献，其影响力至今不衰。今天，全国各地文化学院的领导和专家学者相聚在大明湖畔，探讨区域文化与中华文化的关系，共议文化学院工作发展大计，具有独特的意义。

当前，世界正在经历着一场罕见的金融危机。对此，温家宝总理强调，应对危机最重要的是信心，而信心的增强，源自科学精神和文化底蕴。科学发展观的贯彻落实，给予我们解放思想、与时俱进的力量和智慧，辉煌而灿烂、深厚而丰富的中华文化培育的民族性格和精神是中国人于危难之际不畏惧、不退缩的文化源泉。2009 年是中华人民共和国建国六十周年，中央提出要围绕国庆深入开展群众性的爱国主义教育活动，各地文化学院应发挥自己的特色优势，宣传在中国共产党领导下，各族人民六十年来，尤其是改革开放三十年来团结奋斗所取得的令世人瞩目的成就，结合我国的历史文化，引导学员正确认识我国的基本国情，认识面临的问题和机遇，了解党和国家促进经济平稳较快发展的政策措施和已经取得的成效，在有一定高度的平台上，通过中华文化所传承的中华民族优秀品格来激励大家，坚定信心，增强同舟共济、共渡难关的意志和决心。

相信中华文化学院一定会在弘扬中华文化中作出新的更大的贡献。

最后，祝会议圆满成功！

区域文化的几个理论问题

大众史学时代的地域历史文化研究

邵　鸿

邵鸿：男，九三学社中央副主席，中央社会主义学院副院长

改革开放以来，地域历史文化研究伴随着中国经济、社会和人文社会科学的发展，出现了兴盛繁荣的局面。关于地域历史文化热现象的原因、意义、不足以及应如何改进，已经有很多论述。这里，我想从大众史学的视角对此谈一点看法。

一、大众史学时代正在到来

何谓大众史学？时下对此众说纷纭，指向也不相同。比较常见的，是将大众史学当作一种与精英史学相对立的通俗史学和草根史学，如有相当多的论者将诸如《百家讲坛》和当前市场上畅销的《潜规则》、《明朝的那些事》、《像曹操那样活着》之类的通俗读物归于大众史学，并因此称当前出现了“大众历史热”[1]；也有的将大众史学视为与研究型相对立的应用型史学，典型如美国等发达国家大学历史系的“Applied History”专业，其培养的人才从事的诸如文物保护与开发、历史信息搜集与整理、相关事务的咨询与建议等工作，均属大众史学范畴；[2]还有一种大众史学即所谓的“Public History”，也称为“公

[1] 这方面的文字很多，较有代表性的如：段鹏：《历史研究与大众史学》，《社会科学战线》2006 年第 6 期；解玺璋：《大众史学短与长》，见《谢玺璋的博客》，http://blog. sina. com. cn/m/xiexizhang。而被视为此类大众史学代表人物的易中天和王立群，自称“萝卜史学”和“白菜教授”，也相当典型地强调了其草根性特征。

[2] 杨祥银：《美国公共历史学综述》，《国外社会科学》2001 年第 1 期。

共史学”,它强调史学的关注重点是民众,史学的主要职能是为公众服务,以及史学的操作需要社会大众的主动参与,即所谓 History“of the people, for the people, and by the people”。[1]

在我看来,第一类大众史学其实更应该称为“通俗史学”,第二类则只是“应用史学”,它远不足以概括大众史学的真正本质和内涵。我个人的大众史学概念与上述第三种相近,只是对其意义有更为广泛和宏观的判断。因为,在发达国家流行的“公共史学”,仅仅还是一种贴近大众、偏重应用的史学分支,而我则认为大众史学乃是与现代化相同步的史学革命或者根本性变迁的产物,是新世纪史学的总体模式。也就是说,它是史学进入一个全新时代的标志和基本特征。

从史学史的角度看,以前的数千年中,中国的历史学大致以战国为分界,曾经经过了神学史学和政治史学为支配特征的阶段。前者追求了解神意,“知天心去就之机”并为贵族世袭政治服务,后者则强调了史学的镜鉴教化作用,史学著作成为服务于封建专制主义和官僚政治的教科书。[2]

而现在,大众史学则开启了历史学的第三期发展。大众史学最根本的特征,就是它的基本功能,不再是仅仅为社会上某个特定阶层或集团服务,而是为全社会的公众服务,它关切人民的生活、利益与需要,同时它也把大众的主动参与视为自己发展的基本原则和条件。很明显,这样一种历史学范式的支配地位,是世界以及中国社会在当代的巨大转型,民主的、市民的、相对富裕的和互联网社会正逐渐形成的必然结果。未来的历史学从形式、论域到方法、理论,无疑仍将越来越多元化,专业化的历史研究也必将继续存在并且不断向前发展,但其总体上的突出特征和发展趋向,则必将是摆脱传统的政治史学和精英史学的支配而走向真正的以人为本,服务社会与大众。大

---

[1] 周梁楷:《大众史学的定义和意义》,《人人都是史家: 大众史学论集》第一册,(台湾)采育出版社,2004 年。

[2] 参拙作:《中国史学的第三期发展和当代大学历史教育》,中国史学会秘书处《中国历史学研究现状和发展趋势——中国史学界第七次代表大会学术研讨文集》,中国社会科学出版社 2006 年。

众史学乃是历史学发展的大潮，这一点，其实只要看看当前社会上对通俗史学欢迎之热烈，以及越来越多的非专业人士进入史苑展示自我和力量就可以有深刻的体认。我们可以也必须对目前通俗史学存在的某些不足，如不够严谨、缺少创新、市场化和庸俗化等现象进行批评，但我们更须从中看到大众史学到来的召唤与必然。大众的喜爱和参与，固然会对传统历史学带来某种消解和冲击，然而这难道不是历史学发展的极大机遇和历史学人多年来的内心期盼吗？我们因此对历史学的前景感到了真正的乐观，并且知道，借用陈寅恪先生的一句话，历史学家应该“预流”，否则就是“不预流”。

二、大众史学视野下地域历史文化研究的意义

很多学人已讨论过地域历史文化研究的重要意义。相比于整体性的历史文化研究来说，地域性的历史文化研究不仅具备了前者的一般功能，如资政教化、启益智慧、文化传承、凝聚认同、审美愉悦等，而且具有自己独特的功能和长处。

一是有助于认识了解地方经济、社会、文化、风俗的发展变迁，从而为地方社会治理和经济发展提供帮助。古代地方官到一地上任，往往下车伊始先看方志，就充分说明了这个道理。

二是有助于深刻认识、整体把握中华文明。中华文明的整体历史，正是由许许多多的地域历史共同构成的。不同的地域之间，历史进程、文化风俗有同有异，交往互动彼此影响，不仅共同汇成了中华文明的长河巨流，而且在不同程度上在其中留下了自己的深刻印记。同时，地域研究的微观或中观的性质，使人们得以比较具体、精细地观察特定时期历史事件的真相和内在联系，及其在不同地域间的同异，从而获得一般宏观考察难以获得的深刻认识。不了解地域文化，事实上很难真正把握中华文明和中国历史的实际。

三是有助于推动地方经济文化建设。地域历史文化资源的研究利用，能够提高地方知名度，促进旅游和相关产业的发展，并激励教

促、熏陶化育地方民众的家园意识和人文精神，对于地方的物质文明和精神文明建设与发展都具有不可忽视的作用。

正是因为地域历史文化研究具有上述意义，因而才成为当前人文和社会科学工作者、地方文化知识分子和地方政府官员乃至企业家们共同关注的对象，形成了广泛的地域文化热的现象。[1]

如果从大众史学的角度来看，地域历史文化研究至少还有以下意义：

大众史学强调关注人民群众的生活，这只有通过深入具体地域的基层社会即所谓"走向田野"，才能产生真切的认识、理解和情感。

大众史学强调满足公众需求，这就必然更加关注公众身边的事情，特别是与民生日用和民众切身利益相关的事务及其由来。

大众史学强调公众的参与，有所谓"人人都是历史学家"、"历史学家与人民共写历史"的理想，从而有利于提升民众的主体意识和基本素质，而公众的史学实践，当然也较多地会从家庭、社区和地方开始。

所以，大众史学天然需要和重视地域历史文化研究，而地域历史文化研究必然成为大众史学的一个重要领域和实现舞台，成为使历史学更好地服务于公众与社会的重要途径。因此，随着大众史学时代的到来，地域历史文化的地位势将得到进一步的提高，它将彻底改变自己只是历史学的一个"偏师"或者相对低级分支的认识误区，同时，它也将从大众史学的基本理念中获得更加清晰的发展目标和不断完善自身的理论和方法，从而取得更显著的成绩和发展。

---

[1] 我曾经讨论过改革开放以来地域历史文化研究得到迅速发展的两个基本原因，即"其一，改革开放以来，中国区域间的经济与社会发展的差距逐渐拉大，无论是发达、欠发达地区，区域经济和社会发展状况、特点以及造成这种状况及特点的原因受到越来越多的关注并不断深化，地域历史与文化因而前所未有地与地方社会的发展结合起来，受到更大的关注和重视。其二，几乎所有的人文社会科学都要求有区域和个案的研究，在中国，随着人们对无论何种原因造成的空疏、僵化的传统学术的反感日益强烈，随着西方社会学、人类学和社会史研究理念的重新传入，地域历史和文化研究也随之成为学术研究的热点和趋势。因此，地域之学的兴起，是社会和学术两种历史流变的产物，是一种必然的现象。"(《〈赣学〉发刊词》，江西教育出版社2006 年)

三、大众史学与地域历史文化研究的努力方向

多年来,地域历史文化研究成绩丰硕,但也存在着一些带普遍性的问题,诸如观念意识的错位、方法路径的不当、保障条件的缺失、创新成就的不足,等等,都是大家议论较多的。几年前在山东召开的一次研讨会上,有人指出当前地域文化研究应着力克服三方面的不足,即研究力量的三个缺乏(力量整合、高水平研究人员和条件保障的缺乏),研究方法的三个不够(整合性研究、比较视野和科学扬弃的不够),研究成果的三多三少(低水平重复多,精品少;资料性、评述性多,深度研究成果少;研究性工作多,服务性工作少),并提出了针对性的改进建议[1],这一叙述比较全面,可以视为有代表性的意见,我很赞成。但如果从大众史学的基本要求和特征的角度来思考,则至少有以下几个方面的工作还需要进一步加以重视和努力付诸实践。

一是要进一步明确面向大众的目的性。

当前地域历史文化研究者构成广泛,其动机大体上可以分为专业学术研究、地方文化资源发掘与利用、个人兴趣偏好等类型(当然,这几种类型可以有所交叉)。无疑相当多的研究者都怀有为地方经济和社会发展服务的愿望,但不可否认,出于个人学术或者业绩需要,以及为特定区域或群体利益打算的研究者也并不少见。我无意否定上述动机,但从社会需要和大众史学的基本要求来看,地域历史文化研究和叙述者应该具有更强烈的社会责任感和公众服务意识,使学术研究与社会大众沟通融合,努力满足民众对历史文化知识的需求,助益提升公众素质,积极影响公共事务,为建设精神文明及和谐社会服务。美国的公共历史学者,积极参与地方政府和私人部门的政策分析和咨询,为公共决策和立法提供有关支持和意见,进行地方文化资源管理和历史遗产保护,帮助联邦、州、地方、社区和家族撰

[1] 路柳:《关于地域文化研究的几个问题——第一次十四省市区地域文化与经济社会发展研讨会综述》,《山东社会科学》2004 年第 12 期。

写历史,以帮助人们认识和理解自己国家、社区和家族的历史,从而找到归属感和自我认同感[1]。他们的这种精神和举动,是很值得我国包括专业历史研究者在内的相关人士学习的。

二是要注重提高大众的参与度。

当前的地域历史文化研究的主体,主要包括院校专业研究人员、政府有关机构和地方文史爱好者等。后者虽然也有最基层的民众,但数量很少,多数还是干部、教师等。大众历史强调撰写历史不仅是专业史家的权利,一般民众也可运用自己的思维逻辑与方式,建构属于自己的历史。我们可以看到,基层社会中其实有不少普通民众很愿意搜集、记录、研究家庭和地方历史,只是限于知识和基本技能的不足,常常显得水平较低甚至白费精力。因此,积极鼓励、组织和创造条件使民众不仅能够更多接受地域历史文化研究的成果,而且能够主动地参与到这一过程中来是非常有必要的。对于专业历史学工作者来说,现在更需要的是多一些鼓励和提倡,少一些轻蔑和指责。这方面,台湾地区的做法值得我们参考。近些年来,由于"社区总体营造"、"大家来写村史"等计划的推广,台湾地区出现了地方史撰写的高潮和所谓"地方文史运动",使台湾历史文化研究得到蓬勃发展,大众的集体记忆也透过各种媒介大量涌现。这些做法,在大陆还很少听说,更乏实践,因而同样值得学习借鉴。

三是要加强地方公共历史人才和技能的培养。

地方历史文化研究要发展,特别是要形成有较多民众主动参与的局面,必须改变传统史学人才的培养模式、创新机制和措施。目前在美国,公共史学人才的培养在大学已较普遍,为地域历史文化的研究和应用源源不断地培养人才。台湾学者认为,"如何精益求精,广植人才,形成全民的历史意识(historical consciousness),应属当今文

[1] 杨祥银:《美国公共历史学综述》,《国外社会科学》2001年第1期。

化建设的要务。”[1]一些大学为了培养“大众史家”(public historian),提升台湾大众的历史文化意识和实践能力,除设立硕士班外,还开设短期培训班,吸收地方文史工作人员、公私立档案文物管理相关人员、文史学科学生及社会大众参加。不少指导性的相关手册和书籍也随之出版发行,为“地方文史运动”提供帮助。而在大陆,大学中尚无公共历史或应用历史专业,更不用谈硕士生的培养;虽然已有一些文化人开始尝试组织培训农民,以影像和文字的方式记录乡土的生活,也有一些县乡中学尝试开展乡土文化教育,可惜这样的探索和实践还为数太少,尤其难以看到历史学工作者的努力,差距是相当明显的。从事地方历史文化研究的专家学者们,在这方面应该开始行动并有所作为。

四是要充分利用现代科技手段和媒体形式提高研究和传播效率。

地域文化研究需要大量开展田野调查,广泛搜集口述史料、民间文献、实物以及影像资料,并且以适当方式将有关成果或认识加以展示和传播。在当前电子多媒体和网络技术迅速发展,各种开放交流的传媒空前活跃的背景下,一方面必须充分利用这些条件,提升资料搜集、问题研究的效率和水平,如大规模的资料数字化和影像化、计量研究方法和图像处理技术的应用等;另一方面,更要按照大众史学的基本要求,借此推动地域历史文化知识及实践的大众分享。像近年国内民间制作的反映地方和基层单位生活及其变迁的影像制品逐渐增多,就是一种非常值得注意的地方历史文化资料存留、研究和传播的新形式,虽然作者绝大多数不是专业历史工作者,但其史学价值很高,国外将此称为“影视史学”,是很有道理的[2]。又如中央电视台的《百家讲坛》,开创了电视讲史的新型表达方式,其故事化的叙事模式、极具现

---

[1] 逢甲大学历史与文物管理研究所:《人人都是史家:第一届第一期大众史学研习会企划案》,www.ghhr.fcu.edu.tw/public.doc 109K 2003-10-22。

[2] 张广智:《影视史学:历史学的新领域》,《学习与探索》。

代感和形象化的语言表达、多媒体影像资料和画外解说词的配合运用等手法,使之成为普及学术的社会化大课堂。[1]可以断言,这样一些好的形式和方法的运用,势必将极大地促进地域历史文化的研究和传播,也必将促进公众史学的兴起。地域历史文化的研究者,当然应该加以关注、学习和利用。

❶ 张东光:《百家讲坛与史学变革》,《社会科学战线》2007 年第 2 期。

略谈齐鲁文化在中华文明发展中的地位

王志民

王志民：男，山东省政协副主席，致公党山东省主委，山东省社会主义学院院长

山东这个地方，从元代始称为山东。那个时候称“山东路”，分为山东东路、山东西路。当然这个范围也不是当今区划这样一个严格的范围。因为山东这个词语，以前是有的，从先秦、两汉以来就有这个称呼，但所指范围很广，指函谷关以东，或指太行山以东。山东作为一个行政区划，实际上是从元代开始的。明代山东这个地方，称为山东行省。清代之称与当今大致相同。在元、明之前，山东这个地方，就号称齐鲁。战国时期《荀子》中就有“齐鲁之民”这样的称呼，到了汉代，就有“齐鲁之学”。杜甫的《望岳》也有“岱宗夫如何，齐鲁青未了”。因为是孔子的故乡，有重文重教的传统，所以一向被公认为是一个文化之乡，礼仪之邦。宋代苏轼的弟弟苏辙曾经有一句诗“吾本生西南，为学慕齐鲁”，就是说文化、教育我是很倾慕齐鲁的。古代人也常常以生为齐鲁之人而自豪，例如宋代伟大女词人李清照的词中有“嫠家父祖生齐鲁，位下名高人比数”，齐鲁这个称呼在元明之前一直是山东这个地方的代名词。那么齐鲁文化和中华文化是一个什么关系呢？

首先讲，中华文明号称五千年，如果分前后两段，中间这个节点，正是孔子出生的时代。孔子生于公元前 551 年，死于公元前 479 年。孔子生活的时代，在中国历史上，叫春秋战国时期。时间上从公元前

771 年到公元前 221 年秦始皇统一中国,大约有 550 多年。这个时代是中国历史上一个非常重要的时代。从军事和政治上讲是一个群雄四起、诸侯割据的时代,从文化上讲是一个辉煌灿烂的时代,我想主要有这么几个标志:一是在这个时代产生了众多影响中国历史发展的伟大的思想家,例如孔子、孟子、荀子、韩非子等诸子百家;二是正是这样一个时代使得各地域文化形成了异彩纷呈的地域格局,我们现在说的地域文化圈,譬如燕赵文化圈、齐鲁文化圈、吴越文化圈、楚文化圈、巴蜀文化圈、三晋文化圈等,总体讲,其划分奠基于春秋战国时期;三是这个时期形成的典籍、文献,是照耀整个中国历史传承数千年的经典文献。现在说中国的经典,主要还是那时候形成的。可见,这是一个群星璀璨、伟人辈出的时代,也是一个区域文化大放异彩、文化典籍光照千秋的时代。历史学界,有人将这一时代称为中国文化的"轴心时代",这个称呼虽有争议,但我认为还是合乎中国历史发展事实的。而实际上,"轴心时代"之说,是德国人亚斯贝斯《哲学概论·人的历史》一书中《历史的起源与目标》一篇提出的。他说:"在公元前 800 年到公元前 200 年之间,所发生的精神过程,似乎建立了这样一个轴心。在这个时期,我们今天生活中的人出现,让我们把这样一个时代,称为'轴心时代'。"他认为这个时代是一个现代人类精神觉醒的时代,是哲学飞跃发展的时代,其标志,就是在中国诞生了孔子和老子、在印度出现了佛陀时代,在伊朗、在巴勒斯坦、在希腊都产生了一些伟大的思想家,"发生了很多不平常的事件"。这是在几个世纪之内,单独也差不多同时在中国和其他三大文明古国出现的。而中国的国学大师梁启超早于德国人就提出称这个时代为文化"全盛时代"的说法。他说当春秋战国之交,是"中国民智全盛时代而已","凡三百余年,九流十家,皆起于是,前空往劫,后绝来尘,尚矣。"他不但说春秋战国时期简直是中国智慧的全盛时代,在全球也是这样。台湾的学者余英时也说过大致相同的话,肯定这个时代在四大文明古国的"哲学突破"。正是在这样一个中华文化的"轴心时代",齐鲁大地是有特殊贡献的文化"重心"。著名历史学家傅斯年先生说："从春秋到王莽时，中国上层的文化，只有一个重心，这个重心，便是齐鲁。"这是对齐鲁文化与中华文明关系的一个最简短而明晰的表述。

我想按照轴心时代之前、之中和之后三个阶段讲一下齐鲁文化与中华文化的关系。

轴心时代之前，齐鲁与中华文化的关系，主要的就是，齐鲁是中华文明的发祥地之一。可以从两个方面看。一是从考古方面。20 世纪初曾有一种说法叫"中华文化西来说"，甚嚣尘上。中国历史学家，尤其当时的中国历史语言所的考古学家李吉和历史学家傅斯年、李济等，为探寻中华文明起源地，最先到了山东的临淄一带考察，后来来到章丘县的龙山镇，1929 年发现，1930 ~ 1931 年进行考古挖掘，发现了龙山文化；发现了以黑陶，特别是以精美绝伦的蛋壳陶为标志的大量龙山文化遗物；提出了龙山文化是中华文化踏入文明的门槛时期，这个时期距今 4500 ~ 5000 年左右。在此后的发掘中发现，从章丘沿着泰沂山区的北麓，到青岛一带，发现了若干个龙山文化城。城市的出现是人类文明起源的标志之一；在邹平丁公村又发现了最早的成篇的文字。夏鼐、唐兰、苏秉琦等学者都有论述，在胶县三里河发现了最早的青铜器之一。总的讲，经过考古发掘来看，齐鲁之地是中华文明最早的发源地之一。著名的考古学家夏鼐先生在 1983 年第一次发表《中国文明的起源》时提出三个重要的中国文明的起源地：一是黄河中游，渭水的下游，今天山西的南部，河南的北部，陕西的东部；二是长江三角洲；第三个地方就是山东地区。后来考古学家又提出了长江中游地区和辽宁西部的红山文化等。总之，当今山东地区是文明起源地之一是学术界公认的。孔子在这里诞生是与这里最早的文化积累有关系的。这是从考古方面看的。

第二是从泰山的记载。《史记 · 封禅书》中记载，泰山这个地方，几乎上古所有传说中的帝王，包括炎帝、黄帝、尧、舜、禹、汤等，列了 12 个之多，都是来泰山封禅的。祭天叫封，祭地叫禅。当时，得了天下，先祭泰山。所以有的历史学家、考古学家认为：泰山应该是上古时期整个中国文明上层的一个起源地。中华文明的展现，是和宗教崇拜紧密联系在一起的。而宗教崇拜有可能就是从泰山这个地方产生的。2003 年在济南郊外发掘的大辛庄文化，发现了大量的甲骨，证明商代这一区域文化的发展也是很高的。孔子之所以诞生于齐鲁，这与齐鲁地区文化起源时的底蕴深厚是有直接关系的。另外，周朝建国之后，首先把周公封在鲁国，把姜太公封在齐国，这两个人在周朝的地位又是特殊的，一为文化创制者，一为军队最高统帅。而且齐鲁立国之初，就给予了类似今日“特区”的特殊发展政策，一开始就给了姜太公“五侯九伯，实得征之”的权利，即对周围的诸侯，可以征伐；也就是从一开始就给姜太公一方霸主的地位。周公是整个周朝礼仪文化的创立者，这就使鲁国之地一开始在整个周朝具有特殊的地位。特别是西周灭亡之后，周朝东迁至洛阳，文物典籍大量散失，国力大衰，周王地位下降，更突出了鲁国的文化地位。《左传》中记载了晋国的韩宣子，来到鲁国看了这里的文化典籍后说“周礼尽在鲁矣”。所以这里当时就形成了文化发展比较高的周文化的一个中心，孔子的文化主要是上承三代，继承周礼，创立儒家。

在孔子的轴心时代，齐鲁这个地方为什么是重心呢？主要有两点。一是诸子百家大多出自齐鲁或与齐鲁有关。所谓诸子百家实际是十家，其中有四家后代基本上没有理论上的建树流传下来，主要的是儒家、法家、墨家、道家、阴阳家和名家六家。儒家、墨家、阴阳家的创始代表人物主要是在齐鲁。道家代表人物老子、庄子非齐鲁之人，但齐国稷下学宫有一个黄老学派，是道家一个重要学派，郭沫若先生在《十批判书》中，专有《稷下黄老学派的批判》一文。所以，道家有相当重要的一个支派是生齐鲁、成齐鲁、发展于齐鲁的。齐国的文化是与道家有联系的。法家的两位大师李斯和韩非都不是齐鲁人，但是李斯和韩非是荀子的学生。我们知道，荀子 15 岁游学于齐，来到齐国稷下，曾经“三为祭酒，最为老师”。有人考证荀子 50 岁在齐国，最后在兰陵，即今临沂地区终老去世。所以诸子大半出齐鲁。为什么呢？就因这里是文化的“重心”，自然，肥厚的沃土才能培育出孔子及诸子各派的“大师”。另外,当时齐国的稷下学宫,是当时官方最大的一个诸子百家集合的中心,形成了百家争鸣的局面,所以从这个角度看,可以说是:诸子大半出齐鲁,百家争鸣于稷下。当时的临淄城是最大的城市之一。所以从这个角度看,在孔子生活的轴心时代,说它是重心是有道理的。

孔子时代之后的2000年中,齐鲁与中华文化的关系怎么表述呢?一句话:中国文化的圣地。最近正在热播的《我的1919》中,我国谈判代表在巴黎和会上说:“山东是中国的耶路撒冷。”这句话也能代表山东与中国文化关系的定位,也就是“圣地”的位置。在这个问题上我主要讲三个要点:一是,齐鲁之地是孔子的故乡,是培育孔子、产生孔子伟大思想、成就儒家学派的地方,是孔子成长为“圣人”之根、之源、之基。二是孔子所创立的儒家学派战国时即为“显学”,汉代以后,成为历代统治思想,孔子编定的“五经”及其他儒学典籍,成为历代世人尊崇的经典文献,儒家思想成为中国传统文化的核心和主干。三是孔子从汉代始,历代统治者步步加封,由一个普通人封公封王尊圣,备受尊崇;孔子的嫡孙自宋代以后,封衍圣公,安富尊荣,位极人臣;孔子及其后裔的墓地孔林,代代扩建,也成为世界最显赫的家族园林墓地。

在这里我简单地将我研究齐鲁文化的体会认识与大家进行交流,希望就这一问题进行讨论。限于时间关系,主要是提出了一些结论式的看法,难以进行详细深入的论证。谢谢大家。

关于地域文化与地域文化研究的几个问题

刘德龙

刘德龙:山东省社会科学界联合会党组书记、副主席,研究员;山东省民俗学会会长,山东大学民俗学专业硕士研究生导师;山东艺术学院非物质遗产专业硕士研究生导师

在现代社会,文化对于一个地方经济社会的发展,具有举足轻重的作用。而且随着经济社会的加速发展,文化的作用越来越重要,甚至起着最终决定作用。具体到一个地方,发挥文化对经济社会发展的推进作用,很重要的是弘扬优秀的地域文化。近些年,挖掘地域文化、研究地域文化、弘扬地域文化、开发利用地域文化的热潮一浪高过一浪,不但地域文化的研究和利用取得了显著成果,而且地域文化的弘扬已经成为各个地区提升当地文化品位,推进文化产业发展和社会主义先进文化建设,同时提高当地知名度和美誉度,增强区域竞争力,推动经济社会快速发展的重要途径和有力措施。

一、地域文化的界定及地域文化的特点

第一,关于地域文化的称谓。

我想我们首先应该为"地域文化"确立一个比较一致的名称,或者叫正名。因为到目前为止,"地域文化"到底叫什么还不统一。从目前对地域文化的研究和宣传来看,在名称上大体有三种提法,已有

的论著和文章中，有的叫“区域文化”，有的叫“地域文化”，还有的叫“地方文化”。这三种说法，到底取哪一种比较合适？2006 年参加在杭州召开的第二次全国地域文化学术会议时，我提出应该取第二种，叫“地域文化”比较合适，对此我认为有两点理由：

一是地域文化主要是在各地既有的自然地理环境条件下形成的。某个民族、某个人类群体生存的地方，是海洋还是陆地，是内地还是沿海，是崇山峻岭还是河流湖泊，是山区丘陵还是平原湿地，包括物产资源、经济状况、历史遭遇、气候情况等，都决定着这个地方文化的特点。虽然地域文化也受古今行政区划的影响，其中当然包括古代分封的诸侯国疆域的影响，但它主要是受自然环境条件的影响、制约，这方面的因素更为重要，更带根本性。2007 年我在北大讲座时，讲过这种观点。当然这也不完全是我个人的观点，已经算是约定俗成了，叫“一方水土养育一方百姓，一方百姓创造一方文化”。水土的关系、自然地理环境条件的关系，对地域文化的决定性是毋庸置疑的。比如说江南水乡，它所产生的文化诸如“二泉映月”、采茶调、挑担茶叶上北京之类，但是到了山西、陕西、甘肃、宁夏这一带，主要就是秦腔、兰花花、走西口、信天游。我个人感觉，你让江南水乡产生黄土高坡那样的歌曲，几乎是不可能的；相反你让陕西人唱越剧，恐怕也唱不好，即使成立了越剧团，肯定也不如上海、江苏、浙江人唱得那么地道。来自内蒙大草原上的小伙子几乎都能像模像样地吼几句《天堂》，可是如果让江南水乡土生土长的小伙子去唱《天堂》，恐怕就唱不出那个味了。去年十月在成都参加中宣部举办的“第五届中国公民道德论坛”，和四川的朋友在一块儿议论，说到地域文化问题，他们自己都承认，麻将是四川尤其是成都极具代表性的一个文化符号，并开玩笑说，当你坐在飞机上听到下面一片麻将声时，那这肯定是到成都了。成都市大街小巷到处是麻将，就是从成都到九寨沟、到峨眉山的路上，只要有停车歇脚、吃饭喝茶的地方几乎都摆着麻将桌。不光从大的地域概念上讲是这样，即使同一个文化人，当他所处的自然地理环境条件改变的时候，他的文化成果，他的作品也都会随着改变。比如一代诗人毛泽东的诗词，原来他在南方江西福建一代打游击的时候，他写的词是“宁化清流归化，路隘林深苔滑，今日向何方？直指武夷山下，山下山下，风展红旗如画”。等红军长征两万五千里到达陕北之后风格立马就不一样了。有《沁园春·雪》为证：“北国风光，千里冰封，万里雪飘。望长城内外，惟余莽莽；大河上下，顿失滔滔。”这首词放在南方，是无论如何也写不出来的，只有到了东北、华北这样的地方才能写出这样的作品。这样的例子举不胜举。这都是因为地域自然地理环境的影响所决定的。

二是把文化与经济相比。有些学者为什么叫“区域文化”呢？我认为是受“区域经济”这类概念的影响，诸如“区域经济”、“区域政治”，“区域文化”就跟着顺下来了，所以就称作“区域文化”了。经济受行政区划的影响更大，它直接就是被行政区划所决定的。但是文化就不是这样了，文化受自然地理环境条件影响的痕迹更鲜明，所以我认为一个地方的经济和文化分别叫“区域经济”和“地域文化”更合适。所以我感觉到从这个意义上来说，“区域经济”、“地域文化”这个叫法比较合适，叫“区域文化”不太合适。现在看来，叫“地域文化”的越来越多了。虽然现在还没完全统一，也没法强求完全统一，但是随着研究的深入，随着各地地域文化之间和地域文化研究之间交流的扩大，相信最后能有个统一的说法，我认为将会统一到“地域文化”这个提法上来。

第二，关于地域文化的含义。

什么是地域文化？早在20世纪90年代，这个问题就已经大体上取得了比较一致的认识。如俞晓群先生在主编《中国地域文化丛书》（辽宁教育出版社1991年出版）时，专门组织专家学者对此进行了深入的讨论，并将讨论的意见写入了《编者札记》。在这个札记中，作者认为地域文化或称“区域文化”，是一门研究人类文化空间组合的地理人文学科，与文化地理学大同小异。所谓“大同”是指它们都是以广义的文化领域为研究对象，旨在探讨附加在自然景观之上的人类活动形态、文化区域内的地理特征、文化与环境的关系、文化传播的路线和走向以及人类的行为系统，如民俗传统、经济体系、学术思想、宗教信仰、文学艺术、社会组织，等等。所谓“小异”是指研究的重心不同。文化地理学以“地理学”为中心来探讨文化问题，而地域文化则以“历史地理学”为中心探讨文化问题。2004年在济南由山东省社科联召开的第一次全国地域文化研讨会上，大家也达成了这样的共识。

深入研究地域文化，应该把地域文化与非地域文化区别开来。为什么在地域文化的一般概念已有人论述明确以后，具体到对某一地域文化进行界定的时候仍然会产生歧义呢？关键的问题是对地域文化的概念和内涵不十分明确，将地域文化与非地域文化相混淆。文化是多元的，按不同的标准有多种不同的划分方法。按层次分，可分为物质文化、制度文化和精神文化；按类型分，可分为游牧型文化、农耕型文化、渔猎型文化、工商型文化、大陆型文化、海洋型文化、山区型文化、平原型文化等；按地理板块分，可分为东方文化、西方文化、欧洲文化、非洲文化、中国文化、印度文化等；按条块领域分，可分为地域文化和领域文化。当然，这些按不同标准划分的文化，往往是互相联系、互相交叉、互相包含的，但又是相互区别、不能混淆的。这里很重要的，是必须正确区分地域文化与领域文化。领域文化是一个新的概念，“它是文化学和具体学科领域交叉渗透的产物”，如文化与哲学、文化与政治学、文化与经济学、文化与语言学、文化与艺术、文化与科技、文化与社会、文化与民俗、文化与宗教，等等。可以说每个独立的学科都可以与文化学结合而形成一个新的领域文化学科。如宗教文化、民族文化、考古文化、历史文化、科技文化、建筑文化、民俗文化、艺术文化、政治文化、儒家文化、兵家文化，等等。而地域文化与此不同，它可包含部分甚至全部领域文化。地域文化有疆域的限制，而领域文化只有领域的界限而无疆域的界限，它可以而且必然会随着其学说的传播而传播，可以突破原来的地域界限，由此一国此一地传播到彼一国彼一地，并形成跨国界跨地域的新的文化圈。不过，地域文化一旦跨出了原来的域界，便必然会与其跨入地的地域文化交汇融合，这样形成的新文化就不再是原来意义上的地域文化了。如齐文化与鲁文化变汇融合之后所形成的是齐鲁文化，与燕文化交汇融合形成的是燕齐文化，等等。任何地域文化在一定的条件下不仅可以传播到邻近地域，还可以传播到全国甚至世界，但却不能形成该地域文化的跨国文化圈。

第三，关于地域文化的划分方式。

可以有多种划分方法：一是以地理相对方位为标准划分，如东方文化、西方文化、中原文化、江南文化、岭南文化、西域文化、东北文化等；二是以地理环境特点为标准划分，如长江三角洲文化、黄河文化、运河文化、海岛文化、大陆文化、高原文化、草原文化等；三是以古代诸侯国封地或现代行政区划为标准划分，如齐文化、鲁文化、秦文化、晋文化、楚文化等。以行政区划和诸侯国疆域形成的地域文化有区界国界的限制，其余的则只有域界而无国界和区界的限制。地域文化的范围有大有小，大到全球的东西各一半，小到一山一水、一村一镇、一个家族、一个人物。如泰山文化、嵩山文化、大禹文化、孔子文化、某某城市文化、某某古村镇文化等。地域文化的域界划分，总体上来说应该是明确的，但具体划分时在许多情况下又是模糊的。如中原文化的域界在哪里？恐怕专门研究中原文化的学者也很难完全讲清楚，大概只能以广义狭义大体上说明而已。齐鲁文化的域界是最清楚的，一般是指山东省这一区域范围。但在具体研究时又往往突破此界，如山东史前考古学研究就不得不越出省界到苏皖北部、豫东、冀辽等地作某些探寻。齐、鲁两国在地域文化上的界限应该是分明的，而具体到域界就没法分清了。起初两国以泰山为界，而后鲁国灭亡，齐国基本领有了其地。因此，地域文化研究中的关于地域文化的域界问题，不能要求像地理学那样精确。越是追求精确，可能反而与历史的实际越远。当然，尽管如此，地域文化的大体范围还是可以而且需要确定的。

二、当前地域文化研究的主要特点

不同个性特质、各具特色的地域文化是源远流长的中华文化的多样化绽放，也是中华文化有机整体或大系统下的亚文化或子系统，更是中华民族精神得以不断塑造培育的不竭源泉。中华主流文化对于地域文化具有导向、凝聚和规范作用，促使其融合扩展、认同主流和趋同一体；不同的地域文化则以自身的个性风格与特殊内容，给中华主流文化传统不断提供丰富的能量与养料。二者之间的这种双向互动与相辅相成，是中华文化及其民族精神多元互补、综合创新的本质体现，也是中华文化及其民族精神薪火相传、永续常新的内驱力所在。正因为地域文化在中华文化的形成和发展中具有如此重要的作用与意义，所以深化地域的文化研究，对于传承文明，加强爱国主义教育，培育弘扬民族精神，繁荣发展人文社会科学，建设有中国特色社会主义先进文化，推动地域经济社会健康发展，具有重大意义。当前地域文化的研究，主要有以下特点：

第一，地域文化研究被纳入了建设社会主义先进文化的轨道，形成了全国性的地域文化研究热。

地域文化研究古往今来一直持续不断。过去尽管大多仅限于地域文化典籍的搜集整理层面，但也起到了传承、延续、发展地域文化的作用。20 世纪 80 年代起，随着思想领域的拨乱反正，我国地域文化研究从最初的文史热起步，逐步波及人文地理、地域文化，并吸引了众多目光的关注和学术界的积极参与。伴随着经济文化一体化进程的不断加快和知识经济的迅猛发展，地域文化的挖掘、研究和开发利用越来越受到各地领导、经济部门、社会各界的高度重视、大力支持和积极参与。当前地域文化研究的最典型的特征，是在建设社会主义先进文化的大背景下，立足不同地域文化的个性特质，从人类学、民族学、社会学、语言学、民俗学、文学、宗教等多个角度，采用跨学科比较研究的方法，探讨地域文化的起源、发展过程，从物质文化、行为文化、制度文化、精神文化的不同层面发掘、整理地域文化有代表性的物质形态和非物质形态的文化，在传承文明、延续历史的同时，利用文化特有的教化功能和市场经济条件下的经济功能，为中国特色社会主义先进文化建设和经济社会发展服务。与以往相比，当前地域文化研究在研究目的、研究方法、研究手段以及研究的参与面方面，都有了明显改变。

第二，当前地域文化研究逐步由物质形态的文化延伸至非物质形态的精神文化层面。

文化作为一种历史现象，首先表现为人类文明历史的物质形态，无论是史前文化还是有文字记载时期的文化，最初都是以物质形态呈现在世人面前。在相当长的时期内，地域文化的研究成果大都集中在物质层面。随着文化的发展和社会的进步，最初的表层文化必然要向深层的精神文化形态延伸扩展。地域文化的研究，除了对各个时期的地域文化现象逐一考察外，必然要对地域性的精神文化特征作理性的认识与探讨。西方兴起文化地理学时，也是先侧重物质文化领域的研究，到20世纪40年代后才逐步扩展到非物质文化领域的精神文化方面，包括地域的语言文化、宗教文化、风俗地理、人物地理等。我国当代地域文化研究也顺应了这种世界性的趋势，逐步从纯物质形态的考证转向意识形态上的精神文化研究，着重探讨地域文化名人之所以出现的自然环境和人文环境，深入研究地域特征明显的学术流派的主要思想和成就，全方位探索地域文化现象。这些反思与探索，对深入探讨地域文化的内驱力，阐释地域文化的主要流派，加深对本土文化的认同具有十分重要的意义。特别是近几年对精神文化在经济社会发展中作用的探讨更是引起全社会的广泛关注。相关研究表明，精神文化对于经济社会发展的作用，可分为直接作用与间接作用两种。直接作用即精神文化直接为人们的经济行动提供行动的原动力，使人们萌生行动的欲望与决心，并排除影响行动的心理障碍。间接作用则是以创新精神造成一种体制创新的先发优势，从而带动经济社会的发展。

第三，当前地域文化研究在地域文化典籍和遗存的搜集、整理、保护、展示及濒危文化的抢救等方面有很大进展。

就历史悠久、饱经沧桑的物质形态和非物质形态的地域文化来说，其核心是“历史”，其形态是“古老”，弥足珍贵的则是其特有的“古朴与苍凉”。“在历史遗留下的痕迹正越来越快地从地球上消失的今天，谁能卓有远见地将其多保留一点，将在未来赢得人类越来越多的关注”，这已成为广大地域文化研究工作者和社会有识之士的广泛共识。正是基于这个共识，地域文化典籍和遗存的搜集、整理、保护、展示及濒危文化的抢救工作得到了明显加强。诸如中原文化、燕赵文化、齐鲁文化、吴越文化、闽文化、赣文化、蜀文化、三秦文化、三晋文化、岭南文化等有代表性的地域文化，近年来在古籍整理和研究、历史人物和历史事件研究、通史研究、断代史研究、文化艺术研究、民风民俗研究及地域文化综合性研究等方面取得了大量有价值的成果和一大批具有重大学术价值与开发利用价值的考古发现，为地域文化的延续、传承和发展奠定了基础。在有识之士的多方奔走疾呼和社会各界的共同努力下，地域文化资源的损毁、遗失势头得到有效遏制。各地广泛采取了实物收藏、文字音像记录、保护和培养地方特色文化创造者和传承者等多种形式，保护有特色的地域文化，对有浓郁地方特色的民风、民俗、民间文学、民间艺术进行地毯式普查，对濒危文化实施抢救工程，取得了明显成效。与文化资源开发相配套，诸如博物馆、民俗馆以及各种形式的主题场馆大量兴建，一方面为保护、展示地域文化提供了物质条件，另一方面也成为进行爱故土、爱家乡、爱祖国教育，培育民族精神，增强凝聚力、向心力的有效载体。

第四，当前在地域文化的研究力量、研究方法、研究成果方面还有许多不足。

在研究力量方面，主要表现为“三个缺乏”。社科联系统、社科院系统、地方志系统、院校系统及民间力量等地域文化研究机构布局分散且有不同程度的重叠，缺乏统筹考虑和统一调度；学术队伍建设乏力，缺乏专业研究人员特别是高水平的学术带头人；地域文化研究受重视程度与经济社会发展的要求不相适应，缺乏合理的资金投入和社会力量支持。在研究方法方面，主要表现为“三个不够”。一是整合性研究不够。不少地方的研究工作处于相对封闭、孤立的状态，缺乏长远眼光和整体规划，功利色彩浓厚。不少地方热衷于争历史名人、争文化源头，热衷于区分地域文化间的“我早你晚”、“我主你次”，孤芳自赏，甚至相互贬低。地域文化之间的互动、交融研究明显滞后。二是比较研究不够。缺乏不同地域文化之间，同一地域文化的不同学术流派之间，同一学术流派的不同观点之间的横向或纵向、整体或个体的比较研究，不利于在更广阔的空间和更长的时间跨度内准确认识和把握地域文化的本质和内涵。三是科学扬弃不够。有两种倾向必须引起注意。第一种倾向，不是在肯定地域文化基本精神的前提下，科学辨证地研究和对待地域文化，而是采取孤立、静止、片面的形而上学的方式，过分夸大地域文化中的消极因素，把传统地域文化看成“封建社会的保护神”，心存疑虑和戒心，这必然导致历史虚无主义。另一种倾向则更为普遍。在近些年思想政治氛围相对宽松、社会生活和人们思想多元化发展的环境下，对传统文化的挖掘和继承出现了单纯功利性利用等偏差，甚至严重存在不加分析批判地兼收并蓄的倾向，很少考虑传统文化中糟粕的腐蚀和危害，致使鱼目混珠，泥沙俱下。这些问题和不足，直接导致研究成果的“三多三少”，即低水平的重复性研究成果多，高质量的精品力作少；资料整理性和粗线条评述性的成果多，有一定思想学术深度且形成体系的综合性研究成果少；就文化研究文化，就资料考证资料的成果多，从经济文化一体化的角度研究地域文化，开发利用文化资源，直接为经济社会发展服务的研究成果少。深化地域文化研究仍然任重道远。

三、充分认识地域文化对于地方经济社会发展举足轻重的作用

各个地区的地域文化，是中华民族文化中极具亮点、极富特色的

重要组成部分。地域文化具有无可估量的现实价值和深远意义。越是民族的越是世界的，越是地方的越具有全国性。无论是联合国还是我们国家评审认定的非物质文化遗产，无论是汉族地区的民俗民风还是少数民族的生活习俗，都是地域特色非常鲜明的东西。对挖掘利用地域文化的现实价值和深远意义怎么估计都不过分。

首先，从中华民族文化的传承来看，地域文化是源流，是载体，是支撑，也是重要组成部分。

作为中华民族的传统文化，一体多元，一元多体。优秀的传统文化是一体的，一体中又包含多元。这个多元很重要的一方面，就是各地的地域文化。用江河源流来比喻，从上游来说，各地的地域文化是一条条小溪小河，汇集成了中华民族传统文化这条大江大河。从下游来说，这条大江大河也会分出很多支流。这些小河，这些支流，就是各地的地域文化，而且它是中华民族文化的一个个必不可少的载体。我们说中华文化传承五千年，体现在哪里，很重要的是体现在各地的地域文化上。

其次，对于所在地方的经济社会发展来说，地域文化是窗口，是名片，是动力，也是目标。

人们常说：入乡问俗，入乡随俗。我们要到一个地方去，不管是开会也好，投资经商也好，旅游考察也好，去开拓其他事业也好，首先需要了解的是这个地方的人文地理情况。如果对这个地方的人文地理情况不了解，没有底数，恐怕去投资就下不了决心，甚至去开会去旅游都会犹豫不决。所以说，地域文化是一个地方的窗口，外界的人要了解这个地方，首先的和主要的是通过这个窗口来观察。这就像平时不相识的人见面互送名片一样，地域文化就是一个地方的名片。通过这个名片，我们就可以对这个地方有个大体了解。同时，地域文化对经济发展是一个重要动力。经济发展到一定程度，文化必须跟上来，经济要文化化，文化要经济化。没有经济的文化是贫困的文化，没有文化的经济是愚昧的经济、缺乏品味的经济，也是难以提升的经济。文化品位不提升，经济的质量和水平也很难再上一层楼。

同时，地域文化也是经济社会发展应有的重要目标。文化建设也好，精神文明建设也好，不仅仅完全是手段，应该都有它自身的目的性。社会的发展应当是经济、政治、文化全面发展，其中当然包括文化建设。伴随着经济文化一体化进程的加快和地域文化研究的逐步深入，地域文化的经济功能逐步显现。地域文化不仅能为地域经济社会发展提供精神动力、智力支持和文化氛围，而且通过与区域经济的相互融合，形成文化经济，产生巨大的经济效益和社会效益，直接推动社会生产力发展，成为地域经济社会全面发展的重要推动力量和增强经济竞争力的基础因素。随着文化经济时代的到来，经济生产和消费逐步由物质形态向文化观念形态转移，经济产品的使用价值逐步从实用化向艺术化、审美化方向发展，企业竞争从产品质量的竞争上升为企业文化和企业形象力的竞争，文化附加值逐步成为经济活动中的决定因素。富有浓郁地域文化气息的经济品牌，以“文化搭台、经贸唱戏”形式进行的经济活动，以及注意利用优秀地域文化加强文化建设的企业，更容易在激烈的市场竞争中取胜。随着文化生产和创造向商品化、产业化方向转变，以文化资源开发为主要内容的文化产业开始成为国民经济的重要产业，成为地域经济的重要支柱。许多地域文化资源丰厚的地区，通过卓有成效的地域文化研究，使地域内许多不为人所知的历史名胜、地方风物，重大事件的相关的遗址，重大人物的生平与活动场所等，成为观光旅游和经济发展的先头兵与突破口，取得经济效益和社会效益的双丰收。

再次，从应对全球化挑战，保持我们民族文化的生命力和国家文化安全的需要来认识，地域文化有着无可替代的作用。

要在当前经济全球化步伐日趋加快的条件下保持文化的多样性，首当其冲的就是中华民族文化体系内各地的地域文化。地域文化本身就是各具特色的多样性文化品类和样式。只有切实地保留和延续各个地域文化自身的丰富内容和鲜明特色，才能经受住全球化的挑战，使整个中华民族优秀文化在全球化的浪潮中守住阵地，保持自我，增强生机，不被西方强势文化所蚕食甚至吞并。

四、研究和开发地域文化应当坚持科学的方针原则

从方法论的角度看,地域文化的研究和利用应该坚持科学理性的方法,破除狭隘僵化的观念。

第一,地域文化的研究必须互补互促,互相学习借鉴。

各个地方在进行地域文化挖掘研究和开发利用中,注意不同地域文化的比较研究应成为自觉的选择。地域文化之间必须互相学习,互相借鉴,互相促进,互相弥补,而不应当去争我早你晚,我大你小,我主流你支流,我核心你边缘。我们不否认有些地方的地域文化确实发源早一些,内涵深一些,影响大一些。但是不能用某一个或某几个地方的地域文化来取代其他各地的地域文化,而且想取代也取代不了。研究地域文化不能一方面盛赞自己的家乡好,一方面又说别人的家乡不好。当然,"谁不说俺家乡好"还是要唱的,各自赞美家乡无可非议。不说自己的家乡好,怎么宣传这个地方的优势,怎么招商引资,怎么吸引游客,怎么推动当地的发展?但是在赞美自己家乡好的同时,也不要否认别人的家乡好。既要各美其美,美己之美,还要美人之美,美美与共。不管地域文化发源早的也好,发源晚的也好,最后成为中华民族传统文化主流的也好,还是没有成为主流的也好,总之都为中华民族的发展作出了重要贡献,都有它的优势,它的长处,同时也都有它的缺憾,它的短处。我们在研究地域文化的时候,应该这样对待本地区的地域文化,同时正确地对待本地区之外的其他地域文化。

第二,研究地域文化不能仅仅是发思古之忧情,不能仅仅是孤芳自赏,抱残守缺,也不能仅仅是搞小循环、圈内循环。

研究地域文化应该为现实服务,为当地以至全国的经济社会发展服务,为建设社会主义先进文化、构建社会主义和谐社会服务。党的十六届六中全会关于和谐社会建设的决定里关于繁荣发展哲学社

会科学的论述中有一句非常重要的话，就是社会科学的研究要以重大社会现实问题为主攻方向。研究地域文化当然也要遵循这个指导思想，坚持古为今用，经世致用，为现实社会生活服务，以推动本地乃至全国经济社会文化各方面的发展为出发点。如果离开了这一条，就不可能受到党政领导的重视，得到社会各方面的支持。如果光是圈内循环、自我循环，光是孤芳自赏，甚至抱残守缺，不为经济社会发展服务，地域文化研究就很难搞出好的成果，就是研究出一些所谓的成果也难以产生实际效用。

第三，对地域文化必须坚持科学对待、正确区分的方针原则。

正确对待传统文化包括地域文化的精华与糟粕，这个命题并不是一个新命题，应该说是老生常谈了。五十多年前，毛泽东同志就讲过，从孔夫子到孙中山，对这些中华的文化遗产，我们要认真研究，正确对待，取其精华，去其糟粕，批判地继承。这尽管是“老生常谈”，但是直到今天仍然有重申的必要。尤其对于传统文化、地域文化，都应该坚持以这样的原则来对待。这些年在某些地方的地域文化研究和宣传中，往往自觉不自觉地把当地的地域文化中所有东西不分精华与糟粕，不问优秀与腐朽，不管先进与落后，一股脑儿地全盘继承，挖到篮子里就是菜。对于这样的倾向，必须认真切实地纠正。挖掘研究宣传利用地域文化，既不能全盘否定，也不能全盘继承，必须在科学分析的基础上取其精华，弃其糟粕。

区域文化研讨会集中讨论的几个问题

黄易宇

黄易宇:女,中央社会主义学院副院长

各位代表,各位来宾:

经过全体与会代表和工作人员的竭诚努力,历时两天的“区域文化与中华文化——2009年中华文化论坛”圆满地落下了帷幕。在此,我谨代表中华文化学院向对此次会议给予大力支持的山东省委、省委统战部领导,向为会议的组织筹备付出辛勤汗水的山东省社会主义学院同仁,向积极参加会议的全国各地中华文化学院的学者和同志们,表示最衷心的感谢!

按照会议议程,我对论坛作简要小结。经过研讨和交流,来自全国各地的专家学者和文化学院的领导90余人共同完成了会议的各项议程,会议气氛严谨、充实、热烈、活跃,达到了预期目的。概括起来,体现出以下显著特点:

一是论坛规格高。十届全国人大常委会副委员长、民革中央原主席、中央社院原院长何鲁丽专程从北京赶过来参加这次论坛开幕式并致辞。山东省委政协副主席、省委统战部部长张传林到会致欢迎词;九三学社中央副主席、中央社院副院长邵鸿,山东省政协副主席、致公党山东省委主委、山东社院院长、齐鲁文化研究会会长王志民出席会议并在论坛上作专题发言;中央社院党组副书记、常务副院长游洛屏主持会议开幕式。这充分体现了各级领导对这次论坛的重视。

何鲁丽同志在讲话中针对国际金融危机和迎接建国六十周年的形势任务，强调各地文化学院要发挥自己的特色优势，通过中华文化所传承的中华民族优秀品格来激励民众，坚定信心，增强同舟共济、共渡难关、振兴中华民族的意志和决心。这对中华文化学院开展工作具有重要指导意义。

二是研讨成效好。本次论坛与会专家学者提交学术论文30篇，特别是上午的三个主题报告，学术水平很高，大大提升了本次论坛的层次和高度。各位专家、学者集中探讨了区域文化的内涵和特点、区域文化与中华文化的关系、区域文化价值和民族文化思想、区域文化与统一战线的关系等许多重大理论问题和现实问题。与会代表各抒己见、畅所欲言、相互切磋、相互启发，进行了广泛而深入的学术交流与理论探讨，发表了许多精辟独到的见解。

区域文化研讨会集中讨论了以下几个问题：

关于区域文化与中华文化的关系。有学者指出，地域文化是中华文化的有机组成部分，二者是互动和相辅相成的关系。

关于全球化与中华文化的关系。有学者提出全球化为改造继承民族文化、区域文化创造了条件；中国崛起的价值支撑离不开人类共同创造的优秀文化成果，也离不开中华优秀传统价值。要利用全球化进程提供的机遇，增强区域竞争力。

关于区域文化与中华民族凝聚力。有学者认为，文化认同是中华民族凝聚力的基础，弘扬中华文化的最终目的是保持和发扬优良传统，增强民族凝聚力，构建既体现传统精髓又符合时代发展要求的核心价值观。

关于中华文化与统一战线的关系。学者们普遍认为，以中华文化、地域文化为载体，发挥中华文化的桥梁作用、纽带作用，凝聚作用、亲和作用，为海外统一战线工作服务，建立海外统战工作的长效机制。

我个人认为，我们要把区域文化的研究与统战工作结合起来，挖掘更多的可利用的文化资源，探讨更好地利用文化资源为统战工作服务、为经济建设服务的新途径,从中央到地方,从沿海到内地,都能够立足于当地区域文化特色,形成各有其独特效力的文化统战新优势。

这次论坛可以说是中华文化学院系统内部第一次以工作探索与学术交流相结合的形式举办的学术论坛,不仅能够听到知名专家学者的声音,也使各地文化学院从事研究的同仁们拥有更多的话语权,提高了我们研究的积极性和学术水平,创造了深入交流的崭新平台。总的来看,论坛的议题和内容体现出前瞻性、开放性、学术性和现实性;论坛本身则表现出高规格、高水平和高质量的特点。这是一次文化的盛会,对于促进区域文化特色的研究、区域文化对中华文化贡献的研究和以中华文化为纽带开展海外统战工作方面都有重要的推动作用。此外,与会代表还对文化论坛组织工作提出了许多好的意见建议,如论坛的相关组织方式要与国际性论坛的形式靠近;坚持论坛的应用性,中华文化论坛的选题要理论联系实际,围绕社会的热点和难点问题,每次锁定一两个题目,形成论坛成果,上报有关决策部门参考;扩大论坛的影响力,要有专家作主旨报告,同时运用网络加大宣传力度,让人们对中华文化论坛有持久的关注等。

最后,我提议,让我们以热烈的掌声再次向为本次会议作出奉献的山东省社会主义学院的各位同仁表示感谢!谢谢大家!

区域文化与中华文化

关于区域文化的几点思考

周秀泉

周秀泉：女，天津社会主义学院研究员

区域文化是值得研究和开发的领域，但不是短时间的行为，是需要从基础做起并长期坚持下去的事情。本人对区域文化的研究只是刚刚介入，只能围绕区域文化谈几点不成熟的思考，以求指教。

一、区域文化与区域的文化创意产业

当我在搜集区域文化方面的资料时，看到的区域文化资料大部分都是谈区域的文化创意产业。起初我顺势而走，结果发现有许多问题很难搞清。在这一过程中我出席了"2009 年河东发展论坛"会议，会议虽然没有涉及区域文化，但是谈到了文化创意产业，这突然使我产生一个疑问，难道区域文化与区域的文化创意产业是一回事吗？从目前情况看，大部分人确实将区域文化与区域的文化创意产业画了等号。

"区域文化"一词的出现时间并不长，出现的频率也不多，尽管前几年有的地区搞过区域文化理论研讨，但在当时有些问题还没有遇到，有些问题还没有引起重视。直到区域经济不断成为区域发展的重点之后，特别是在大力发展文化创意产业时，区域文化出现的频率渐多，因而人们也容易把区域文化与文化创意产业等同起来。我认为，这种认识是不妥的。

只要我们认真思考一下，就会感到区域的文化创意产业与区域文化是不同的概念。区域文化是在区域历史过程中形成的，是在区域中起主导影响的思想意识、群体精神。而文化创意产业则是与文化相关的经济实体和经济活动。区域文化的落脚点在于培育区域人民的精神、意识，而文化创意产业虽然也会起到某种文化传播的作用，但落脚点则在于经济效益。如果将区域的文化创意产业代替区域文化，那必然会使区域文化大打折扣，甚至会造成文化内涵的贬值。例如，早期影响较大的文化创意"超女"，其经济效益可观，社会反响较大，但是它影响人们心灵的是什么？引导的是什么？仅从一些媒体揭露的事实看，就足以让人疑惑。还有一些文化创意塑造的追星族、"粉丝"，有的造成悲剧，有的成了癫狂。文化是影响人们心灵的东西，如果说区域的文化创意产业就是区域文化，它影响人们心灵的是什么？对青年人价值观的形成起到什么作用？如果这就是区域文化，那就令人担忧了。

当然，出现的一些问题并不代表文化创意产业的主流，我认为文化创意产业的主流是好的，文化创意产业也是需要大力发展的，但是决不能用文化创意产业代替区域文化。因为区域文化肩负的责任是文化创意产业无法承担的。

2006年我参加了民进天津市委组织的关于加强文化建设的研讨会，会上民进中央副主席王佐书同志提出了"中国文化战略与安全"问题，与会者也感到，我们在文化上确实面临着严峻挑战。区域文化虽然有"区域"的界定，但仍是文化。什么是文化？如果从历史的角度讲，文化就是历史的印迹；如果从人们意识的角度讲，就是表现在方方面面的那种"化"的痕迹。我们平时讲，每个人的文化品位不同，指的就是那种"化"的痕迹，而这正是文化内在的、实质性的东西，而这种反映在区域人们一切活动中的内在的、实质性的东西，就是区域文化。区域文化在区域发展中，起着非常重要的作用，甚至是极为关键的作用。

区域的文化产业可以创意，但区域文化不可随意，必须要牢牢把握区域文化的方向。因此，区域文化应当是有目的、有目标、有规划地去影响“人们在一切活动中的那种内在的、实质性的东西”，而不是被动地、盲目地、随意地迎合人们所谓的文化生活需要。

二、区域文化的社会效益与经济效益

区域文化的社会效益与经济效益是区域文化产生影响的两个方面。这包含了两层意思。一是区域文化直接产生的社会效益，如对人们心灵的影响，调动了极大的热情和工作动力，提高了工作效率，所产生的结果是经济效益的提高。二是有些区域文化建设本身既产生社会效益又产生经济效益。如有党政部门推荐的有教育意义的影片、书籍，既有社会效益又有经济效益。

如果从问题的角度说，经济效益上的问题也能反映出社会效益问题。例如，据前几年的一个统计数字，我国对外文化贸易逆差相当严重，仅以期刊为例，进口是出口的374.5倍。这说明什么？这说明我们在文化上的醒悟太慢了。从麦当劳、肯德基到必胜客等洋快餐，它们在推销着垃圾食品的同时传播着所谓时尚文化；更不用说美国大片、韩国大剧、动漫世界，暗地里传播的极端黄色腐朽的影视，不知影响了几代青年人。在我们周围经常会听到青年人讲“等我孩子长大了就送到国外去读书”，这是很耐人寻味的事情。这是对他国文化的向往，还是对祖国文化的失望？然而这种想法是很有代表性的，只是有没有钱可以出去的问题，这不能不引起我们深思。正像王佐书同志曾讲到的“文化的力量是政治、经济的力量所不能代替的，也是政治、经济的力量所达不到的。文化的力量深藏于人们的头脑之中、观念之中、行为规范之中、价值观之中。它的表现形式常常不是物质，而它的力量又远远超过物质力量，因为它影响的是人们的心灵”。[1]

---

[1] 王佐书：《中国文化战略与安全》，人民出版社2007年版第265页。

由此可见,区域文化的力量是不可代替的,它所产生的社会效益和经济效益也是不可低估的。

三、区域文化与中华文化

从学术方面讲,区域文化与中华文化是一个很大的课题,两者之间存在局部与整体、形式与实质、分支与主流等方面的关系,也存在影响与被影响的关系,还存在着角度关系,即同一问题可以从区域文化的角度看,也可以从中华文化的角度去看。如果从区域文化建设的角度讲,我认为应注意以下两方面问题。

一是区域文化是以中华文化为特征的。区域文化必然有区域的特点,但区域文化的基调离不开中华文化,就是说区域文化的积淀是中华民族五千年的文明史。可以说,区域文化就是以不同区域的特色展示着中华民族的精神。

二是区域文化是以中华文化为思想内涵的。区域文化在语言特点、表达方式、民俗习惯等方面都存在着差异,但体现的是中华文化的思想内涵。因此,区域文化的建设过程,就是在区域民众心灵中塑造中华民族思想道德与精神情操的过程。

从以上两个方面看,区域文化不应仅仅限于具体的形式和特色研究上,还应发掘区域文化更深刻的文化内涵、思想内涵,这样才能更好地发挥区域文化的作用。

综上所述,区域文化不仅是值得研究的学术领域,更是我国文化建设的重要组成部分。因此,区域文化应当是有目标、有规划的,不能以金钱为风向标,那么随意和盲目。胡锦涛曾指出:“我们要牢牢把握社会主义先进文化的前进的方向,建设社会主义核心价值体系,弘扬民族优秀文化传统,发掘民族和谐文化资源,借鉴人类有益文明成果,倡导和谐理念,培育和谐精神,营造和谐氛围,进一步形成全社会共同的理想信念和道德规范,打牢全党全国各族人民团结奋斗的思想道德基础。”[1]我认为这既是我国文化建设的目标，也是区域文化的目标。也只有这样，才能真正搞好区域文化建设，使区域文化和区域经济得到更快更好的发展。

[1] 胡锦涛：《在中国文联第八次全国代表大会、中国作协第七次全国代表大会上的讲话》，《人民日报》，2006 年 11 月 11 日。

区域文化与整体文化的关系及增强中华民族凝聚力的主要文化方略

周承铭　刘春宇

周承铭:男,长春市社会主义学院副院长

刘春宇:男,长春市社会主义学院副主任科员

一、区域文化与整体文化及整体凝聚力的关系

区域文化是与整体文化相对应的,是主要着眼于一定地域空间文化的差异性而提出的一个属于人文地理范畴的概念。区域文化与民族文化有着千丝万缕的联系,又有着独立于民族文化之外的特质。两者是构成整体文化的主要元素,是产生整体凝聚力的重要根源。

(一)民族凝聚力是形成整体凝聚力的根源

一个民族自形成之日起在创造本民族文明的过程中,也逐渐形成了本民族独特的民族文化,民族文化维系着民族的认同感和归属感,这种对本民族一致的认同与归属的情感就表现为民族的凝聚力。中华民族作为一个多民族的共同体,既有着各兄弟民族的独特民族文化,又有着完整统一的中华民族文化。其凝聚力在不同范围内的表现亦有所不同,诸如在中国版图内,各少数民族内部有着较明显的凝聚力;而在世界范围内,只要有炎黄子孙的地方就有着强烈的同属"中国人"的凝聚力。民族凝聚力看似无形,实则是一个单一民族乃至一个整体民族能否兴旺发达的内在动因,影响到国家的政治、经

济、文化等各方面的兴衰成败,因此,没有一个民族和国家不重视民族和国家的凝聚力。相比较而言,整体民族凝聚力形成的难度要远大于单一民族凝聚力的形成,因为整体民族面对的是历史、传统、现实都有较大差异的众多民族,必须协调好各民族间的政治、经济、文化的平等全面发展,努力减少可能产生民族矛盾的消极因素。历史上,唐太宗对各少数民族“爱之如一”[1]政治理念的实践,使各民族在政治、经济、文化上都得到较自由的发展,形成了中华民族的凝聚力,才奠定了盛世辉煌的基础。一般说来,区域文化与整体文化、民族文化与国家文化并不矛盾。没有对本区域其他民族文化的认同与热爱,就很难会有对中华民族整体文化的认同与热爱,但过分强调区域或单一民族的凝聚力就可能成为与区域其他民族产生矛盾与冲突的不安因素。很多国家的动乱与分裂就是因为区域和民族冲突问题,这也是多民族国家中最容易产生的问题。民族矛盾说到底还是民族文化的冲突,各民族都应本着各民族文化平等的态度,尊重其他民族文化,消除对其他民族文化的傲慢与歧视。即使作为一个整合的多民族文化体系,如果信奉绝对的民族文化优势,也可能产生与其他国家间的矛盾与冲突。因此中华民族的凝聚力绝不等同于狭隘的民族主义。

(二)区域凝聚力是形成整体凝聚力的另一重要根源

一个较稳定的民族的形成往往也意味着一个新的区域文化的形成。区域文化的演化本质上是与民族的聚居、形成、迁徙、融合息息相关的。当今中华各族儿女分布的区域范围空前广阔,既有在中国大陆各省区的大群居,也有在香港、澳门、台湾及世界各地的小聚居,即使传统上的少数民族地区也基本上是多民族杂居的局面,纯粹的单一民族聚居的情况并不多见。在这种情况下,区域文化往往代替民族文化成为区域凝聚力的源泉。比如东北三省及蒙东地区作为一个由汉族、满族、蒙古族、朝鲜族、回族等多民族组成的地理区域,在

[1] 《资治通鉴》。

近现代逐渐形成了以“冰雪”、“重工业”、“二人转”等独特文化现象为特征的东北区域文化，有较强烈的“东北人”的认同感及“关东”的归属感，这种淡化了汉民族与少数民族的概念而形成的整体区域文化，往往形成了区域性凝聚力。即使传统汉族人的居住区，也往往形成不同的区域性文化，例如传统上同属江南地区的沪、苏、浙等省市也因经济社会生活的相同相近而形成了小区域文化。区域文化的认同在当今往往成为群体凝聚力形成的主要因素，即使像港、澳、台及海外华人华侨聚居区这类中国内地范围以外的区域文化在当今仍然具有相当强的群体凝聚力，区域凝聚力构成了中华民族凝聚力形成的另一重要根源。

二、增强中华民族凝聚力的主要文化方略

中华民族凝聚力是中华各民族、各区域凝聚力的整合，其根源来自中华文化。中华文化作为一种由各区域文化、各兄弟民族文化、一脉相承的历史传统文化构成的整体文化，是一个相当宽泛的概念，区域文化与历史传统文化是其主要表现形式，民族文化是连结历史传统文化与区域文化的纽带和载体。对历史传统文化、区域文化、民族文化的认同构成了中华民族凝聚力形成的基础，积极弘扬包括区域文化、传统文化在内的中华文化是增强中华民族凝聚力的重要途径。

（一）弘扬传统文化，筑牢中华民族凝聚力形成的根基

弘扬历史传统文化可以增强中华民族的自豪感和自信心，激发包括港澳台同胞、海外华人华侨在内的全体炎黄子孙投身民族复兴大业的热情与动力。中华传统文化作为世界上历史最为悠久、内容最为博大、思想最为精深的文化体系之一，几千年来一直指导着中国人的生活、生产和往来交流，其作为一种民族意识已经深深地积淀在中华文明的每一寸土壤中。蒙元和满清虽然是外族入主中原，但其皇帝仍以中华正统自居，承认自己是中华民族的一部分，特别是满清入关后，全面继承和发扬中华传统文化，用以管理国家、教导人民，并

且出现过“康乾盛世”；而元朝则是个例外，他们没有来得及全面吸收中原文化，仅把精力放到了穷兵黩武上，尽管横扫亚欧大陆，所向披靡，但其政权只维持了 89 年便土崩瓦解，在沉重的勒勒车轮声中扶老携幼重新回到了草原。与元朝类似的还有更早的秦朝，尽管秦王合六国而王天下，却一厢情愿地认为通过强大的武力和严酷的文禁就可以垂拱太平，于是武御则竭尽国力于塞北筑长城万里以隔外族，文禁则焚书坑儒以绝异声，秦始皇万万没想到的是，秦朝第二代统治者便在阿房宫的熊熊烈焰中草草结束了嬴秦家天下的春秋大梦，留给后人的只是骊山上零落的焦土和三秦黄土沉积层散发出的无尽怨声。历史不止一次地在证明着，任何一个忽视文化的时代往往都是步履维艰的，而重视传统文化的时代往往都是欣欣向荣的，历史上国力强盛、人民富足、社会安定的时代没有一个是传统文化没落的时代，像汉、唐、北宋等中华文明的高峰时期都是中华传统文化空前发达的时代。中华民族在人类文明史中绝大多数时间里处于世界先进民族的位置，创造了悠久灿烂的文化，真正减慢发展脚步的时间不过近代二百年左右，致使中华民族减缓发展步伐的原因绝非中华传统文化，而是清朝政府为“保持稳定”而闭关锁国。此时国际大环境已经处在农业文明与工业文明的转折时期，在这些内外多重因素的影响下，中华民族遭遇了数千年来未曾有过的最严峻挑战，并且这种挑战在今天仍然存在，特别是在此次全球金融危机的特殊历史环境中更为明显。民族的复兴绝不仅仅是科技与经济的强大，而是包括民族文化、国民素质在内的民族全面复兴。反言之，一个没有民族文化且国民素质低下的国家的政治、经济与科技也不可能真正强大。中华传统文化经世致用的特质，决定其在今天仍然具有重大的现实价值，这在当今世界上是独一无二的，世界四大文明古国中只有中华文明传承至今，这种凝聚力是无比强大的。摆在我们面前的现实课题，就是如何赋予它新的内涵、新的生命，并利用已经赋有新寓意的传统文化去整合各区域文化和各兄弟民族文化，从而使我们民族依据这一灵魂和血脉，形成更强大更持久的内聚力和外向力。

(二)增强区域文化引力,强化中华民族的内聚力

作为中华文化空间组织单元的区域文化是维系着中华儿女血脉相连的民族情感的细胞。政治环境、经济发展水平、地理因素固然都是影响区域凝聚力的重要因素,但与区域文化相比,其影响长短与深浅则又不可比拟,因为区域文化作用于人的思想灵魂深处。区域文化有很多时候外化为乡土之情,而乡土之情在人的一生中都是不会淡化的,相反人年纪越大,这种情感越强烈。中国人更是有落叶归根的特殊情感,无论身在世界何处,总无法割舍对故乡的眷恋,那种永恒的归宿感历久弥深。这是中国的区域文化与传统文化相互作用而产生的一种较为罕见的特殊文化现象,当今世界没有一个国家的人像中国人这样眷恋故国和故土。爱国情以爱乡情为出发点和落脚点,没有对乡土的真挚热爱,就很难有对国家和民族的热爱,保护好区域文化、乡土文化就是保留了海内外中华儿女凝聚力的种子,遇到适合的土壤就会迅速地发芽成长。这在改革开放三十年来表现得淋漓尽致,在共同的民族复兴大业背景下展现出了中华民族空前强大的民族凝聚力,港、澳、台与华人华侨的投资在所有外来投资中占到了相当高的比例,为我国30年来的经济腾飞起到了至为关键的作用。

解决台湾问题是当前最大的统一战线问题[1],这已经成为公论。台湾问题一日不解决,中华民族的全面复兴就不可能实现。特别是在当前全球政治、经济关联度极高的大环境中,台湾问题更显得错综复杂、千头万绪。但有一点是可以抓住的脉络,就是两岸同属炎黄子孙,同一历史、传统、语言、文字等心理文化纽带,这是任何力量都无法割裂动摇的事实,也是我们解决台湾问题时的重要契入点。我们不光要给台湾同胞一个地理意象上的祖国,还要给他们一个文化意象上的祖国,人心就是最好的生产力和武器,积极弘扬包括历史传统

[1] 《统一战线知识手册》,华文出版社2007年版,第101页。

文化与区域文化在内的中华文化，增强乡土认同感和文化归属感，就是在做争取人心、凝聚力量的工作，就是对"台独分子"的最有力回击。

（三）加强区域间经济合作，促进区域文化认同

区域文化认同是区域间经济合作中必不可少的因素，一致或者相近的文化基础会使个体或者群体间较容易实现沟通合作。改革开放以后，很多港澳台同胞、华人华侨投资者在大陆投资兴业的第一步往往都是选在自己的故乡，进一步再向全国其他地区扩展，这是沿海一带率先发展起来的重要原因。一些著名的"侨乡"有着明显的区域文化认同的优势，历史、习俗、方言、生活习惯上的相似，成为吸引港澳台地区、海外投资者的重要因素，文化上的接近能够尽量减少沟通过程中的摩擦与阻力，降低风险成本与磨合成本。

当前，大规模的跨省市间经济合作的条件已经成熟，区域经济一体化呈现出加速发展的特征。地理相邻与文化相近的区域间更容易实现较好的合作，而且容易发挥发达区域的辐射作用，形成大区域内共同发展的局面。从1980~2000年，"珠三角"经济圈率先崛起；20世纪90年代以来长江三角洲经济圈又异军突起，吸引世界各地的资金和技术，极大地提高了区域经济竞争力；环渤海经济圈也成为我国经济的重要增长极；东北地区各省区间在版图上相连成为一体，气候地理环境相似，区域文化认同感极高，因此东北各省区也提出了"东北区域经济一体化"的战略构想，力争成为我国经济高速增长的第四极。

区域文化认同的黏结功能能够提高区域经济一体化进程中的稳定性与持久性，近些年来各省区相继提出了建立"城市圈"或"城市群"的概念是指地理连结更紧密、文化上近似度更高的区域性联合体，如长株潭城市群（长沙、株洲、湘潭），武汉城市圈（以武汉市为核心加上周边的黄石、鄂州、孝感、黄冈、咸宁、仙桃、潜江、天门等八个城市）等，都是充分认识到了地缘与文化的优势，这些大城市圈的形成及其相互之间的分工、合作和竞争，将加快区域经济的一体化进程，并主导区域甚至全国经济的发展格局。

(四)推动区域文化与区域的全面协调发展

区域文化影响着区域的全面、协调发展。当前,我国区域间发展存在不平衡的问题,科学发展观也重点提出了各区域间、各区域内部要全面协调发展。文化落后的民族不会是先进的民族,文化落后的国家不会是富强的国家,文化落后的地区也不会是文明富庶的地区,即使偶有阶段性的富足繁荣,最终也会难以为继。这在我国一些新兴的工业地区和城市中表现最为明显,存在区域经济与区域文化发展严重失衡的问题,观察这些已经没落的区域或城市我们不难发现,这类地区或城市在没有形成稳定的区域文化的情况下,只注重经济利益,来到这个地区的人也都是为了经济利益,“利”字成了这些区域的唯一凝聚力。没有强大的区域凝聚力,环境利好则飞速发展,一旦有变则分崩离析、瞬间瓦解。一个人、一个区域,乃至一个民族和国家如果没有了“灵魂”,则难有生气,昙花一现的情况难以避免。

另一方面,区域文化能够激发区域内人民的爱乡之情,以故乡发展富足为己任,将自己的智慧与汗水留在生活过的土地上,避免因人才的过度外流与向少数发达区域的过度集中造成的区域间发展失衡。当前我国出现的很多农村地区“空巢”现象、少数大城市发展过度现象、地区间发展水平差异悬殊现象很大程度是因为当地的各种环境无法支撑当地人民较好的生存发展,只能向更适合自己生存发展的区域转移和集中。长此以往,必将形成弱者愈弱、弱者恒弱的恶性循环局面。解决这个问题的对策不仅包括改善当地的经济发展环境,还要通过改善当地的生态环境来为他们提供更健康的生活天地,通过发掘与弘扬当地区域文化来改善当地的文化环境等措施来增强区域的凝聚力,把他们重新吸引回来,逐渐形成良性循环,实现各区域的全面、协调发展。这是我国当前快速工业化和城市化进程中必然面临和必须解决的重要问题之一。

区域文化的形成是一个漫长的过程,因此有着稳定的区域文化的地区更应当注重区域文化保护工作,去除急功近利的思想,将之视为一项长期性的系统工程。区域经济固然是经济文化发展的重要基础,但当前应着重注意协调好发展区域文化与发展区域经济的关系。区域文化可以促进区域经济的发展,但发展区域文化的意义绝不仅仅是促进区域经济,纯粹以发展经济为目的发展区域文化必然会产生文化领域内的作秀与短命。目前很多地区所谓区域经济与区域文化一体化发展之路就存在诸多弊端甚至造成一系列后遗症,比如当前很多地区激烈争夺中华文明发源地、争建历史人文标志、争建历史名人纪念馆、争建所谓"中华标志城"等现象就值得深思,区域文化一旦与经济扯上关系,就会使其文化魅力蒙尘、历史光环黯淡,比如一些省区将著名的传统宗教场所变成了旅游景点,宗教的庄严感与历史的厚重感都被嘈杂与嬉闹冲刷殆尽。文化的传承弘扬职能被忽略甚至切割,以文化历史价值的丧失换取了一时的经济利益,这种违背科学发展规律的做法令人痛心疾首。

(五)保持区域文化凝聚力与区域社会稳定

区域凝聚力直接影响着区域内各方面的稳定和发展。一方面,过分强调区域文化的差异性,可能导致区域与整体在精神或事实上的渐行渐远,像"台独"势力"去中国化"等行为引发的区域凝聚力的扭曲,将会逐步淡化台湾同胞特别是新一代台湾同胞的民族意识,削弱中华民族的整体凝聚力。另一方面,我们也必须清楚地看到,当今人类社会已经全面进入了一个"和而不同"的全新历史时期,政治、经济、文化都面临着多元化的趋势,千篇一律、整齐划一的社会及其现象已经很难出现,更难以长时间存在。区域文化是典型的多元文化,多元就意味着差异,由于历史和传统原因而有的区域文化差异是合理且正常的人类社会现象,也正因为差异的存在,人类社会才会呈现出百花齐放的生机与活力。区域的凝聚力只要是形成于天然,就应当顺其自然、合理引导,比如西藏的藏传佛教文化,既要给其充分的空间使其健康发展,又要积极引导其爱国守法,确保不损害国家民族利益和背离宗教教义。

一个区域的凝聚力的消减也就意味着区域在意识形态领域的结

构松散甚至解体,可能成为分裂与动乱的潜在因素。比如活跃在新疆的“东突”恐怖组织对边疆地区社会正常生活秩序的破坏,造成了整个社会的不安,长期势必削弱地区的凝聚力。当前,边疆地区凝聚力的强弱已经成为影响边疆稳定的重要因素。一些敌对势力搞乱中国的图谋也往往从破坏地区凝聚力开始着手,当前境外势力利用宗教渗透破坏我国边疆地区凝聚力的举动,就应当引起我们的高度注意。消除区域不稳定因素工作,一方面是要尽快缩小各区域间、特别是边疆地区、民族地区与内地及发达地区的差距;另一方面要为这些地区的区域民族文化的发展提供更广阔的空间和更适合的土壤,使其保持和增强区域文化的凝聚力。

弘扬中华优秀传统文化
提升文化软实力

邢宗兰

邢宗兰:女,宁夏社会主义学院副院长

胡锦涛同志高瞻远瞩地指出:增强我国文化的国际竞争力,提升国家软实力。这一论断,寓意深刻、意义重大,为弘扬中华文化、增强我国文化软实力指明了方向。文化软实力的提升,既是一个国家或地区经济社会发展实力的体现,也是一个国家或地区的文化影响力、感召力和凝聚力的标志。我们不仅要发挥文化软实力在促进经济发展、推动社会进步、提高人的素质和增强综合竞争力方面的重要作用,而且要加强对外文化交流,推动中华文化走向世界,更好地向世界展示中华文化。让世界了解中华文化、认同中华文化。

每一个民族在历史发展中都会形成一些恒久的理念和价值观念,这是一个民族的宝贵精神财富,是一个民族基本的价值判断和民族心理形成的重要依据。优秀传统文化正是中华民族的脊梁,是中华民族的灵魂,是维系中华民族繁衍生息不断强盛的精神家园,是中华文明五千年的瑰宝。中华民族优秀的传统文化,既体现了我们民族文化的博大精深,又展示了我们民族的性格和价值理念。它的精髓集中体现在传统文化的经典中,经过千百年的锤炼,世代相传而广受赞誉,足以说明其巨大的价值和无可替代的作用。中华优秀的传统文化是我国文化软实力的基因所在,我国文化软实力的提升必须注重优秀传统文化的教育和传播。

一、加强优秀传统文化教育是增强国民对本国文化自信心的需要

中华优秀传统文化是中华民族集体智慧的结晶,具有很强的传承性。一个社会的发展,需要不断创新,但是这种创新不是无源之水。如果丢掉了前人的文化创造,这种创新就会因失去根基而迷失方向。中华优秀传统文化是中华民族的身份特征,如果将自己民族的身份都丢掉了,就很危险。一个民族要屹立于世界民族之林,离开了民族文化的教化,离开了民族生活的土壤,离开了传统的节日,民族精神就是无根之物了,优秀传统文化对构筑民族魂、民族心非常重要。民族精神是文化精神的延伸,据研究观察表明:文化精神不旦有民族性还有区域性,西方有西方的文化精神,东方有东方的文化精神;英国有英国的文化精神,德国有德国的文化精神;同是东方,日本有日本的文化精神,印度有印度的文化精神,中国有中国的文化精神。文化精神的发展和现代化离不开原有的民族文化精神,这是因为文化精神是独立地存在于整个社会群体之中的。一种文化的价值和意义一旦被创造出来,一种文化精神一旦形成,就会存在于整个社会群体之中世世代代传递,并作为一个有特殊价值和意义的文化世界建构不同民族一代代人的价值心理和价值观念。朝代可以更替,国家可以盛衰,但文化的固有价值和意义,却不为尧存,不为舜亡。一代人生下来了,他们虽然要从整个时代文化发展中获得精神气质,但是,历史上留下来的风俗、礼仪、伦理道德、哲学观念、文化英雄、民族志、宗教信仰以及语言、神话等的价值意义是不会消失的,而且还会积极地建构着新一代人的文化观念,建构着一代代人的习性、心理、思维方式、人格及各种精神气质,他们的习性、行为及种种精神生活虽然也有变化,也向前发展,但总的精神气质却还是民族的。中华优秀传统文化是中华民族世代传承的集体文化记忆,是中华民族文化精神活的化石标本,是固化了的中华民族精神。

传承和传播中华优秀传统文化，无疑是提高文化软实力的重要内容。当前，我国社会正处于转型期，随着经济体制改革的不断深化，社会思想文化呈现出了多元化现象。近年来，欧美文化以压倒性的优势渗透到社会生活的方方面面，我国有些年轻人对传统文化的了解越来越少。有的人根本没用心去了解传统，就无端地蔑视、反感民族传统文化，这样做，只能脱离固有文化的土壤，变成没有根基、没有寄托的空虚的人。大力倡导传统文化经典，弘扬优秀传统文化的思想理念，在当前显得更为必要和迫切。其实我们今天所提倡的文化精神并不抽象，它最核心的内容就是要建构积极向上的文化内容和精神境界，大力弘扬责任意识和敬业意识，这些都是传统文化人文精神中最本质的东西。必须批判性地吸收一切优秀文化遗产中有益的东西。把文化遗产中真正的精华同时代精神紧密结合起来，让优秀传统文化经典进学校、进教材、进课堂、进电视，形成崇尚经典文化、重视文明风尚的社会风气，推动学习型社会建设，构建起属于这个时代的文化家园。

中华文化的核心，即根植于中华民族深层的民族精神要长期传承下来。文化经典教育可以激浊扬清、补偏救弊，对社会思想的健康发展起到积极的引导和促进作用。过去的几十年我们竭尽全力去追求现代化，现代化建设也确实为我们带来了丰硕的成果：强盛的国家、丰富的物质产品、更多的个人选择等等。但是幸福并没有如预想那样自然降临。相反，在一个日渐现代化的社会里，人们面临着更加难以破解的现代性的阴暗面，面临新的人生难题和生存困境。科学除了造福人类之外，也有可能被滥用，带来难以掌控的危险；制度和社会的日益理性化，可能伴随着对个体的冷漠和无情；个人权利和个人自由的获得，也有可能导致物欲至上、道德沦丧。随着我国的经济发展和国力强盛，人们开始重新树立对传统文化的自信心，并进而呼唤传统文化的复兴。另外，当下人们遇到了新的人生难题和生存困境，这些难题和困境不能从现有的文化里得到解决的答案，于是人们将目光转向传统文化，希望从那些古老的智慧里找到解决之道。当我们将目光投向传统文化的时候,我们很容易以为找到了绝佳的答案:传统文化的一切,似乎正是为了克服我们今天的生存困境而准备的。传统文化确实在几千年的历史中成功地解决了先人们所面临的各种难题,使中华文明历五千年而不坠,但是文化的整合性告诉我们,传统文化并不能直接地解决现代性的难题。值得注意的是,近年来,国内信教的人数不断增加,外国宗教势力的日益渗透充分表明社会文化趋向多元化。在现代人全新的人生难题和生存困境面前,面对西方文化与中华文化,只有看清了每一种文化的宝贵处和缺陷处,我们才不会对别国的文化盲目崇拜或者盲目贬抑,也不会对自己的文化妄自尊大或者妄自菲薄。从这种跨文化比较的角度去思考和探索,也许我们就能找到破解当下人生难题和生存困境的钥匙。优秀传统文化的传承是民族文化价值观的延续,加强优秀传统文化教育对形成良好的国民人格素质有积极作用,同时,引导全社会把阅读文化经典渗透到工作、学习、生活当中,有利于国民重新树立对传统文化的自信心,从而促进我国文化软实力的提升。

二、加强文化交流是展示国家形象、提升国家文化软实力的重要途径

"软实力"作为国家综合国力的重要组成部分,特指一个国家依靠政治制度的吸引力、文化价值的感召力和国民形象的亲和力等释放出来的无形影响力。根据"软实力"的理论,一个国家如果能以自己的文化价值、制度设计、政府和国民形象等因素来吸引其他国家,使之自愿跟随其后,模仿其政治、经济、社会结构或发展模式,进而在国际竞争中拥有较大的发言权和影响力,那么这个国家就具备了较强的"软实力"。有人把"软实力"概括为导向力、吸引力和效仿力;也有人认为,衍生"软实力"的资源,很大程度上来自一个组织或国家的文化所表达的价值观、国内惯例和政策所树立的榜样,以及处理与别国关系的方式。可以看出,文化是"软实力"的重要部分。提升国家软实力重在文

化软实力的提升。

文化交流是沟通各国人民心灵的桥梁，也是展示国家形象、提升国家软实力的重要途径。中华文化源远流长、博大精深，对世界文明进步作出了重大贡献。要加强对外文化交流，推动中华文化走向世界，更好地向世界展示中华文化。让世界了解中华文化，认同中华文化。现在，纪念孔子已经开始成为一项全球性的文化活动，孔子学院也在全世界生根发芽、开花结果。据最新资料，迄今为止，全球已建立孔子学院（包括孔子学校、孔子课堂）155 所，分布在 53 个国家和地区。孔子学院已经成为传播中国文化、推广汉语教学的一个重要载体。这决不仅仅是一种文化猎奇，而是对东方智慧、中华文化的一种新的回顾和思考。这一现象，一定要引起有关部门高度重视，国家和民间力量要齐心协力鼓励、赞助传统文化事业，把优秀文化一代代传承下去。

传播中华文化，在世界范围内推动多种文化的交流与融合。要加强文化交流，侨港澳台工作要以中华优秀传统文化为纽带，激发海外侨胞对祖国和祖籍国更深的热爱之情，激发海内外中华儿女为实现祖国完全统一和中华民族伟大复兴贡献智慧和力量。我国有几千万海外华人华侨，他们有着强烈的爱国爱家乡的观念和感情，许多华人华侨就是出于爱国爱家乡的观念和感情来祖国投资兴业的。这是我国得天独厚的“软实力”资源。中国引进的外国直接投资大部分是海外华人的投资，海外华人那种叶落归根的向心力，正是中华民族世代相传的爱国观念和感情。要以优秀传统文化为纽带，增进与海外侨胞和港澳台同胞的交流，增强他们对优秀传统文化的了解和认同，这也是提升文化软实力的具体措施之一。

要借鉴美国文化“软实力”发展的启示：文化产业是国家“软实力”的重要组成部分，要善于借文化产品同国外民间组织打交道传播中国文化。我国应善于同美国民间友华组织打交道，由这些组织出面向美国民众介绍真实的中国传统文化，并主动进行政治游说，以期逐渐改变一些美国民众对中国的负面看法，影响美国对华政策。在这方面，与美国民间组织合作开发文化产品是非常有效的手段。用文化产品应对“中国威胁论”,消除美国部分人士对中国的敌视。

总之,中华文化源远流长、博大精深,对世界文明进步作出了重大贡献。中华传统文化中有许多精华,例如:“和而不同”的哲学思想,“民为邦本”的民本思想,“尊师重教”的教育思想,“己所不欲,勿施于人”的社会伦理思想,等等,以其独特的价值观、影响力存在于世界文化体系中。弘扬中华优秀传统文化、增强我国文化软实力、推动中华文化走向世界是构建良好国际环境、促进世界合作与发展的需要,是联合世界其他国家共同建设和谐世界的需要,也是我们义不容辞的责任。

儒家文化与民族凝聚力

李　菡

李菡：女，山东省社会主义学院教授

衍生于齐鲁大地、形成于春秋战国时期的儒家文化，以其博大精深的内涵和兼容并蓄的影响力，长期处于中华传统文化的主体地位，成为中华传统文化的主干和核心。其精神特性深深地根植于民族性格之中，并已积淀为中华民族的共同思维模式和价值取向，同时对增强中华民族凝聚力起着不可估量的作用。

一、儒家文化的基本精神

儒家文化“游于六经之中，留意于仁义之际，祖述尧舜，宪章文武，宗师仲尼，以重其言，于道为最高”（《汉书·艺文志》）。统一、仁爱、宽容、和谐等精神内涵彰显其文化特色。具体说来，儒家文化的基本精神有以下几个方面。

（一）崇尚统一、反对分裂的爱国主义精神

儒家思想具有群体价值取向，要求以社会整体利益为重，个人必须服从国家的利益。其目的就是要建立一种有序的社会秩序，维护社会的稳定。这种思想主要体现在其大一统观念中。大一统观念萌芽很早，《诗经》谓“普天之下，莫非王土，率土之滨，莫非王臣”，颂扬了周天子天下共主的局面。《春秋公羊传》载“何言乎王正月大一统也”，明确提出了“大一统”的观念。孔子也提出了大一统思想，孔子曰:“天下有道,则礼乐征伐自天子出;天下无道,则礼乐征伐自诸侯出”(《论语·季氏》)。“礼乐征伐自天子出”就是指国家统一。可见孔子反对政治秩序混乱,反对“天下无道”,主张“天下有道”,力图建立一个西周式的大一统国家,以结束战乱,统一国家。孟子倡导“定于一”。“孟子见梁襄王,梁襄王问‘天下恶乎定?’吾对曰:‘定于一’”(《孟子·梁惠王上》)。孟子明确主张天下归于统一才能安定。荀子也强调“一天下”,其政治思想的核心就是“天下为一”(《荀子·成相》),并认为应该“臣使诸侯一天下”(《荀子·王霸》),“四海之内若一家”(《荀子·效儒》)。大一统思想追求“天下为公”的理想境界。儒家经典《礼记·礼运》首先提出“大同”的政治理想:“大道之行也,天下为公”,并描绘了一个“天下为公”的理想社会。儒家先哲崇尚统一的爱国精神奠定了我国大一统的理论基础,并得到广泛的认同,对国家的统一和巩固,对民族的团结和凝聚,都起了非常巨大的积极作用。

(二)追求和谐、崇尚中庸的贵和持中精神

贵和持中思想在儒家文化中得到充分阐释,并发展成为一种境界。所谓贵和就是指在处理人际关系中要以“和”为最高价值标准,与人和睦相处,保持和谐的人际关系。“持中”就是要达到中和、中庸、中道;就是要把握言论和行为的度,言行要合乎礼仪,中正不偏。和谐思想是儒家思想体系的重要组成部分,追求和谐一直是儒家先哲孜孜以求的理想目标,以孔子为代表的传统儒家文化蕴含着丰富的和谐思想。孔子在《论语·学而》中提到“礼之用,和为贵。先王之道,斯为美;小大由之,有所不行。知和而和,不以礼节之,亦不可行也”。这句话概括了“礼”的基本精神,那就是“和”。这里的“和”就是和谐、安定、协调。要实现“和”的局面就必须有一定秩序的“礼”,来达到“和”的目的。孟子进一步丰富了儒家“和”的思想。孟子精辟断言:“天时不如地利,地利不如人和”(《孟子·公孙丑下》),强调“尽心,知性,知天”的天人合一论,要求达到心、性、天的和谐,特别突出了“人和”的地位与价值。荀子也认为“万物各得其和以生，各得其养以成”（《荀子·天论》），和谐是宇宙万物存在发展的基础。而对“和”的追求，渗透于政治、经济、社会的一切领域和一切方面，是儒家文化的最高要求。

中庸在儒家思想中被看作是最高的道德规范，“中庸之为德也，其至异乎！”（《论语·雍也》）朱熹对中庸阐释说：“不偏之谓中，不易之谓庸。中者，天下之正道；庸者，天下之定理”（《四书章句集注·中庸章句》）。在儒家看来，“中也者，天下之大本也；和也者，天下之达道也。致中和，天地位焉，万物育焉”（《中庸》），只有中和才能达到“万物并育而不相害，道并行而不悖”。经过长期积淀，贵和持中思想逐渐成为中华民族普遍接受的社会心理，对于维护祖国统一、民族凝聚意义非凡。

（三）和而不同、厚德载物的宽厚包容精神

儒家追求和谐并不是一味地附和，而是“和而不同”，就是要求大同存小异。孔子曰：“君子和而不同，小人同而不和”（《论语·子路》）。即君子用自己的正确意见来纠正别人的错误意见，使一切都做到恰到好处，却不肯盲从附和；小人只是盲从附和，却不肯表示自己不同的意见。这里的“和”与“同”是不一样的。所谓“同”，是不讲原则的随声附和；所谓“和”，是在容纳不同意见时，和合正确的部分，即所谓有“雅量”，也就是“和而不同”。实际上，“和而不同”的前提就是要承认差异和矛盾，允许差异存在，并在差异的基础上形成和谐，才能使事物得到发展后引申为和睦相处，但不随便附和 。“和”是在坚持原则下的融合，“知和而和，不以礼节之，亦不可行也”（《论语·学而》）。“和而不同”体现的是中华民族的宽容精神和爱好和平的价值追求。

“厚德载物”语出《周易·坤卦·象传》。“地势坤，君子以厚德载物”。其意是说，大地博厚宽广，君子仿效其德，就应当像大地那样，胸襟开阔，宽厚博大，能容世事万物，承载重任。“君子厚德载物”，也指有道德修养的人能宽容不同意见。我们提倡的“君子厚德载物”，也就是“君子和而不同”的意思。“厚德载物”，即以宽厚之道德心怀包含万物，对待事物有求同存异、兼容并蓄的态度。厚德才能载物，只有博大宽厚的胸怀，才能仁民爱物，与人为善，容受万物。“厚德载物”可以说是人类各种文明协调发展的真谛，它充分体现了中华民族的智能和待人处事的博大胸怀。

(四)仁者爱人、爱众亲民的博爱大众精神

仁爱是儒家传统的道德精华，也是孔子伦理道德体系的最高原则。孔子的思想体系是以“仁”为核心的，“仁”即仁爱思想是孔子思想的基本精神，也是孔子思想的理论基石。孔子说：“仁者，人也”(《中庸》)。在他看来，“仁”是人的本质，人之所以为人其根本在于“仁”。在集中体现孔子思想的《论语》一书中，“仁”字出现了109次。孔子把他认为的美德全包括在“仁”之内，仁成了全德之称。仁最本质的内涵就是爱人。“樊迟问仁，子曰‘爱人’”(《论语·颜渊》)。“爱人”，就是要关怀、爱护他人。仁爱首先引发于家庭血缘亲情。“孝悌也者，其为仁之本与。”孝敬父母、尊敬兄长是仁的根本。仁爱又要求泛爱众，“博施于民而能济众”。推己及人，“老吾老以及人之老，幼吾幼以及人之幼”。就是要“安人”、“安百姓”，要“先天下之忧而忧，后天下之乐而乐”。仁爱就要行忠恕之道，“己欲立而立人，己欲达而达人”，“己所不欲，勿施于人”，反映了儒家爱众亲民、仁民爱物的思想，也是儒家人文关怀的体现。孟子则把仁看成是人生的第一原则，在孟子看来“仁者爱人，有礼者敬人”，“爱人者，人恒爱之”(《孟子·离娄下》)，并提出了“亲亲而仁民，仁民而爱物”(《孟子·尽心下》)的命题，阐明了儒家所倡导的博爱大众精神。

(五)民为邦本、本固邦宁的民本思想精神

“民本”一词源于《尚书》的“民为邦本，本固邦宁”和《春秋穀梁传》的“民者，君之本也”。可以说早在殷周时期便产生了民本思想的萌芽。“民为邦本，本固邦宁”，这句话也正是儒家提倡的民本思想的要诣之所在。所谓民本思想，是以人民为国家政治本体的一种思想体系。孔子以“仁爱”思想为基础施行“德治”，明确指出爱人、爱民，主张“修己以安百姓”，把“博施于民而能济众”作为最高的道德追求。他曾说:“道千乘之国，敬事而信，节用而爱人，使民以时”(《论语·学而》)，就是主张把爱民当作治国的一项重要内容。孟子则比较明确地提出民本思想,论述了民在国家政治生活中的地位。他把“人民”喻成诸侯三宝之一,指出:“诸侯之宝三: 土地、人民、政事”(《孟子·尽心下》)。孟子在理论上首次提出了“民为贵,社稷次之,君为轻”的著名论断,认为人民的地位比土谷神和国君更为重要,把人民的重要性提到了前所未有的新高度。他论证说:“是故得乎丘民而为天子,得乎天子而为诸侯,得乎诸侯而为大夫。诸侯危社稷,则变置。牺牲既成,粢盛既洁,祭祀以时,然而旱干水溢,则变置社稷”(《孟子·尽心下》)。可以说孟子是儒家民本思想的完成者,也使得民本思想在历史上达到了顶峰。荀子则从君民关系角度阐述民本思想,荀子有一形象的比喻:“君者,舟也;民者,水也。水则载舟,水则覆舟”(《荀子·王制》)。这就是荀子著名的“君舟民水”论。民本思想也是儒家政治主张的重要基石。孟子曾说过,“得天下有道,得其民,斯得天下矣;得其民有道,得其心,斯得民矣”(《孟子·离娄上》)。施仁政就能得天下,其根本就在于能够得到民众的拥护。

(六)杀身成仁、舍生取义的持守气节精神

杀身成仁、舍生取义的持守气节精神是儒家所坚持的独立人格的思想。《论语·卫灵公》载:“志士仁人,无求生以害仁,有杀身以成仁。”即志士仁人,不贪生怕死因而损害仁德,只勇于牺牲来成全仁德。“杀身成仁”反映了孔子重视人生理想的道德价值甚于人的生命价值。孟子也说“生亦我所欲也,义亦我所欲也，二者不可得兼，舍生而取义者也”(《孟子·告子上》)。即生命是我所珍爱的,义也是我所珍爱的;两样不能同时兼顾,就牺牲生命以求义。“舍生取义”就是讲可以为了国家和民族的整体利益而牺牲自己的生命。这也正是孟子所说“富贵不能淫,贫贱不能移,威武不能屈”(《孟子·滕文公下》)的大丈夫精神。这种“大丈夫”精神，是儒家人物追求高风亮节的集中体现。如荀子言:“是故权利不能倾也,群众不能移也,天下不能荡也。生乎由是,死乎由是,夫是之谓德操”(《荀子·劝学》)。

“杀身成仁”、“舍生取义”，表达了人格独立、持守气节的高尚情操。杀身成仁、舍生取义的持守气节精神，在中国历史上产生了久远的影响。它对于中华民族重气节、尚情操风尚的形成起着重要的作用，这一思想唤起了众多士大夫和仁人志士的民族自豪感和自尊心。

（七）自强不息、刚健有为的积极进取精神

《周易·乾卦·象传》载：“天行健，君子以自强不息。”意思是说，天体运行，周而复始，刚健不衰，君子应该以此为榜样，学习这一特性，就要做到自我奋发、永不停息、坚持不懈。也就是说君子要充分发挥主观能动性，要有一种奋斗拼搏、积极向上的精神。自强不息是一种自我超越、奋发向上的品质，是一种百折不挠、顽强拼搏的意志。“天行健，君子以自强不息”，可以说是儒家入世、救世精神的真实写照。翻阅儒家典籍，每每读到儒家先哲的阐释，不禁使人热血沸腾。所谓“君子疾没世而名不称焉”（《论语·卫灵公》），“士不可以不弘毅，任重而道远”（《论语·泰伯》），孔子“发奋忘食，乐以忘忧，不知老之将至”（《论语·述而》），孟子“苦其心志，劳其筋骨，饿其体肤”（《孟子·告子下》）等，都体现了“自强不息”的精神。自强不息，首先要立志，要有远大的志向，这是做人的精神动力。“人惟患无志，有志无有不成者”（《陆九渊集》卷三十五）。要有弘毅坚韧的性格，不畏任何艰难困苦，勇往直前。儒家先哲都是重功名、尚有为的，讲的是积极入世，干的是安邦定国的大事，在精神状态上充满了勇武刚健、自强不息的精神。

二、儒家文化对增强中华民族凝聚力的重要意义

儒家文化中的基本精神内涵丰富，对增强中华民族凝聚力具有重要作用。

首先，儒家文化的统一、爱国思想是巩固中华民族凝聚力的心理基础。儒家文化坚持统一、反对分裂的思想经过长期发展，凝结成了深层次的心理积淀，已成为全社会公认的政治价值取向。深厚的爱

国主义精神所形成的“精忠报国”、“克己奉公”、“天下为公”思想成为人们所尊奉的崇高的道德要求。自古以来，各族人民就以国家统一为乐，以山河破碎为忧。要求统一，反对分裂。统一是大势所趋，团结是人心所向。将国家的统一看作是合理的、天经地义的事情，分裂则是违理的、反常的。这种心理对于中华一体、国家统一、民族团结和增强中华民族凝聚力，起着十分重要的向心作用。它也激励着无数华夏儿女为国家的统一、民族的安危而前赴后继、浴血奋战。这种爱国主义精神构成一股强大的向心力，它可以凝聚全社会的精神力量，推动中华民族的统一、发展和进步，对于增强民族自信心和自豪感，对于维护国家的统一和民族的团结，对于实现中华民族的伟大复兴，都具有特别重要的现实意义。在今天，我们中华民族所面临的民族大义就是统一，从我们的血缘亲情上，从华夏子孙的共同愿望和期待中都反映了这一点，而儒家的贵和、天人合一等思想无疑起到了一种奠基作用。

其次，儒家文化的延续性、包容性是维系中华民族凝聚力的纽带。英国历史学家汤因比曾说过，在近6000年的人类历史上，出现过26种文化形态，其中包括四大文明古国的文化体系，即中国古代文化、印度文化、巴比伦文化、古埃及文化等。但这些与中国文化先后形成的古代文化或已夭折，或已转易，唯独中国文化历经数千年而未曾中断过，延续至今仍岿然独存。儒家文化作为中华传统文化的核心，它所表现的延续性对整个中华文化的传承都起到至关重要的作用。儒家文化之所以有这种顽强的延续性，是因为它有强大的融合力和包容性。儒家文化所倡导的和而不同、厚德载物的宽厚包容精神，在文化延续和发展过程中也有重要影响。由于儒学的包容性，所以引起各民族的认同，使它对各民族都能表现出凝聚力和吸引力，成为各民族接受的共同文化。“海纳百川，有容乃大。”儒家文化在走向雄浑壮阔的过程中，博采众长、兼容并蓄，在与外界文化的冲突与融合的过程中，采取灵活多样的方式积极吸收、充分体现儒家文化博大、宽容的胸怀和强大的对异质文化的吸收、消化能力，日益增强了中华民族凝聚力,是维系中华民族凝聚力的纽带 。

再次,儒家文化关注民生、促进和谐的思想是增强中华民族凝聚力的保障。儒家文化的民本、仁爱思想作为我国优秀传统文化的重要组成部分,在历史发展过程中产生了深远影响。儒家的仁爱思想为提高个人修养,处理人际关系、人与自然关系提供了丰富的和谐思想,从而达到了由个人、人人,到天人关系的和谐。以仁爱为基础的爱民、亲民、重民、富民、教民等民本思想,对今天我们构建以改善民生为重点的和谐社会也有重要启示。关注民生已经成为当前我国经济社会发展的重点问题。胡锦涛总书记在党的十七大报告中着重阐述如何加快推进以改善民生为重点的社会建设,这说明党和国家已经将民生问题提到了前所未有的高度。关注民生要作为一项系统工程,认真解决人民群众最关心、最直接、最现实的利益问题,把民生问题作为重中之重。着力解决和改善民生问题、切实解决群众生活中的现实问题,体现人性、人本,体现关爱人、帮助人、服务人的工作理念,正是儒家仁爱、民本思想在现实中的体现。关注民生、促进和谐,使物质文明、精神文明、政治文明协调发展是增强中华民族凝聚力的保障。

最后,儒家文化的自强、进取精神是增强中华民族凝聚力的动力。儒家文化刚健有为、自强不息的积极进取精神经过历史积淀,为中华民族所普遍接受。可以说中华五千年灿烂文化始终蕴含着一股奋发向上、积极进取的精神力量,深刻地影响着中国人的品格,使我们民族充满生机与活力,这是增强中华民族凝聚力的强大动力。在长期的历史发展过程中,正是这种自强不息的积极进取精神激励着中华儿女奋发向上,与各种困难进行不屈不挠的斗争。多难兴邦是我们的古训,一部中华民族的历史,从某种意义上说,就是一部抗争困难的历史。每当外族入侵、内忧外患时,无数志士仁人鞠躬尽瘁、不息奋争。2008 年是不平凡的一年,南方雪灾、汶川地震,使得自强不息的精神在这一特殊的历史时刻集中迸发出来,产生了震撼人心、催人奋进的巨大力量。正是这种刚健有为、自强不息的精神,使中华民族以惊人的毅力和坚强的意志，一次次战胜困难，一次次浴火重生，推动着中国社会的发展。这种积极进取精神凝聚着民族向心力，是增强中华民族凝聚力的巨大动力，历史不止一次地作出了证明。

中华文化视野下的草原文化

钱灵犀

钱灵犀:男,内蒙古社会主义学院副院长、教授

一、草原文化研究的兴起体现了一种文化自觉,草原文化的讨论丰富了中华文化的内涵

关于文化的讨论,不由使我想起终生以社会文化研究为己任的人类学家、社会学家费孝通先生。他是20世纪学术史上留下自己独特的深刻历史印记的世纪智者。正是他18年前在香港中文大学的演讲中首先提出"中华民族的多元一体格局";也是他在22年前首访赤峰时提出牧业与农业都是由采集经济发展而来,是互补的关系而没有优劣之分,提出了"两黄文明"的概念,即西拉木伦河(蒙语即黄河)与黄河之间的广大地域应是中华民族文明最早的发祥地。他在学术生涯的最后阶段,谈的最多的、最强调的是"人的自觉"、"文化的自觉";其次,他提出的"各美其美、美人之美、美美与共、天下大同"的口号,倡导着文化的"和而不同"的深邃理念。我们现在讨论的主题,离不开费先生的上述命题。草原文化观念的提出和草原文化研究在内蒙古的兴旺态势,是内蒙古在经济发展、社会进步基础上的一种"文化自觉",是对自己的文化(其实也是社会、是历史)在中华民族视野下的地位作用的一种重新审视,是在要求一种文化(社会)地位的再认定,明显表现出对自己民族和地域文化的"自觉"。

而对草原文化特征的凸显，对牧业文明在中华文明发展过程的作用的再审视，也是“各美其美”的重要表现。

现在关于文化的各种讨论铺天盖地，“文化”前面几乎可以加上任何一个修饰词，然后就进入一个热闹非凡但往往不知所云的领域，其实问题的核心和关键应该是对某个“文化”概念内涵的理解和界定。比如以地理特征来界定文化，就要在同一层次和表征进行对比或讨论，“草原文化”相对应的是“高原文化”、“中原（平原）文化”、“海洋文化”、“岛屿文化”，但从生产方式的实质看，实际就是牧业文化、农耕文化、渔业文化等。如果讨论“昭君文化”，从外在层面就应与“妈祖文化”、“关公文化”这些以人物命名的象征型文化做对比，来研究它的特定内涵。这些方法论的问题实际上更能体现人文研究中的科学态度。

“草原文化”在中华民族大视野下的讨论，通常指东北亚以蒙古族为代表的历代各游牧民族，在共同的自然状态和发展境态下创造、形成的一种文化。这里的文化应更多地理解为世代生活在某个地理单元上的族群，为适应、利用和改变自然环境而创造出的“行为方式、生活方式、思维方式、组织方式”，即人类学意义上的“文化”。费孝通总结说：“为了生活的需要，人利用自然世界造了一个为自己服务的世界，我们称之为人文世界的世界。人们从早到晚，每一天都要通过人文世界来经营自己的生活。人并不直接和自然打交道，而要通过一层人工的世界。人的衣食住行等各项生活都是在一个人造的世界中进行的”（费：《七十回眸》）。文化的研究，实际就是对这“人文世界”的自觉认知和反思。文化是传递的，文化是演变的，文化也是积累的。草原文化的本原应该是传统的游牧民族在广漠草原绵延不断的四季更替中创造的人文世界，是牧业民族“天人合一”的产物。如果说大河文明代表了农业文化，草原文明则是牧业文化的典型。

二、中华文化应该包括草原文化

内蒙古地处祖国北部边疆，东西横跨“三北”（西北、华北、东北)，位于中原、中亚与欧洲的中介地带。其主要地貌特征为草原及草原环绕中的森林、沙漠。这是北方游牧民族的故乡。在这片神秘而广袤的土地上，自古以来曾经繁衍生息过东胡、匈奴、柔然、突厥、回纥、鲜卑、契丹、党项、女真、蒙古等二十多个草原民族，在漫长的历史发展进程中，创造出了灿烂、辉煌、特色鲜明的草原文化。这是草原文化和游牧文明的世界性发源地和集成地，也是"一体多元"中华文化的重要源流地之一。在中华文化的区域板块中，最具有世界性品格的，应该是北方草原民族文化。

在近现代考古发掘中，内蒙古地区曾发现了大窑文化、河套文化、扎赉淖尔文化、兴隆洼文化、红山文化、夏家店下层文化等数十处古人类1万年到4千年前活动的文化遗址，折射出草原先民在远古时代的原生文明，无论从产生的年代还是文化价值上，一点也不亚于中原文明，而且还有其独特的民族文化特征。由于草原与中原客观存在的地理结构和文化差异，在草原民族和中原汉民族长期的交往与交合、纷争与融和中，一方面，草原民族文化不仅以其自身的民族文化个性与中原文化相映成辉，而且还在长期的文化交融中对中原文化产生了深刻的渗透和影响；另一方面，草原民族在一边创造自身民族文化的同时，一边大量向汉民族汲取文化营养，逐步形成了以自身民族文化为本位、多民族文化兼收并蓄的文化体系，呈现出色彩斑斓的文化面貌，对中华民族文化作出重要贡献。

纵观草原各民族文化，虽各有其个性与独立性，但辽阔的草原生态和共同的游牧射猎生活铸就了他们大游牧民族的共性，那就是独立、自信、强悍、勇敢的民族性格和开放、进取、冒险、不断求新、广泛包容的民族精神。正是这种民族性格和民族精神，才使得北方草原民族一直处于生动活泼、生机盎然的境地，始终以进取的姿态自立于中华民族之林，并留下了中华文明史上足以称道的历史篇章，从而印证出草原民族文化的深邃和民族精神的伟大。

草原文化之所以应该放到中华文化总体之中，至少有这样两个方面的理由：首先，正如费孝通所论证的，农业与牧业两种生产方式既是同时产生于采集的相同层次的产业，又是“既依存又矛盾”谁也离不开谁的产业，从事这两个产业的民族必然地形成“你来我去、我来你去、我中有你、你中有我”的历史，进而发展演化融合成各具个性的多元一体的中华民族。历史上多次的游牧民族入主中原，带来草原文化的勃勃生机融入农耕文化之中，但并没有使中华文化消亡，反而更加丰厚且多元了，“在中华文明中我们可以处处体会到那种多样和统一的辩证关系”（见《费孝通在2003》）。其次，草原文化又明显不同于农业文明，费孝通50年前写的《乡土中国》曾生动深刻地论证了农耕文明的特点。但我们至今还没有看到相同力度的游牧文化的学术著作。再次，这块我们称之为草原的土地，历史上曾经诞生过农业文明，甚至是农业文明的摇篮，近代又遭到农业文明的进袭。这里的农牧业是交替的、演变的、交融的，文化也是如此多元的。突出的如距今8000年的兴隆洼文化，考古发现了迄今时代最早的、保存最完整的史前村落遗址，被史学界称为“草原第一村”。距今4000年的夏家店下层文化中，发现了脉迹清晰的城堡建筑遗址，成为北方邦国时代最早的开创者。

沿着草原民族文化生成与发展的足迹考察，我们就会发现，草原民族的伟大不仅表现在他们的政治作为上，而且更主要表现在他们的智慧和创造力上。他们好奇、上进、善于学习、勇于探索、永不闭守、永不气馁、执著求真、冒险犯难，正是这些优良的民族品格，使他们在文化积累与经济发展上表现出惊人的创造力。这些发现证明，草原先民们在遥远的古代就表现出积极的生存意识和不凡的社会性创造，堪与中原媲美。如青铜器的出现创造了北方早期的青铜文明（夏家店下层文化），如中华第一玉（兴隆洼文化），如已知中国最古老的第一尊女神像（兴隆洼文化），如成为中华龙起源最早见证的玉龙（红山文化），以及开创北方草原游牧民族文字创造先河的用38个阿拉米字母拼写的突厥文字（突厥文化）等，都典型地证实了草原民族的精神智慧与伟大创造，在中华文化史上占有重要的位置。

正如历史所证明的一样，有了充满生机与激情活力的草原文化，使得中华文化不断地得以创新和发展，中华文化才有了丰富多彩的多样性，才为中华文化的发展和繁荣提供了资源保证和文化创新的持续的原动力。因此站在全球的角度来观察、审视和定位，才能正确地研判草原文化的真正价值所在。在漫长的历史发展中，形成了突厥语族、蒙古语族和通古斯语族等文化体系，以东胡、匈奴、鲜卑、突厥、契丹、女真和蒙古等民族次第承接，相继成为中国北方草原的主人，并以其智慧、勇敢、勤劳创造出了特有的草原文化，凭借其独特的生产和生活方式对中国乃至世界产生着重大影响，特别是为中华文明的发展演进起到了极大的推动作用。

只有正确揭示草原文化在中华文化发展史上的地位与作用，才能深刻认识草原文化是中华文化的主源之一。就是说在中华文化的起源上，除我们已知的黄河文化、长江文化之外，中华文化还有一个重要源头，即草原文化。事实上，丰富的考古资料和早有的研究逐步表明，在草原文化发祥地的我国北方，不但分布有丰富的早期人类活动的印迹，而且拥有许多昭示人类文明起源的文化现象，如兴隆洼文化、赵家沟文化、红山文化等，从而被誉为"中华文明曙光升起的地方"。如前所述，费孝通教授就曾以内蒙古考古的发现为据，提出"两黄文明"的概念，即应把赤峰的西拉木伦河与黄河之间的古代文明，认定为中华民族的发祥地(蒙语即黄河)。

三、草原文化特征的探寻

草原文化是中华文化的重要组成部分。从地域文化的角度讲，中华文化大致上是由三大地域文化组成的，即黄河流域文化、长江流域文化和草原地区文化。草原文化分布在东起大兴安岭，西至阿尔泰山，涵盖整个蒙古高原和青藏高原大部分的地区。区域分布之广，是其他两大区域文化不可比拟的。从文化类型上讲，中华文化由三大类型文化组成，即北部的游牧文化、中部的农耕文化和南部的游耕文化。

草原文化是中华文化发展的一个重要动力源泉。草原文化以其游牧民族特有的豪迈刚健的气质和品格,作用于稳健儒雅的中原文化,使中华文化不断获得生机与活力。一部中华文化发展史,实质上就是北方草原游牧文明与中原农耕文明交互作用、融会贯通、共同繁荣的历史。

有的学者提出,从特点上看,草原文化的基本特质可以概括为:**一是崇尚自然**。草原文化是以游牧生产方式为基础的文化形态,而游牧生产是迄今为止惟一以不破坏生态为前提的生产方式。而将自然当作敬奉的对象,"以敬畏和爱慕的心情崇尚自然",将人与自然和谐相处当作行为准则和价值尺度,成为草原民族最宝贵的文化结晶;**二是践行自由**。对于游牧民族来说,逐水草而居的生活方式,为他们提供了相对宽阔的生活天地和自由环境,因而自由的因子已经成为他们生活的重要组成部分,深深熔铸于其民族性格之中。体现在民族文化的各个方面;**三是英雄崇拜**。蒙古族是拥有英雄史诗最多的民族之一,崇尚英雄已成为蒙古族的传统。蒙古族也是英雄辈出的民族,成吉思汗被世界公认为"千年风云第一人"。因此不难看出,草原文化是孕育英雄的文化,也是象征英雄的文化。

从文化功能上看,草原文化在中华文化发展进程中表现的,首先是互动功能。然而草原民族的互动是一种更加积极主动的互动。草原民族的互动最早是从与大自然的互动开始的。在这一点上英国学者汤因比说得对:游牧民族就是为了不改变自己的生活方式而改变了生活地点。他们这样做是为了循环往复地利用这片草场,就像为了索取适当地付出和投入一样,是与自然的一种交流、互补、合作。

草原民族的社会互动,除了草原内部的互动,更多是同农耕民族之间进行的。对话功能是草原文化另一个重要功能。对话的重要前提就是平等和狂欢化氛围。对话也是草原民族自古以来的愿望。"苍狼"与"白鹿"的传说实际上讲的就是远古不同部族的对话、沟通和融会。该传说象征性地描述了经过一个时期连绵不断的竞争、对抗、对立,最终通过对话形成汇聚的一段朦胧历史。对话无法进行时对抗就会接踵而来。对话意味着开放和包容,没有对话则没有强大的蒙古帝国,也就没有今天的蒙古族。

再就是传播。传播也是草原文化的一个重要功能。草原文化如同一个“播种机,把博大精深的中华文化(造纸、火药等)传向西方。”从文化发展的角度看,伴随着北方草原民族对中原武力征服而来的,是草原民族与中原民族的融合,也是草原文化同中国内地文化的汇聚,这种大规模的融合和汇聚每进行一次,中华民族、中华文化的多元性、包容性就得到一次加强,它所产生的向心力、凝聚力,也就进一步增强。正是这样一次次大规模的融合汇聚,加速推动着中华民族和中华文化多元一体格局的形成。数千年来,中华民族日益壮大,中华文化长盛不衰,一个极其重要原因即在于此。

四、在现代化建设中发挥草原文化的优势

草原文化是内蒙古自治区得天独厚的宝贵的资源优势。今天,内蒙古的草原文化不仅是区域文化中颇具特色的文化,而且也是中华文化宝库中的璀璨瑰宝。

游牧民族面对的是大漠草原,他们在这种自然环境中生存与发展,创造了游牧文明的草原文化。因此,认识草原文化的历史和现实,是我们保护、利用和发展草原文化的基础。草原文化是一种生态文化,是一种人与自然、人与牧畜和谐互动的文化。她有开阔的视野、宽阔的胸襟、奔腾的热血、苍凉的韵律、悠远的心声、细腻的情怀。草原文化是内蒙古发展的一种资源。在当代,保护文化多样性正在成为国际社会的共同理念。今天,人类的“发展问题直接遇到了文化、文明问题和生态问题”。几千年来,内蒙古地区的生态环境发生了巨大变化,草原地带的荒漠面积趋于扩大。据调查,在20世纪全国的草原95%属于退化草原,这预示着草原文化源泉的枯竭。因此我们亟待运用科学发展观来指导发展,保护、传承、发展草原文化。

胡锦涛总书记指出:加快少数民族和民族地区经济社会发展,要

贯彻“五个统筹”的要求，坚持因地制宜，从本地实际出发，走出一条具有本地特色的加快发展的新路子，努力实现生产发展、生活富裕、生态良好。这对内蒙古地区经济社会的发展、生态保护和草原文化的发展是极其重要的原则，内蒙古自治区提出了建设文化大区的发展目标，这是科学发展观的体现，也是因地制宜加快发展的新探索。近年来内蒙古在经济上发展很快，在生态保护方面、在遏止荒漠化势头方面也取得了重要成就，这些发展成绩是令人振奋的。

如果对草原民族文化再投以横向的视角，我们又会得到“横看成岭侧成峰”的感觉。由于历史时空的差异，典型的草原民族精神又在内蒙古东西绵延万里的土地上，被不同时期的不同草原民族衍化出相对独立、个性鲜明的地区民族文化。如：呼伦贝尔文化的崇尚绿色、高贵自尊；赤峰文化的精明、玲珑、机变、渗透性；呼和浩特文化的稳定、温和、安顺；巴彦淖尔文化的务实、敦厚；鄂尔多斯文化的强悍、果敢与开放；阿拉善文化的悲壮与坚韧等。特别是当历史穿越了漫长的封建社会进入近现代以后，各草原民族经过多次社会革命和社会形态的演进，传统的民族文化受到现代经济文化与科学技术的洗礼与丰富，使各个民族的传统文化又呈现出许多现代化特征。散落在草原上如颗颗璀璨明星般的草原城市，就是这种社会形态进化的典型见证，它们在草原地区文明进程中充当着前进的“火车头”。

在西部大开发战略中我们已经走上了经济发展的快车道，内蒙古近年来的发展突飞猛进，举世瞩目，GDP 连续 7 年增速全国第一。目前地区经济总量居全国第 16 位，人均达到 4500 美元。邓小平曾经预言，内蒙古资源丰富、人口少，将来发展起来可能走在全国前列。而文化的彰显是发展的必然结果。地域文化的优势愈见显现，在中华民族现代化的进程中，草原文化必将随着地域经济的发展更凸显它的软实力，成就更有竞争力的发展前景。

北方草原文化是中华文化的重要组成部分

杨道尔吉

杨道尔吉:男,内蒙古中华文化学院副院长

将草原文化作为一个文化系统进行梳理和研究,开始于20世纪90年代。经过10多年来的深入探索和归纳,草原文化命题已经形成了丰富的思想成果。草原文化与黄河文化、长江文化成为中华文化三大主源的结论正在逐步得到认可。

一、北方草原文化影响力的历史考察

中国是一个统一的多民族国家,生活在中国领土上的所有民族共同组成了中华民族大家庭。关于"中华民族"这个概念,著名社会学家费孝通先生这样说:"中华民族作为一个自觉的民族实体,是近百年来中国和西方列强对抗中出现的,但作为一个自在的民族实体则是几千年的历史过程所形成的。""中华民族的主流是由许许多多分散孤立存在的民族单位,经过接触、混杂、联结和融合,同时也有分裂和消亡,形成一个你来我去、我来你去,我中有你、你中有我,而又各具个性的多元统一体"(费孝通《中华民族多元一体格局》,中央民族出版社1989年7月版)。

中华民族的多元一体格局决定了中华文化(中华民族文化)是由汉族和各少数民族共同创造的。中华文化是经过历史上多次民族大融合而形成的。多种文化的会通，形成了中华文化兼收并蓄、开放融合的特点。

新石器时代，黄河文化以粟作农业为经济基础，长江文化以稻作农业为经济基础，而草原地区的文化则兼以农业和渔猎为特色。正是有了类型的差异，才有了相互补充的可能，也才有了相互融并的冲动。进入青铜时代以后，北方草原地区文化逐渐转向以游牧经济为基础。这样，在古代中国（距今3000年前），形成了三大类型的经济文化区，即草原地区以南、秦岭—淮河以北的旱地农业经济文化区、秦岭—淮河以南的水田农业经济文化区和草原地区的游牧经济文化区。三大经济文化区的形成既受到自然地理环境的影响，也是民族历史文化发展的结果。正是这三大经济文化区的组合及其相互影响，构成了中华文化的伟大体系，使中华文化成为一个包容各种经济文化形态的多元一体的文化体系。举一个例子。1971年，在内蒙古赤峰市翁牛特旗三星塔拉地方发现了一件雕刻精美的玉龙，经过考古学家的研究，认定这件玉龙是距今6000～5000年“红山文化”的器物，并且证实这件玉龙是迄今我国发现的最早雕刻的玉龙，被称为“中华第一龙”。此前，距今8000年的石块摆塑龙也在赤峰市查海文化遗址中发现，与此关联的河南濮阳及湖北黄龙遗址中发现的石块摆塑龙则为距今6000多年。龙的形象在中华文化体系中具有什么样的位置，是不言而喻的。

公元前307年，战国时期的赵武灵王学习北方游牧民族的胡服骑射，带来深远的历史影响，大大丰富了中国的“骑战”军事文化。魏晋南北朝时期，随着中国历史上又一次民族融合高潮的到来，中国各民族相互浸染，形成了所谓“长江以北尽是夷狄”的气象。北朝时期鲜卑等北方民族组织翻译了大量佛教经典，为中国佛教的发展起到了关键作用，此期开凿的云冈、龙门、麦积山石窟等，为中华民族留下了艺术瑰宝。北魏末期，大量北方民族人口进入中原地区，使北方汉语受到了鲜卑语的影响。草原地区文化对中原文化的影响还体现在礼俗、饮食、音乐、舞蹈、体育、绘画、艺术及宗教各个方面。至盛唐时代，北方草原传入中原的乐器主要有箜篌、琵琶、筚篥、横笛、胡角，唐代的军事制度也受到了北魏时代军镇制和府兵制的影响。可以说，正是魏晋南北朝时期的民族文化融合潮流导致了中国盛唐时代的文明。

唐代以后，契丹、女真民族先后入主中原。女真民族建立的金朝统治区域南移，金主完颜亮迁都燕京，北京成为政治、文化中心始于金代。代金而入主中原的是蒙古民族。蒙古汗国的建立，开通了我国与欧亚各国间的联系，北方草原、中原内地同西方国家的经济文化交流得到了前所未有的繁荣发展，同时也加快了草原文化与黄河文化、长江文化的汇聚互融过程。最后是满族建立的清朝。满族的许多文化被内地各民族所接受，成为中华文化的重要组成部分，到今天都有深远的影响力。

纵观历史，我们会发现，每一次来自北方草原文化的融入汇聚，都会使中华文化的多元性、包容性得到一次加强，中华文化所产生的向心力、凝聚力也就会进一步增强，从而推动着中华文化多元一体格局的形成。

二、北方草原文化及其区域划分

草原文化是依草原生态环境而形成的，因此草原文化应该是按照草地资源分布而生成、蔓延的。草地资源分布于世界各大洲。草原面积约占地球总面积的20%以上，其中最大一片是欧亚大草原，从中国北方大兴安岭东侧到欧洲多瑙河下游，东西跨110个经度。生活在这一辽阔区域上的人们所创造的文化都是以草原这一生态环境为载体的，因而都可以说是草原文化。这是一个宽泛的概念。

由于草原文化中最具特色的是中国北方草原文化，因此，我们所说的“草原文化”，也特指中国北方草原文化，即是指中国北方温带半干旱区域、旱生或半旱生草原植物群落生长的一种文化形态，是在这个广大区域内由游牧、农耕、半游牧、狩猎的历史族群在数千年以来创造而成,并不断传承和发展的、带有强烈特色的地域文化。

今天,生活在内蒙古自治区的各民族人民是草原文化的承载者。内蒙古自治区118万平方公里,地貌板块呈新月形空间形态,是高原、山地与草原的结合地带。高原(高地草原)区包括呼伦贝尔草原区、锡林郭勒草原区、乌兰察布草原区、乌拉特草原区、阿拉善草原区和鄂尔多斯草原区。其中除鄂尔多斯草原区为独立的剥蚀高原外,其他几个草原区是相连的;东部呼伦贝尔草原区、锡林郭勒草原区、乌兰察布草原区辽阔,是天然牧场;西部乌拉特草原和阿拉善草原区为荒漠戈壁。山地区包括大兴安岭山地丘陵区和阴山山地区。其中阴山山地区在气候和农牧业生产上形成一条天然的分界线。平原区包括科尔沁平原和河套平原两个区,灌溉农业发达。

13世纪初,成吉思汗建立蒙古汗国,其时就已经给予黄金家族后裔和蒙古功勋以确定的封地,草原政治地理有了轮廓。14世纪中叶元朝统治者向北溃逃,原来的结构遭到了破坏。直到16世纪初,蒙古达延汗统一漠南蒙古,并对漠南蒙古进行了分封。正是受到达延汗分封诸部的影响,清朝在内蒙古地区实施的行政建制和王公封地在文化地理上有了延续性。清朝对蒙古各部分编为旗,对归顺的蒙古贵族,或安置归地,或重新划地,按放牧地编为旗,封蒙古王公与满洲宗室类似的爵位,如和硕亲王、多罗郡王、多罗贝勒、固山贝子、镇国公、辅国公等。至乾隆元年(1736年),漠南蒙古一共编为49个札萨克旗,会为六盟;另有套西二旗:阿拉善和硕特和额济纳土尔扈特没有会盟;设锡埒图库仑旗(今通辽市库仑旗),是由藏传佛教僧侣(喇嘛)担任札萨克(行政、执法长官)的政教合一的特殊建制。在察哈尔、归化城土默特和呼伦贝尔地方,不授王公,由清朝廷任命的都统或总管充任旗的行政长官。

达延汗的分封诸部和其后清朝廷的盟旗制度建立,稳定了蒙古各部在特定区域内生存、繁衍、传承文化的结构,使得文化特征的生成、发展、稳定,具有了地域空间的坐标。基于语言习惯、生产方式、生活习俗、思维模式等一系列因素,在政治手段的隔离机制作用下,北方草原文化又可以分为如下的几个亚文化系统：

1. 呼伦贝尔草原文化。以呼伦贝尔草原和大兴安岭山地草原为文化地理背景，以达斡尔、鄂温克、鄂伦春三个少数民族传统文化与蒙古族巴尔虎、布里亚特部落的古老文化互动形成的复合型文化，以上述三个少数民族语言和巴尔虎、布里亚特方言及其风俗习惯为共同文化特征，以狩猎和游牧为主要生产方式。

2. 科尔沁草原文化区。以科尔沁草原（平原）和西辽河流域为文化地理背景，其历史地理范围包括清代内扎萨克蒙古卓索图盟、哲里木盟、昭乌达盟地区。以蒙古族喀喇沁土语、土默特土语、科尔沁土语、巴林土语和复合型文化为主要特征，以半农半牧为主要生产方式的农牧交错区文化。

3. 锡林郭勒草原文化区。以锡林郭勒草原为文化地理背景，其历史地理范围包括清代察合尔八旗和锡林郭勒盟十旗，以蒙古察哈尔土语、苏尼特习俗、乌珠穆沁习俗及游牧文化为主要特征，以游牧为主要生产方式。

4. 鄂尔多斯草原文化区。以鄂尔多斯高原、阴山南北草原为文化地理背景，其历史地理范围包括清代伊克昭盟、归化城土默特和乌兰察布盟乌拉特左、中、右三旗、四子部落旗、喀尔喀右翼旗、茂明安旗等地区。以蒙古鄂尔多斯土语和鄂尔多斯、乌拉特等部游牧文化为主要特征，以游牧为主要生产方式的农牧交错区文化。

5. 阿拉善草原文化区。以阿拉善草原为文化地理背景，其历史地理范围包括清代阿拉善和硕特旗、额洛纳土尔扈特旗。以蒙古阿拉善土语、额洛纳土语和风俗习惯为文化特征，以游牧为主要生产方式。

上述北方草原文化区域的划分，请参见呼日勒沙主编《草原文化区域分布研究》（内蒙古教育出版社，2007 年第 1 版）。从北方草原文化的内涵特质角度去透析，虽然这样的划分方法还可以深入讨论，但毕竟已经从文化地理、族群活动和行政区域的综合因素方面勾勒出了一个大概的轮廓。这五个区的平均空间范围在 20 万平方公里以上，人口密度最大的是科尔沁草原文化区和鄂尔多斯草原文化区。我们认为，对于这两个区的划分，仍显过泛。

三、北方草原近长城区域文化形成

对于北方草原文化的区域形成，对今天影响最深远的一次是16世纪初达延汗分封漠南蒙古诸部。虽然也有对原有族群分布的适应，但是达延汗更多地利用行政力量凝固了族群文化与地域之间的稳定关系。清朝的盟旗分封也是基本上按照达延汗时代的分封进行的。当时，漠南蒙古六个万户中有五个万户是贴近长城分布，从东到西分别是：兀良哈万户、察哈尔万户、永谢布万户、土默特万户和鄂尔多斯万户。这五个万户中，兀良哈万户和永谢布万户后来被另外三个万户融并、肢解。这一狭长区域内保留在清朝盟旗分封时的族群文化有土默特（东）、喀喇沁、察哈尔、归化城土默特和鄂尔多斯。那么，达延汗时代的蒙古主要部落为什么要贴近长城分布呢？

一般认为，游牧经济是一种以畜牧为中心的独立系统，牲畜及其附属品可以维持游牧民的衣食住行。但是，这种游牧经济又是很不稳定、很脆弱的。单纯的畜牧业对自然的依赖程度很大，几乎完全听凭自然主宰。实际上，在长期的历史过程中，中原地区的农业与北方草原的游牧业总是相互作用，既长期共存、相互依存和补充，又经常发生矛盾冲突。到了16世纪时，这种渴望与农业交流的趋势是蒙古各部的生存主流。元朝时期，蒙古族南下中原，与农耕文化发生了较大规模的接触和交融，商贸流通也很通畅。但是到了明朝，这种交融和流通被政治力量隔断，这就使畜牧业经济的脆弱性暴露无遗。

16世纪的前70年间，漠南蒙古封建主一直在致力于与中原农耕经济进行交流，这种努力既表现为和平求贡，也表现为战争掠夺。而明朝方面则一直奉行“封禁政策”，其在明世宗（嘉靖）主政的40余年时间里达到顶峰。直到明隆庆年间（1771年），缔结了著名的“隆庆议和”，这种局面才得以改观。这以后直到明末，贴近长城的草原地区经济得到了恢复和发展。16 世纪中叶，阴山南的土默特地区已经开始了农业开发，开始了著名的“板升经济”（村落经济）。随着与内地“通贡互市”的实现，到 16 世纪 80 年代，蒙古地区手工业城市经济开始出现，呼和浩特市就是在这时兴建的。

清朝建立以后，以农业为本的中原汉族移民大举出塞，安家落户，使北方草原地区的近长城区域出现了坚实的半牧半农经济。民族结构的重组带来经济结构和文化结构的深刻变化，这就使我们不得不考虑草原文化区域划分的新特征。

根据以上特征，我们认为应该重新划分草原文化区域。除第二部分列示的五大文化区域外，应增加（分列）下述文化区域：

1. 西拉木伦河文化区。以西拉木伦河流域为文化地理背景，其范围包括清代卓索图盟、昭乌达盟南部的半农半牧区域，以喀喇沁土语、土默特土语及其习俗和复合型文化为主要特征，以半农半牧为主要方式的农牧交错区文化。

2. 察哈尔草原文化区。以锡林郭勒草原南部、乌兰察布高原东部为文化地理背景，其范围包括清代察哈尔八旗，以察哈尔土语及农牧交错区文化为主要特征，以半家半牧为主要生产方式。

3. 乌拉特草原文化区。以阴山后草原为文化地理背景，其范围包括乌拉特三旗、茂明安、四子明落、喀尔喀右翼旗等地，以乌拉特等部游牧文化为主要特征，以游牧为主要生产方式。

4. 河套平原文化区。以阴山前土默特和河套平原为文化地理背景，其范围包括今呼和浩特、包头及巴彦淖尔市的平原地区。其以农牧交错区文化为主要特征，以农业及城市经济为主要生产方式。

重新构架北方草原文化的区域体系，特别强调北方草原文化中近长城区域的文化特征，强调中原农耕文化对草原文化的历史渗透作用，强调现代草原城市在形成过程中的多元文化作用。正是通过历史变迁作用来增强我们对中华民族文化“多元一体”格局的认同，增强我们对“北方草原文化是中华文化的重要组成部分”这一结论的认同。

关于区域文化与中华文化关系的思考

——以辽海文化的衍生与发展为例

陈汉洲　曹丽薇

陈汉洲：男，辽宁省社会主义学院副院长，教授

曹丽薇：女，辽宁省社会主义学院教授

任何一个民族和国家的文化都是整体性和区域性文化统一的结果。辽海文化是一种区域性文化，从区域文化入手，来研究中华文化的发展规律，便于加深对中华文化丰富内涵的认识，使我们能够从局部与整体的统一关系中，全面具体科学地把握区域文化与中华文化的关系，更好地促进区域文化建设和中华文化的发展，发扬中华民族优秀文化传统和民族精神，促进国民的文化认同与国家认同，有利于建设和谐社会。

此处所谓区域性文化，是相对于国家整体文化而言的某一行政区域的特色文化。但我们之所以不称与辽海文化对应的整体文化为中国文化，而称其为中华文化，实含有历史认同的意义。1986 年召开的《首届国际中国文化学术讨论会纪要》指出："与会学者大都同意这样一种意见，即中国文化是个复合体，不同的民族文化和不同的地域文化，同地异时的文化和同时异地的文化，相互并存和相互渗透，因而中国文化应正名为中华文化。"[1]我们也认为，将中国文化称为中华文化，更准确、更丰满。

---

[1] 复旦大学历史系编：《中国传统文化的再估计》，上海人民出版社 1987 年版，第 5 页。

一、辽海文化的衍生及其特点

人类总是在一定的空间和自然生态环境中生存，如山区、平原、草原、海洋等区域，在社会历史的实践过程中不断地创造文化，即物质财富和精神财富的总和。文化是人类精神的生存方式，区域文化是区域内原生态文化积淀的结果，也是受一定主体文化长期渗透的结果，是原生态文化与主体文化互补、交融的产物，它既是本国整体文化的组成部分，也反映了一个区域特定的人文历史境况，构成了区域内文化的历时性和共时性的基本人文色彩，也同国家整体文化遥相呼应，多元一体。

在辽宁省，从历时性和共时性的比较来看，辽宁境内已知最早的人类是距今约28万年前的旧石器时代早期人类——金牛山人。金牛山遗址在辽宁省营口市东距渤海湾20公里处，在金牛山人居住的洞穴人们发现了11个灰堆，里面有烧土、炭屑、烧骨和石器，灰堆旁边分布着大量的动物碎骨，其中有的骨头还可以看到人工敲砸的痕迹。金牛山人已懂得在“灶”里烧烤食物，他们用石头垒起一个圆形的石头圈，以控制火的范围，类似后来的“灶”，还使用“土石封火”法保存火种。金牛山人古人类遗骨化石较北京周口店猿人化石更加完整，从头骨壁的厚度小于北京猿人而大于现代人这一点判断，金牛山人是猿人与智人的过渡类型，填补和连接了人类进化系列中的重要缺环，否定了人类非洲起源说，因为金牛山人比非洲古人要早近10万年。

在辽宁省本溪县山城子东太子河畔，人们发现了庙后山文化遗址（属辽河水系），1978年以来，经过考古工作者的四次重点发掘，出土了大量幼儿头盖骨化石、人桡骨化石、石器、骨器、陶器、梅氏犀牛齿化石、大河狸白齿化石等珍贵文物四百余件，经鉴定距今约四五十万年，属于旧石器时代早期。当40万年前北京猿人在华北平原生活的时候，地处关外的辽东山区也已经有了人类活动。

辽宁省朝阳市鸽子洞文化遗址位于喀喇沁左翼蒙古自治县西地村紧靠大凌河西岩的西汤山峭壁上，这是经地下水溶蚀作用而形成的天然石洞，洞口距大凌河水面35米，居高临水，洞口宽敞向阳，既防风，又遮雨，洞多有鸽子栖息，故俗称鸽子洞。1973年和1975年，中国科学院古人类及古脊椎动物研究所和省、市、县博物馆组成的四级联合发掘队，对鸽子洞先后两次进行发掘，发现了人类的遗迹，灰烬层厚达5米以上，出土了4个人骨化石，三十余种古代动物化石，还有石器三百余件，经测定鸽子洞人已经进化到智人阶段，属旧石器时代中期。鸽子洞遗址的发掘为研究我国原始社会的人类活动和辽西地区的古地理、古气候提供了珍贵的实物资料。

1982年，紧临黄海的辽宁省丹东市前阳镇山城子村村民，在一个洞穴里发现了一个较为完整的人类头骨化石。经考证，其为蒙古人种，距今约为1.8万年前，属旧石器时代晚期，其时代与北京山顶洞人相同，此外，还发掘出野马等18个种属的动物化石。“前阳人”的发现，为研究辽宁历史和古人类分布、古代文化交流，提供了重要依据。

进入新石器时代之后，辽海地区又出现了查海文化、牛河梁文化等，从此辽海地区出现了中华大地上第一道文明的曙光。

查海文化遗址位于辽宁省阜新蒙古族自治县沙拉镇查海村西南，辽河支流饶阳河支流源地的漫岗南坡上，遗址面积约1万多平方米，据考证遗址距今约8000年。自1986年以来，人们对此进行了7次发掘，清理房屋遗址55座，墓葬8座，灰坑窖穴30个，整个房屋遗址排列有序，房址皆为半地穴式，房址均未发现有门道，与《魏书·勿吉传》“筑城穴居，屋形似冢，开口于上，从梯出入”的记载吻合。遗址中心广场有一条石堆塑龙，全长19.7米，龙身宽2米左右，龙头朝西南，龙尾向东北，昂首张口，弯身弓背，尾部若隐若现，给人一种巨龙腾飞之感。从出土的石制工具中人们发现了许多与农业活动有关的工具，如铲状器（又称石锄）、石斧、敲砸器，还有用于研磨谷物的石磨盘和石磨棒等，这说明当时的查海人已经有了原始农业。遗址中出土的大批珍贵文物可分为陶、石、玉器三大类，其中出土陶器近千件，玉器和原始龙为中华古文明之滥觞，被专家学者誉为“上万年的文明起步”。种种实物表明，这是一处以血缘为纽带的民族聚落，是东北地区最早的史前聚落，堪称“辽河第一村”，查海人在这个“村落”里创造出了不同寻常的原始文化，为我们研究中国新石器时代早期阶段人类的生产、生活等方面提供了宝贵的实物资料。

在辽河流域的牛河梁文化遗址，距今约5500年至5000年，位于辽宁省朝阳市凌源、建平两县交界处的牛河梁村，是一处原始社会末期的红山文化遗址。20世纪80年代初，辽河流域考古工作者在这里发现了一座女神庙、数处积石冢，并在庙中出土了一尊完整的与真人一样大的泥塑女神头像，在积石冢内出土了无头无足无尾玉龟。这些积石冢布局与古埃及金字塔布局是一样的，故考古专家将其中一座大积石冢称为中国的“金字塔”，塔顶上还有炼红铜的钳锅。女神像、无头无尾无足玉龟、炼铜钳锅与古籍记载中女娲补天等神话传说极相契合。神庙的写实女神塑像，说明红山先民已从自然崇拜、图腾崇拜进入到较高级的祖先崇拜阶段，反映了当时社会的神权观念；积石冢的大小和位置排序，反映出当时社会的等级观念；积石冢中心大墓和随葬品，反映出当时社会“一人独尊”的王权观念；祭坛和大型祭祀活动，反映出当时社会的宗教观念；玉葬之礼反映出当时社会的文化观念和中国传统的礼制观念。可以说，这里原始氏族部落制的发展已达到“古国”阶段。古书中有关黄帝的传说一直缺乏实证，但随着辽宁西部牛河梁红山文化遗址被发现后，有越来越多的学者将其与古史传说中的五帝联系在一起，特别是玉雕熊（猪）龙等文物的发现，使黄帝的一些传说有了依据。已故中国考古学会原会长、著名学者苏秉琦先生生前曾郑重提出：“黄帝时代的活动中心，只有红山文化的时空框架与之相对应。”

辽宁省长海县广鹿岛的小珠山文化遗址，是迄今为止考古界发现的大连地区最早的人类居住遗址，距今约有7000年。遗址东有一条小河，自南向北流入黄海，与黄海的直线距离约为1300米。该遗址是一处典型的贝丘遗址，文化层由大量的各种贝壳堆积而成。遗址南北约 100 米，东西约 15 米。该遗址文化层贯穿整个新石器时代。

辽海大地经过上万年的人类活动，形成了辽海地区的特色文化。《辞海》说："辽海，地区名。泛指辽河流域以东至海地区。"[1]辽海文化，顾名思义，就是指河文化——辽河（含浑河、太子河）、大凌河、鸭绿江流域的文化，及海文化——辽宁区域内的黄海、渤海及周遭文化的合体。《魏书·库莫奚传》是记录这一名称的最早史书，此书在叙述北魏太祖拓跋珪开疆拓土时说，"乃开辽海，置戍和龙，诸夷震惧，各献方物"。其时，和龙为今朝阳，是行政州营州州治所在地，辖今辽西部分地区。《晋书·苻坚载记》也有"（郭）庆穷追慕容评至辽海"的说法，此辽海即指今天的辽宁地域。《新唐书·薛仁贵传》则有薛仁贵"威震辽海"之词，这里的辽海即指辽宁东至朝鲜、北含吉林以至海的广阔地域。

辽海文化作为辽宁省全境及周遭区域的文化符号，从史前发育到见于史册，走过了上万年，史有记载也有千余年之久，在这一历史过程中，辽海文化形成了自身的特点。

民族性格与民族精神。辽海大地有雄伟壮丽的大山、茂密的森林、辽阔的平原、横溢的江河、丰富的资源，夏日炎热和冬季凛冽的气候，在河与海的文化积淀中，人们背靠山川河流，面对汹涌澎湃的大海，采集、渔猎、游牧、农耕，在北方四季分明的环境中生存发展，他们既形成了能骑善射、勇敢剽悍、坚忍不拔、开朗而诙谐、热烈而奔放的性格，又具有大海般豪迈的广阔胸怀和开辟航道勇于冒险的精神。

文化的早发性。无论是辽河流域，还是沿海地区，辽海地区的原始图腾崇拜和宗教信仰，以及五千年前在这里存在着一个具有国家雏形的原始文明社会，都证明了"上万年的文明起步，五千年的古国"的文化早发性。

[1] 《辞海》，上海辞书出版社 1979 年版，第 1035 页。

文化的原创性。如清代的柳条边，是清朝建立后，为了巩固其统治，防止汉人和其他族人随意进入东北地区，清政府修筑的柳条封禁带。柳条边是用土堆成的宽、高各三尺的土堤，堤上每隔五尺插柳条三株，柳条粗四寸，高六尺，埋入土内二尺，外剩四尺。各柳条之间再用绳连结，称之为“插柳结绳”，土堤外挖有边壕，有些地段不植柳，利用旧有的明代长城修缮而成。新老柳条边合计1300多公里，绝大部分在今辽宁境内。这种形制颇有地方特色。

开放性和兼容性。从地理位置上看，辽海文化处在中原文化与北方文化的分界交汇地带，属于亚文化类型。而中华文化又是大陆绵延型的中心型文化，具有很强的向四周辐射的特点。在辽海这个移民文化区中，从关内来的移民比重很大，尤以山东、河北等省移民为最多，这些特征，在辽海地区的文化建构中反映出来，这就是以辽南、辽东沿海地区为代表的山东移民文化带，以辽西山地为代表的冀热文化辐射带和以辽北平原为代表的松辽文化带。三处的民情风俗、语言习惯也表现出明显的地域性差异，他们分别代表着向南、向西、向北的文化形成的兼容形态。

二、区域文化对中华文化的叠加与激活

马克思主义认为，文化是一定的历史阶段、一定的地域环境、一定的人类种群的一种生存状态、生活方式、思维方式的反映。从物质的观念看，文化实际是人的外化。据此我们说，人类的文明起源内涵是一元的，即婚姻形态的变革以及随之而来的农业和城市的变革；文明起源的地域是多元的，有如满天星斗，但它们却有一种天然的多元向心结构，这是中国的地理环境的基本特点自成独立地理单元塑造的结果。中国大地背对欧亚大陆，面向海洋，四周为高山、大川、沙漠、海洋所环绕，在史前时期交通极不发达的情况下，很难同外界发生经常性的文化交流，因而中国史前文化基本上是本地起源独自发展。但中国又是一个地域辽阔地形复杂的国家，在漫长的史前时期

里，又逐渐发展出诸多富有地方特色的区域文化，这些文化又在史后的历史发展中，水平各不相同。

如中国西部地区因距海远，地势高，降雨少，大陆性气候显著，在新石器时代难以发展农业，所以遗址少，在遗址中多细石器，少陶器，文化发展十分缓慢。东北地区因纬度较高，无霜期较短，在新石器时代仅南部一些地区发展了农业，渔猎经济则比较发达，陶器虽出现早，器形却比较简单，主要是筒形罐，文化的发展也相对滞后。相比之下，黄河中下游和长江中下游地形及气候适宜，有宽广的平原和肥沃的冲积土壤，分别成为粟作旱地农业和稻作水田农业的起源地和中心区，新石器文化得到迅速的发展，在全国范围内成为文化最发达的区域。

从群居到部落，从部落到国家，经过分分合合，中国大地逐渐聚合起几个主要文化系统，如以沙漠草原为主的草原文化、黄河长江文化、东南沿海的海洋文化、西南的高山文化、西北的丝路文化，等等，这些区域文化在后来的发展中又有越来越细的划分，如燕赵文化、三晋文化、齐鲁文化、吴越文化、闽台文化、两湖文化、两广文化、巴蜀文化、西藏文化、辽海文化等大大小小的文化圈，文化圈的互动则形成了区域文化对中华文化的冲击、叠加与激活，也从而构成了中华文化的建构基础。以辽海文化的满族之兴为例。公元前 20 世纪左右，辽海地区就逐步与夏朝奴隶社会建立了隶属关系。据中国最早的史书《禹贡》记载，辽海地区最早为冀、青二州，先秦时期的肃慎民族，即后来满族的先世。在两汉时这一族被称为挹娄，三国至南北朝时被称为勿吉，隋唐时被称为靺鞨，10 世纪前辽灭渤海时称女真。在中国社会发展的历史上，肃慎民族曾先后建立过三个政权。唐代，建立以粟末靺鞨为主体的渤海政权，几乎与唐朝相始终，存在 228 年（公元 698 ~ 926 年）；满洲建立大清，如果从努尔哈赤建立的后金算起，存在 295 年（公元 1616 ~ 1911 年），这一民族建立的政权累计达 642 年之久。自古以来，任何一个民族政权要巩固其统治，除了依靠政治、经济、军事的力量外，还要有强大的文化力量作为民族精神支撑，否则不会长久。

对中原习俗的冲击。自古以来,汉族十分重视自己的传统,自古就有《孝经》为铭:“身体发肤,受之父母,不敢毁伤,孝之始也。”汉人成年后,不可剃发,男女都把头发绾成发髻盘在头顶。1644 年清军入关,次年严令剃发,“留发不留头,留头不留发”,军民人等限旬日执行,并规定不许穿戴汉制衣冠,俱依满洲服饰,此等作为归顺清朝的标志。清代的大辫子、外黑里红的瓜皮小帽、长袍马褂、旗袍、坎肩、高底鞋,则成为全国的一般性头型和服饰。于是清朝成为中国服装史上改变最大的一个时代,辫子的存废也紧系着大清王朝近三百年的兴衰。

对中原文化的叠加。满清统治者意识到文化的重要性,故而才有满文创制、国语骑射等基本国策的制定以及极端民族文化专制的实施。在满族的成长和发展过程中,满族除了接受汉文化影响外,还与蒙古文化有着割舍不断的联系。公元 1599 年(万历二十七年)努尔哈赤命额尔德尼、噶盖等创立满文,皇太极天聪年间达海等又改制为加圈点的新满文。这一时期,乾隆为了挽救“国语骑射”进行了诸多努力。“国语”即满语;“骑射”即骑马奔驰中箭射中靶心,这些都是源于辽海大地满族先人的民族特技,随着满人的入主中原,满汉之间往来频繁,满洲人的传统文化在迅速消失,于是统治者要求考核八旗成员以“国语骑射”为标准,60 岁以上方能免试,八旗中蒙汉成员也必须能以满语奏对履历,能在马背上奔驰骑射,方算合格。但随着满族由狩猎生活向封建农业经济的迅速发展,作为交际工具的满语,很自然地失去了它原有的重要性,故清政府最终不得不放弃这一政策。到了乾隆时期,文字狱大兴,大量对满族统治不利的文化古籍遭到焚毁,甚至对用满文书写的《旧满洲档》也被大加删改,此时编制的《四库全书》,在主观上乾隆是在寻求吸收汉文化以保满文化来达到巩固统治的目的,但在客观上却起到了保护文化遗产的积极作用。

丰富了中华民族语言。辽海区域民族南下,使中国近代及现代汉语丰富了词汇。对照汉民族世代聚居区域,北京现代方言中所保留的汉语古音成分最少,这显然与中国北方阿尔泰语系民族在历史上先后进入并统治北京地区达七百余年有直接相关。在这七百多年间,仅母语为阿尔泰语系满—通古斯语族满语支的女真人与满人,就曾在此建立金、清两个朝代,长达四百多年,女真语和满语势必与当地的汉语发生碰撞。如今在北京话中,如埋汰——脏,嘎拉哈——羊拐骨或猪拐骨,饽饽——糕点,后亦指饼干,磨即——磨蹭等词汇都是从满语而来。

丰富了中华文学艺术的宝库。建安十二年(207 年)秋 7 月,曹操北征乌桓到达柳城(今辽宁省朝阳市),以张辽为先锋的军队大败乌桓,胡汉各族 20 余万人投降。其部下御史大夫缪袭为此作长短句《鼓吹曲·屠柳城》写道:“屠柳城,功诚难,度越陇塞路漫漫。”9 月,曹操班师回邺,途经辽东湾面临渤海中的碣石山(今绥中县万家乡墙子里村),写下了《步出夏门行》四章,其中“东临碣石,以观沧海。水何澹澹,山岛竦峙。”“老骥伏枥,志在千里。烈士暮年,壮心不已”成为不朽的诗句。诗人借辽海大地粗犷豪迈的北方风物,表达了建功立业的雄心抱负;唐代边塞诗人王昌龄,在《出塞》诗中也曾写下脍炙人口的篇章:“秦时明月汉时关,万里长征人未还;但使龙城飞将在,不教胡马度阴山。”如今秦关汉城依然存在于内蒙古宁城县黑城村南的古城,飞将李广所在的“龙城”就是今天的辽宁省朝阳市老城区,西汉时期这里曾是通往呼伦贝尔草原的交通要道,许多名将或由此北击匈奴,或驻戍此地,保卫边境。到了东晋十六国时期朝阳之龙城成为前燕、后燕、北燕的三朝首都,即“三燕故都”。

为民族音乐输入了新鲜血液。据史料记载,从夏朝始至清代,东北音乐文化是以多种方式传入中原的,其中鲜卑乐、高丽乐、女真乐在历史上较有影响。《旧唐书·音乐志》载:“北狄乐,其可知者,鲜卑、吐谷浑、部落稽三国,皆马上乐也。”南北朝时期的高丽音乐是北朝各国的宫廷音乐,《旧唐书·音乐志》载:“(刘)宋世有高丽、百济伎乐,魏平(冯)跋亦得之而未具。周师灭齐二国献其乐。”传入中原的高丽乐是集歌舞乐为一体的大型乐舞,荟萃了隋唐时期东西方艺术之精华。女真乐随金统治者进入中原，进入院本、诸宫调、散曲、元杂剧、歌舞等艺术形式，以后它又与其他北方民族音乐一起形成了日后较有影响的“北曲”。由于北方民族长期从事农牧业生产所形成的性格特点和心理素质，所以史书中大量记有“北曲”迥异于“南曲”的艺术特色。

激活了中华民族自强不息的精神。就区域文化的作用，我们从几个约定俗成的成语中可见一斑。自古以来中国就有“逐鹿中原”（出自《全唐诗话·黄甫冉》）、“问鼎中原”（出自《说唐》）、“得中原者得天下”的说法，诸如黄帝蚩尤的涿鹿之战、武王伐纣、春秋诸侯争霸、战国群雄逐鹿、楚汉争霸、曹魏中原称雄、赵匡胤陈桥兵变、岳飞抗金鏖兵等，众多少数民族从东北、西北进入中原地区建立政权，而后又因种种原因融入汉族和其他民族。中原地区是历史上兵家必争之地，因此每当中华文化核心区域之民族受到周边文化区域民族的威胁与挑战，或内忧外患交相逼迫情形之时，患难与共的斗争，就促进了中华民族内部族群的联合与觉醒，各民族的凝聚与融合得到了加强，中华文化自强不息的民族精神就会被激发出来。面对战乱与社会的腐败，一些政治家冲破重重阻碍，图强变革，如范仲淹、王安石、张居正等人，像岳飞、韩世忠、文天祥、史可法等军事家，则弘扬中华民族自强不息的精神，不顾个人安危，保家卫国，成为英雄。

过去，学术界多重视中原文化的主体性，强调中原文化对周边地区的渗透，相对忽略了周边地区，特别是边远地区的区域文化对主体文化的互补与交融，亦即叠加与激活效应，将文化传播的双向性，简单化地归为单向的输出。著名历史地理学者葛剑雄教授即批评了这种“地域歧视”现象：“地域歧视现象的前提是地域差异……在这些差异中，以物质为主的方面有一定的客观标准，但以精神和观念为主的方面更多的是主观标准。例如中原的儒家从先秦时就强调‘华夷之辨’，歧视边远地区的少数民族。当时少数民族的发展水平的确落后于华夏诸族，但华夏人在精神上的优越感却只是一种虚幻的自信，并没有得到少数民族的认同。”[1]在和谐社会的建构中，尤其要警惕这种有意无意的歧视，更多地关注区域文化对主体文化的反向作用。

三、中华文化是多元统一的文化共同体

1992年5月，我国著名考古学家苏秉琦在为中国历史博物馆建馆八十周年题辞时写下了“超百万年的根系，上万年的文明起步，五千年的古国，两千年的中华一统实体”的题词。可以说，中国自古以来是一个多民族的国家，中华民族的形成过程则是由中国无数个区域部落，逐步融合为若干个较大的文化区域形成部落群乃至民族的，这些民族不断地分化融合，又形成中国范围内的民族共同体。如果说中华儿女是由56个民族构成的多元统一体，那么，中华文化则是由多种区域文化交流融合而形成的多元统一的文化共同体。

从史前考古成果来看区域文化的横向联系。新石器时代，在中国北方形成了红山文化（黄帝）、仰韶文化（炎帝）、大汶口文化（蚩尤）等几个文化互动圈。到了尧、舜、禹时代，活动在黄河中游的炎、黄两大部落，不断碰撞融合，结成联盟向东推进，战胜了以泰山为中心的太昊、少昊集团，建立起号令黄河流域各部落的大联盟，并击败江汉流域的苗蛮集团，成为可追溯的中国早期民族融合的核心，于是黄河中下游地区成了华夏文明肇兴的腹地。

从历史发展的脉络来看区域文化的纵向联系。中华民族历经朝代变换，区域文化互动更迭，其中较大的民族及文化的融合约有四次：

第一次为秦汉时期，这是华夏民族——汉民族形成的重要时期。秦国吞并了六国，推行一法度衡石丈尺，车同轨，书同文字，中华文化结束了战国七雄区域文化各异的混乱局面，华夏民族的统一有了舞台。到了汉代，中国逐渐进入稳定繁荣时期，华夏民族发展成屹立于

---

[1] 葛剑雄：《人在时空之间》，中华书局2007年版，第119页。

世界民族之林的汉族。

第二次为魏晋南北朝时期。由于东汉末年统治集团政治腐败，统一的多民族帝国分崩离析。在这政权分裂、战乱频生的三百多年中，与汉族及其前身华夏族有着密切联系的各族，纷纷出现在中原政治舞台上，三国和西晋短暂统一后，出现了东晋十六国并立和南北朝对峙的局面，这16个民族政权大都与汉族世族阶级相联合。在北方，史称“五胡”的匈奴、鲜卑、羯、氐、羌等少数民族纷至沓来，值得一提的是北魏孝文帝建立的鲜卑族政权迁都洛阳后，仿建汉制，改姓汉姓，改胡服为汉服，提倡胡汉联姻，大大加速了胡汉民族的融合。在南方，自秦汉以来，就有华夏或汉族大批进入南方蛮地，这种双向对流式的迁徙杂居，以及不间断的武力征伐、联姻结盟和左郡左县的设置等，使南方地区汉族的夷化和夷族的汉化现象日渐普遍。

第三次为辽宋金元时期。这一时期中华民族进入了辽宋金元政权从冲突、对峙、纷争，走向元朝的统一的时期，民族融合先在各民族政权统治区域内进行，主要是边疆，然后元朝蒙古人自北方的草原南下，将草原文化推进到中原。元建国后，统治者把中国人分成四等：蒙古人、色目人、汉人、南人，实行等级制度管理，但随着社会的不断发展，蒙古人和汉族人的文化开始互相融合，尤其是皇族阶层，元代墓葬中的贵族随葬品就是一个很好的例证。民族大融合为元代的空前统一奠定了基础。

第四次为清代。清代是我国多民族统一国家巩固的一个重要时期，这一时期民族融合、民族交流波澜壮阔，高潮迭起。清军入关后从客观上打破了满汉之间的地域界线，形成了交错杂居的局面。统治者为了巩固政权的需要，主动寻求与汉族地主阶级以及其他少数民族上层人士联合，满族也因融入汉族和其他民族的成分日益渐多，部分成员分离了出去，融入了其他民族。

中华民族的数次大融合，带来的是民族区域文化的大碰撞、中华文化大发展。这就是长期以来，在中华大地虽然相隔而实际相连的民族区域文化同时存在、同时发展，彼此交互作用，相互关联，经过漫长的历史过程而形成多元文化的统一体。

可以说，汉族及区域与其他民族及区域之间、各兄弟民族及区域之间的民族与文化的融合，最终形成大一统的中国与中华民族实体，这是一个由自由到自在的过程，这是一个由56个民族经历长期自在民族实体阶段，越过数千年的复杂历史过程融合成为一个自觉的民族实体的过程。"它的主流是由许许多多分散存在的民族单位，经过接触混杂、联结和融合，同时也有分裂和消亡，形成一个你来我去、我来你去，我中有你、你中有我，而又各具个性的多元统一体"[1]。

特别需要强调的是，进步与落后总是相对的，主体与边缘也是相对的，而且永远处在不停的变动之中，因而文化发展的落差也时有逆转，影响力的大小也往往会有惊人的变化。长期以来曾被视为蛮荒落后的辽海文化，在近代便在重重苦难中毅然崛起，远比传统文化中心的中原地区更早地兴起工业文明，使其有幸成为新中国的"工业航母"，辽宁甚至一度被誉为"共和国的长子"。辽海文化对关内文化形成强烈冲击，大有"反哺"之势。可见树立正确的文化观念，远比得出某些具体结论更加重要，这一启示对于我们正确认识区域文化同中华文化的关系，肯定大有助益。

---

[1] 费孝通：《中华民族的多元一体格局》，《北京大学学报》，1989年第4期，第1页。

弘扬中华文化,增强港澳台同胞和海外侨胞的民族凝聚力

彭 慧 潘国政

彭慧:女,江苏省社会主义学院副巡视员

潘国政:男,江苏省社会主义学院副教授

中华文化体现着中华民族的精神方向、生活方式和价值观念,对中华民族的每一个分子都具有吸引力,从而形成了中华民族的凝聚力。中华文化蕴涵的中华民族共同的心理素质与民族精神,既是形成中华民族凝聚力的无形纽带,也是推动中华民族不断前进发展的内在动力。因此,弘扬中华文化,对推进广大港澳台同胞和海外侨胞的团结凝聚,实现中华民族伟大复兴具有重要的现实意义。

一、中华文化是联结港澳台同胞和海外侨胞的精神纽带

文化是民族之根,民族之魂。中华民族在长期的社会生活实践中,逐渐形成了蕴涵“中华一统”、“爱国主义”、“和而不同”和“群体至上”等思想的中华文化。这些优秀的文化思想为中华民族的生存与发展提供了巨大的心理支撑和强大的内在动力,在中华民族寻求独立、维护和促进统一的实践中发挥了重要作用。中华文化不仅是联结中华各族人民的精神纽带,也是凝聚和鼓舞全国各族人民以及海外炎黄子孙共同为振兴中华而奋斗的强大精神力量。

1. 文化认同是中华民族凝聚力的基础

中华民族是一个具有强大凝聚力和向心力的民族。这种凝聚力和向心力在很大程度上源于中华民族对中华传统文化的高度认同。一个民族或群体的“自我意识”和他们千百年来在同一文化空间里形成的传统文化意识、伦理道德观念以及他们所特有的语言、习惯，是保持其独特性的基础。这就是在不同地区彼此互异的文化圈里，面对文化的多样性，能够对“自己文化的认同”的原因所在。[1]表现于共同民族文化特点上的共同心理素质来源于民族群体对传统文化的认同，这种认同取决于民族成员的民族意识，取决于民族成员对民族生存方式的文化模式的肯定和崇拜。多元一体的中华民族具有共同的心理素质，这是组成中华民族大家庭的各民族群体对中华优秀传统文化的一种认可。通过民族的交流和融合，中华优秀传统文化使来自于不同地域、血缘关系各异的人们最终形成了共同的民族意识，通过不断强化的民族情感，民族成员和民族群体的归属感亦得到了不断的提高。[2]外域文化进入中国后，大都逐步汉化，融入中华文化而成为其一部分。以汉族为主的封建国家，不仅面临内忧，而且外患不断，自秦汉匈奴的入侵、南北朝和五代的“五胡乱华”，直到蒙族、满族的入主中原，历两千年不断，最后都自愿认同汉族文化，形成了以汉文化为主体、融合了56个民族的文化族体。[3]以汉族为主体的中华民族融合过程，就是文化的认同过程。

在这个过程中，中华文化特有的精神，已经深深融进了中华民族的血液，塑造着中华民族的心灵，对中华民族凝聚力起着永恒的作用。由共同的文化心理而带来的民族整体的稳定随着时间的推移更加稳固。共同的民族文化心理，促成了中华民族成员之间的团结、内聚。中华儿女无论生活在本土，还是移居海外，对中华传统文化的认同始终不渝，基于文化认同而产生的民族凝聚力生生不息，历久弥坚。

2. 大一统思想是中华民族凝聚力的源泉

---

[1] 李道湘、于铭松主编《中华文化与民族凝聚力》，中央编译出版社2007版，第200页。

[2] 王仕民：《论传统文化对民族的凝聚功能》，社会科学家，2006年第2期第201页。

[3] 李道湘、于铭松主编《中华文化与民族凝聚力》，中央编译出版社2007年版，第108页。

大一统作为一种价值观念和思想体系，是中华文化的基本精神，是中华民族凝聚力赖以产生的重要思想因素和功能所在。维护国家统一、反对国家分裂是中华民族天经地义的政治价值取向。中华民族的形成和发展，就是在国家由分裂到统一、由小统一到大统一的过程中实现的。在这一漫长的历史过程中，各民族相互融合，形成崇尚统一、维护统一的价值观念。早在几千年前中国就提出了中国“大一统”的政治思想。在中国历史上，从来称“大一统”为“治世”，而称割据纷争时代为“乱世”。统一历来是中国人共同的追求，一切主张国家统一、民族团结进步的社会力量都被视为进步的社会力量，一切为实现这一目标而作出贡献的人都为后世所褒奖；相反，凡是主张国家分裂、破坏民族团结进步的社会力量或个人都为后世所唾弃。[1]因此，邓小平在回答美国哥伦比亚广播公司记者采访时说：包括台湾在内的中国统一问题，“这首先是个民族感情问题，凡是炎黄子孙——我们的老祖宗是炎帝、黄帝——都希望中国统一，那种分裂状况是违反民族意志的。”[2]

中国自古以来就是一个统一的多民族的国家。民族的统一，始终是中华民族历史的主流。自秦始皇统一中国以后，虽然每隔一段时间就要出现分裂和动乱，但是统一的中央集权的封建大国始终是社会主导形式。即使是在分裂状态下人们也心归统一、力争统一。以分裂最久的南北朝为例。南朝始终没有放弃北伐中原、统一中国的理想，北朝也始终以统一中国为目标，最后自北而南统一于隋朝。国家的统一促进了中华多元文化整合的速度和力度，而整合后的文化更具强大的凝聚力和向心力，反过来又强化了政治一统。

由此，大一统的文化思想始终在促进国家统一、民族团结方面发挥着精神纽带和桥梁作用。

3. 爱国主义精神是中华民族凝聚的核心

中华民族是一个具有光荣爱国主义传统的民族。爱国主义是中

---

[1] 孔庆榕：《追求国家统一是中华文化的基本精神》，广东中华民族凝聚力研究会网站。

[2] 《邓小平文选》（第3卷），人民出版社1993年版，第170页。

华文化一个永恒的主题，是中华民族凝聚力的内核和灵魂，是中华各民族团结和国家统一永远分割不开的精神纽带。千百年来，勤劳、勇敢、智慧的中华儿女以对祖国深厚的爱和自强不息的拼搏抗争，维护了中华的统一和独立，创造了灿烂的华夏文明。爱国主义是动员和鼓舞中国人民团结奋斗的一面旗帜，它唤起了整个中华民族对自己祖国的挚爱，并由此激发出伟大的凝聚力与生命力；它是维护祖国统一和民族团结的坚强纽带，把中国疆域内大大小小众多的民族凝聚在一起；它以自强不息、积极进取的精神，成为推动我国社会历史前进的巨大力量。

归宗炎黄、凝聚华夏，国家兴亡、匹夫有责，救国救民、爱国爱乡，恋土归根、报效桑梓等，构成了爱国主义的传统精神。早在春秋时代的《战国策》中就出现了“爱国”一词；东汉荀悦的《汉纪》中就有“爱国如家”的说法。儒家不但追求理想人格，而且孜孜以求国格，将国家的荣誉、尊严摆在至高无上的地位，为了国家可以“杀身成仁”。在国荣我荣、国辱我辱、“位卑未敢忘忧国”的意识熏陶之下，涌现了众多民族英雄，创造了无数可歌可泣的爱国主义业绩，并将这种爱国深情升华为崇高的道德责任。屈原一篇《离骚》表达了他“虽九死其犹未悔”忧思深广的爱国情怀；汉代苏武被扣异邦 19 年仍持节牧羊、至死不降；岳飞的“精忠报国”、“还我河山”；南宋伟大的爱国诗人陆游临终前，“但悲不见九州同”；文天祥的“人生自古谁无死，留取丹心照汗青”，这一曲曲，无不表达了中华民族坚持操守、忠于祖国的凛然正气。鸦片战争以来，中华民族不甘忍受屈辱，前赴后继，用血肉长城驱逐了侵略者，谱写了一曲曲悲壮的战歌。林则徐为禁烟抗英，大义凛然，“苟利国家生死以，岂因祸福避趋之”，关天培、邓世昌等在抗击帝国主义侵略中视死如归，以身殉国……这种爱国主义精神在维护祖国统一和民族团结、反对分裂、维护祖国的独立和主权、反对侵略、推动祖国进步和繁荣、反对倒退中，发挥了铸造“国魂”、“民魂”的作用。[1]

因此,中华文化超越社会制度、意识形态的差异,把一切爱国和拥护祖国统一的中华儿女联合起来。

二、以中华文化为精神纽带,团结和凝聚港澳台同胞和海外侨胞

大陆同胞、港澳台同胞和海外侨胞在传承中华传统文化方面,尽管有代际和地域的差异,但中华文化的核心,即根植于中华民族深层的民族精神却被长期传承下来。这种精神化为一种民族感情,一种延绵不绝的文化情结。正是这种文化情结,为我们做好港澳台和海外统战工作提供了坚实的思想基础。从这个意义上说,我们开展港澳台工作,也就是要充分利用中华传统文化的感召力来凝聚人心、汇聚力量[2],以增强他们对中华民族的认同感、向心力,培养他们的民族自豪感。

1. 以中华文化为精神纽带,建立海外统战工作长效机制

中华文化精神是民族凝聚力的核心,以中华文化为联结港澳台同胞和海外侨胞的精神纽带,建立起以弘扬中华文化为主要内容的更加长久有效的工作机制,在思想深层次上实现对广大港澳台同胞和海外侨胞的团结凝聚,使海外统战工作的成效能够具有整体性和持续性。[3]据有关统计介绍,目前我国分布在世界各国的海外华侨有5000多万人,港澳台同胞有3000多万人,他们汇聚着各方面的代表人士,拥有雄厚的资金,遍布世界的商业网络,已经成为当今国际社会中具有一定实力的活跃力量。他们与祖国人民血脉相连,既是推进祖国现代化建设、实现祖国完全统一的重要力量,也是发展我国人

---

[1] 李道湘、于铭松主编:《中华文化与民族凝聚力》,中央编译出版社2007年版,第107页。

[2] 罗豪才:《弘扬中华优秀传统文化　增强民族认同感和凝聚力》,《中央社会主义学院学报》,2007年第2期,第6页。

[3] 李海楠:《弘扬中华文化 推进广大港澳台同胞、海外侨胞的团结凝聚》,《湖南省社会主义学院学报》,2005年第3期,第27页。

民与世界各国人民友谊的桥梁和纽带。以中华文化为纽带，就是要努力满足海外同胞的要求，将中华优秀传统文化在他们中间传承和发展，要发掘中华文化精华，如以仁爱、民本、和合为核心的儒家文化、文学艺术、优秀戏曲、武术等，奉献给海外侨胞，增强中华优秀文化的辐射力和感染力，从而在海外侨胞心中产生更强的共鸣，激发起对祖国更深的热爱之情。要大力支持海外侨胞举办国庆、中秋、春节等传统节日的庆祝活动，在条件许可的情况下组织艺术团组到海外华侨华人社区慰问演出。要研究海外侨情，根据侨胞的特点，制作为侨胞所喜闻乐见的海外宣传作品，或满足广大侨胞了解祖国、家乡的愿望。

海外同胞素有爱国爱乡的传统。他们中的绝大部分人对祖国实现统一和富强怀有殷切的期望。改革开放以来，他们利用所掌握和联系的各种资源为内地的建设发展，为海峡两岸实现“三通”付出了巨大的努力。港澳台同胞和海外侨胞积极捐赠国内公益事业支持教育事业，支持基础设施建设，支持医疗卫生和救灾救济。特别是在2008年四川特大地震灾害发生后，海外侨胞踊跃捐款捐物、奉献爱心，充分体现了海内外同胞血浓于水的深厚感情。宣传他们爱国爱乡、尽力报国的事迹，宣传他们独有见地、可资可鉴的建议和创业经验，肯定他们为国家和民族所作出的贡献，无疑会极大地增强中华民族的向心力，为创造有利于民族发展、国家统一的外部环境增添积极因素。

2. 以中华文化为精神纽带，夯实海外统战的思想基础

海外的炎黄子孙盼望祖国繁荣昌盛、团结统一。然而，他们虽保留着中华传统文化，却在风俗习惯、宗教信仰、观念形态与价值取向等方面，又不同程度地受到所在国主流社会及文化的影响。港澳回归祖国后，爱国爱港爱澳的力量虽然有所发展，但“反对派”仍有相当的社会基础。港澳地区大部分公务员拥护“一国两制”，但他们作为港英、澳葡时期培养的精英，其思想价值观念不可能在短期内发生根本变化。台湾大多数民众更加关注统一后是否会改变生活方式，更

加注重现实生活和眼前利益。新生代华人已融入当地社会,对中国比较陌生,增强他们对中国的了解和感情,成为新的重要课题。同时,海外统战工作抵御西方思想文化渗透的任务进一步加重。如何在承认差异性、增进共同性的基础上,加强港澳台同胞和海外侨胞的思想工作?中华文化就是一面极具感召力的精神旗帜。在港澳台,祖国统一、反对分裂是共同基础;而在海外华侨、华人中,对中华文化的认同则是团结、凝聚的共同基础。从中华文化中寻找共同点,从对中华民族、民族文化、民族精神的认同,进而实现对民族发展目标的认同,增强中华民族凝聚力。

通过弘扬中华文化,烘托血缘亲情,吸引港澳台同胞、海外侨胞回国回乡、寻根祭祖等文化活动,能有效地保持民族特性、凝聚华人社会、促进海外华人与祖国保持"血脉相连"的关系。寻根问祖,是中华民族在几千年的农业文明中积淀而成的一种共同的心理素质和行为取向。[1] 2005年,台湾中国国民党主席连战、亲民党主席宋楚瑜和新党主席郁慕明先后访问大陆,无不融入了同是华夏子孙和龙的传人的主题。近年来,各地积极挖掘文化资源,开发形成了一系列历史文化品牌,吸引港澳台海外人士归国投资兴办实业,促进当地经济发展,把增强民族凝聚力和经济建设紧密结合起来,使之成为今后海外统战工作的一个新的发展方向。[2]

3.以中华文化为精神纽带,扩大海外统战的政治基础

爱国主义是中华民族的传统美德,在海内外同胞中具有深厚的根基。江泽民同志指出,海外侨胞是"促进我国改革开放和现代化建设、促进祖国统一的积极力量及独特优势"。他还强调,在当代中国,爱国主义与社会主义本质上是统一的。爱国主义具有强大的感召力和凝聚力,爱国与否是最大的政治分野。对台湾同胞、港澳同胞和海外侨胞,只要是爱国,赞成祖国统一,即使不赞成社会主义制度的人

---

[1] 郑群:《文化认同给海外统战工作的启示》,《中国统一战线》,1996年第5期。

[2] 李海楠:《弘扬中华文化 推进广大港澳台同胞、海外侨胞的团结凝聚》,《湖南省社会主义学院学报》,2005年第3期,第27页。

也要积极争取团结。我们坚持“一国两制”、和平统一祖国的方针，要在海外统战工作中求爱国和祖国统一之同，存社会制度、意识形态和生活方式之异。我们要以促进祖国统一、中华民族全面振兴和弘扬中华文化为基础，加强与海外同胞的联系，广泛宣传党和国家有关方针政策，努力争取广大海外同胞对“和平统一、一国两制”基本方针的认同和支持，推进两岸关系的发展和祖国的完全统一。[1]

胡锦涛同志在第二十次全国统战工作会议上强调，要正确认识和处理大陆同胞和港澳同胞、台湾同胞、海外侨胞的关系，在爱国主义旗帜下加强海内外中华儿女的大团结。坚持“一国两制”、“港人治港”、“澳人治澳”、高度自治的方针，是促进香港、澳门长期繁荣稳定的根本保证，也是推动内地同香港、澳门和谐相处、共同发展的根本保证。要严格按照宪法和特别行政区基本法办事，支持特别行政区行政长官和政府依法施政，重视和支持香港、澳门发展经济、改善民生，加强内地同香港、澳门的交流合作。要加强对台湾人民的工作，加强同台湾同胞的团结，扩大和深化两岸人员往来和经济文化交流合作。要以凝聚侨心、汇集侨智、发挥侨力为目标，坚持把维护海外侨胞和归侨侨眷的根本利益作为侨务工作的出发点和落脚点，使海外侨胞对祖国的认同感和自豪感不断增强，热爱祖国、振兴中华的优良传统代代相传。胡锦涛同志的论述，进一步丰富和发展了海外统战工作的内容与指导思想。

以爱国主义作为海外统一战线的政治基础，有利于促进中华民族的大团结大联合，达到最大限度地联合一切可以联合的力量的目的。长期以来，海外华侨、华人从自身的艰辛创业中深深体会到“国运兴、侨运兴”的道理。正因如此，海外侨胞大多具有深厚的中华民族情结和维护祖国领土完整与统一、振兴中华的浓厚意识，反对“台独”主张。自 1991 年至今，全球已有 80 多个国家和地区成立了 170 多个中国和平统一促进会或类似组织，遍及欧洲、北美洲、南美洲、亚

[1] 江泽民：《努力发展最广泛的爱国统一战线》，中国政协新闻网，1990 年 6 月 11 日。

洲和大洋洲等五大洲。自2000年8月"全球华侨华人推动中国和平统一大会"在德国柏林召开,海外侨胞已举办10次全球性的"反独促统"大会和近20次洲际性"反独促统"大会,并形成了一股强大的声势。维护一个中国原则,促进祖国和平统一,已成为海内外中华儿女的共同使命和自觉行动。

三、弘扬中华优秀文化,推动港澳台同胞海外统战工作

弘扬中华文化,高举爱国主义旗帜,把中华文化的传播和交流作为中华民族在新世纪实现伟大复兴的强大精神力量,团结凝聚港澳台同胞和海外华侨、华人。

1. 继承优秀传统文化,发展中国特色社会主义文化

弘扬中华优秀文化,是为了在历史的高起点上创造出符合时代精神和时代潮流的新文化。我们要深刻认识祖国传统文化的历史意义和现实价值,按照取其精华、去其糟粕的要求进行科学梳理,挖掘符合时代发展要求的内容,汲取合理思想内核,赋予新的时代内涵,使之与当代社会相适应,与现代文明相协调,与发展社会主义特色文化紧密结合起来。当前,特别要对天下兴亡、匹夫有责的爱国传统,天地之间、莫贵于民的民本理念,以和为贵、和而不同的和合思想,革故鼎新、因势而变的创新精神,富贵不淫、威武不屈的高尚气节,扶正扬善、恪守信义的社会美德等,进行深入研究和阐发,并结合新的实践不断发扬光大。要立足中国特色社会主义的伟大事业,从改革开放和现代化建设实践中吸取新鲜养分,不断丰富自身内涵。例如,要适应社会主义市场经济的发展要求,着力培育平等观念、主体观念、民主观念、自主观念、法制观念等顺应历史潮流、反映时代价值的新的人文精神;[1]特别是,要适应全面建设小康社会奋斗目标的新要求,努力建设以社会主义核心价值体

---

[1] 张志深:《弘扬优秀文化传统 夯实中华民族共有精神家园的文化根基》,《河北省社会主义学院学报》2008年第3期,第46页。

系为内核，与社会主义和谐文化相衔接的现代中华文化。将优秀传统文化与时代精神相结合是中华文化发展的重要路径，胡锦涛总书记提出的以“八荣八耻”为核心的社会主义荣辱观和社会主义科学发展观，就是社会主义先进文化与中华优秀传统文化有机结合的典范。坚持中国先进文化前进方向的过程，同时也是优秀传统文化发扬与光大的过程。发展和繁荣与时俱进的、独立的、民族的、科学的有中国特色的社会主义新文化，必然促进当代中华民族凝聚力，为中华民族实现伟大复兴提供精神动力和智力支持。

2. 推广华文教育，传承中华民族精神

华文教育作为一种汉语汉字在境外的传播形式，是弘扬中华文化和传承中华民族精神最有效的手段。随着中国综合国力的不断增长，中国在国际舞台上的地位越来越重要，繁荣和发展华文教育已成为世界各地华侨华人的迫切要求，符合所在国家和地区的利益。于是许多国家鼓励国民把中文当作第二语言来学习，掀起一波波的中国热、中文热。目前全球学习中文的人数超过2500万人，全球85个国家2300多高校开办了中文课程，中文正成为仅次于英文的全球强势语言。[1]开展华文教育的实质，是借助中华民族语言的推广、传承、弘扬中华文化，保持华侨华人的民族特性。因此，要特别注重对海外华裔新生代进行中国历史文化传统教育。可以利用社会各方面的力量，以多种形式和办法，扩大与他们联系交往，如举办“寻根之旅”、安排考察等活动，吸引更多的华裔新生代寻根问祖，增进他们对祖籍国的了解和对中华民族的认同感，培育一支长期对我友好的海外力量。江苏省中华文化学院与香港中华青少年历史文化教育基金会已多次组织香港青年学生来南京参观考察历史文化遗迹和现代化建设成就，开展爱国主义教育。考察团在南京先后参观了长江大桥、奥体中心、静海寺、侵华日军南京大屠杀遇难同胞纪念馆等，了解了历史，同时领悟了南京的文化底蕴，明白了自己的“根”，在祖籍故土更感受到

---

[1] 李文:《文化影响力:反思与展望》,《中国青年报》,2009年2月16日。

了“同根生、心相印”的亲情和温馨。

3. 加强文化交流，扩大中华文化海外影响力

党的十七大报告明确提出，要“加强对外文化交流，吸收各国优秀文明成果，增强中华文化国际影响力”。

首先，扩大对外文化交流。文化交流是沟通各国人民心灵的桥梁，也是展示国家形象的重要途径。中国传统文化中有许多精华，中国文化走出去工程必须是有组织、有系统、有计划的长期工程，而不能是零散的游击战。每年都应当确定一个面向国际市场的推广主题，有系统地推广中华文化。我们要运用各种形式和手段，包括巡演巡展、汉语教学、学术交流和互办文化年等，进一步推动中华优秀文化走出国门、走向世界。大力发展文化产业，提高文化企业和文化产品的国际竞争力，扩大图书、影视等文化产品的出口，推动中国文化产品特别是文化精品走向世界。

其次，加强和改进对外宣传工作。全面、准确、及时地向外界介绍我国改革开放和现代化建设取得的成就，也不回避我国存在的问题。善于运用灵活多样的对外宣传和交往方式，尽量使用国际社会听得懂、易理解的语言和喜闻乐见的方式进行交流，增强宣传的有效性，努力引导各方面客观理性看待中国的发展和国际作用，营造友善的国际舆论环境。[1]

再次，加快构建传输快捷、覆盖广泛的文化传播体系。一个国家文化影响力，不仅取决于文化内容，也取决于先进的传播手段和强大的传播能力。[2]推动民族文化的丰厚资源与现代数字、网络技术结合，使高新技术成为传播中华文化的重要载体。

同时，加速中国海外文化交流机构建设。中国海外文化中心和海外孔子学院是我国较具代表性的驻外文化交流机构。中国海外文

---

[1] 温家宝:《关于社会主义初级阶段的历史任务和我国对外政策的几个问题》,新华网北京2007年2月26日电。

[2] 上海市邓小平理论和“三个代表”重要思想研究中心:《提高国家文化软实力》,《求是》2008年第6期,第15、16页。

化中心作为文化部外派的常设机构，可以长期、稳定、自主、灵活地开展中国文化对外传播工作。全球已设有巴黎文化中心、开罗文化中心、马耳他文化中心、贝宁文化中心、毛里求斯文化中心、汉城文化中心、柏林文化中心等，这些海外文化中心以全面准确地介绍当代中国发展为主要任务，是驻在国人民了解中国文化的一扇窗户。而孔子学院是公益性的非营利性的汉语推广机构，得到我国政府支持，由我国和海外教育机构、社会组织合作举办。截至2008年3月，我国已经启动建设了238所孔子学院（课堂），分布在69个国家和地区，已成为各国学习汉语言文化、了解当代中国的重要场所。孔子学院总部计划到2010年在世界各地建设500所孔子学院，使孔子学院年在学人数达到10万人，参加汉语文化活动的人数达到50万人，国外学习汉语的人数预计将达到1亿。

总之，大力弘扬中华文化，多领域、多渠道、多层次地加强与港澳台同胞、海外侨胞、华人的沟通、联系，增进共识，达成最广泛的团结，"共建中华民族共有精神家园"。

中华文化认同与香港长期稳定繁荣

于铭松

于铭松:男,中央社会主义学院中华文化教研部副主任,教授

在全球化的视野下,随着产品、技术、资本、信息的大规模、高速度地跨国化,带来了新的时尚、风气、品位和新的生活方式。这些新的生活方式,会与以民族国家形式为标识的文化等发生冲撞。但冲撞的结果,这些文化并没有消亡。究其原因,与一些特定民族或群体的文化认同不无关系。一个民族或群体的"自我意识"和他们千百年来在同一文化空间里形成的传统文化意识、伦理道德观念以及他们所特有的语言、习惯,是保持其独特性的基础。这就是在不同地区彼此互异的文化圈里,面对文化的多样性,能够对"自己文化的认同"。所谓文化认同是指特定个体或群体认为某一文化系统(价值观念、生活方式等)内在于自身心理和人格结构中,并自觉循之以评价事物、规范行为。文化认同是每一个特定民族、群体或阶层都会遇到的问题。只是香港文化的多元化,决定了其文化认同具有鲜明的特点。本文在分析香港社会中华文化认同的基础上,提出如果香港社会在中华文化认同上能够达成一致,对凝聚各方面力量,调动一切积极因素,化解矛盾,解决冲突,保证"一国两制"的顺利实施以及香港的长期稳定和持续发展,具有重要作用。

一、香港社会中华文化认同的建立

长期以来,香港被人视为是属于没有自己的文化认同的地方。究

其原因,这是英国殖民统治的结果。英国为了巩固其统治,不惜动用一切手段消除香港人民原有的中华文化认同,断绝其对原有文化根源的怀想,用西方的文化重塑香港人民的文化认同。但我们必须认识到,这些认同其实是英国人为香港所量身订做的虚伪认同感,它使得包括香港人自觉在文化上有别于中国人,而反而对英国文化产生了认同。他们在看待自己香港本土的文化现象时往往不自觉地被制约,套用了英国殖民者审视与评定事物的标准与理论,因而造成本身文化认同上的缺失,这便是所谓的“文化原质的失真”。香港社会在文化认同上的残破及缺陷,引发了其寻求文化认同一致性的寻根活动。他们想要去寻找过去已遗失于无形中的记忆,并建构共同的价值观及唤醒潜藏在残缺历史背后的文化认同。基于此,2004 年,近 300 名香港学界和专业界人士在报章联名刊登广告,提出维护香港核心价值的必要性和迫切性。他们认为,“香港在过去发展过程中积累了一些成功的经验,港人不懈的追求造就了有香港特色的地方文化,而支撑这些经验和文化的,是港人引以自豪、也与全球现代化文明接轨的一些体现香港优势的核心价值,它们包括:自由民主、人权法治、公平公义、和平仁爱、诚信透明、多元包容、尊重个人、恪守专业”。[1]透过宣言,我们可以得出这样的结论,香港社会的文化认同,既有中国传统文化中的仁爱、贵和、诚信,同时也秉承西方文化中崇尚民主自由和法治精神等核心价值,是中国传统文化与西方文化相结合的产物。这使得香港社会的文化认同呈现出独特性:多元共存,多元混合。

1. 中国传统文化是香港社会中华文化认同的基础

香港经济结构的多元化,资本的多样化、国际化,决定了香港必然具备国际化都市的特点,也决定了香港文化的多元化特点。尽管如此,作为中华民族的一员,香港同胞仍然摆脱不了千百年来在同一中华文化背景下形成的传统文化意识、伦理道德观念以及所特有的语言、风俗、习惯等,而中国传统文化是香港文化的源头,也始终是香

---

[1] 《维护香港核心价值,我们不能沉默! 我们忧虑,但我们并不悲观!》[db/ol]. http://www.hkcorevalues.net/b5_declar.htm。

港文化的主体。

根据香港地区考古发现,大量的石器、陶器、青铜器从其形制、制作、用料方面看,与中国东南沿海出土古物有很多相同的特征,属于同一类型的文化。香港的社会风俗、饮食文化、山歌、粤剧、传说故事等都具有鲜明的广东地方文化特征,香港文化尚未形成自己独立的特征,而只是中原文化与广东文化的延伸。[1]香港一直是内地移民占多数的华人社会,中国的传统道德风俗和价值观念深深扎根在香港人心中。在辛亥革命以前,还有许多人从内地延聘教师来香港讲解四书五经,或送弟子内地应试求官。同时英国政府又在很长时期内承认某些中国法律和习惯适用于香港,致使中国社会的许多封建的陋习在港历久残存。[2]从这个意义上说,香港对中华民族和中华文化的认同有深厚的基础。

但英国占领香港后,随着殖民统治的建立,以英国殖民文化为主体的西方文化逐渐渗透香港社会。英国100多年来在香港办的教育,大体上可以分为两个阶段:1945年以前,是完全为旧式殖民统治服务的殖民主义教育;1945年以后,是为促进香港经济发展,维护其新式殖民统治的实用主义现代教育。因此,港英政府的教育就不是要提高港人的文化素质,而是仅仅出于维护自己统治的目的。这种实用主义的教育只重于提高人的技能,而不要提高港人的全面素质,更不会培养港人对中华民族和中华文化的感情,相反,却要千方百计地割断这种联系,力图将英国殖民文化扩展为香港文化的主体,培养港人对大英帝国的好感。很显然,英国的这种殖民文化教育对港人影响深远,直至今天,我们也不能忽视这样的现象,一些香港人自认为是香港人,而不愿或不自愿承认是中国人。这就是说,一些人可以认同"一国两制",因为对他来说,关系到他现实的生活和利益,他必须做出现实和果断的选择;而民族和文化的认同,是一种个体的选择,需要他对自己生命的存在意义和价值作出深刻的思考,需要他将

---

1 参陈蕴茜:《港澳概论》,九洲图书出版社1999年版,第229页。

2 参周毅之:《香港的文化》,新华出版社1996年版,第4页。

个体的生存与整个民族的生存和发展联系起来,并能认识到任何个体在任何时候都需要有民族的归属感,这种归属感的强弱表现为一个民族的凝聚力的强弱。因此,我们说香港回归,包括政治上的回归,也包括文化上的回归。而文化上的回归将需要一个过程,这个过程就是民族和文化认同的过程。

这一认同具有重要的意义,它是增强中华民族凝聚力的内在力量,是香港融入祖国怀抱以及互相融合在一起的思想基础,是人心真正回归的内在标志。香港特别行政区行政长官和特区政府已认识到这一点,并采取了积极有效的行动,每年让大批的大中小学生来内地学习中文、普通话和中华文化,让他们了解中国的历史文化、礼仪道德、民族风情,让他们亲身体验中华民族的人伦亲情和祖国山川河流的秀丽,培养他们的爱国主义情感,增强他们对中华民族和中华文化的认同感。

2. 香港社会对中华文化的认同

文化是一个民族的精神密码,是一个民族群体认同的表现形式。上述宣言中提出的核心价值,如仁爱、贵和、诚信等就是对中国传统文化的核心价值的继承。当然,这种继承,是中国传统文化与西方文化融合、转换的过程。资本主义生产方式输入香港,中国传统文化与西方文化发生了激烈碰撞,经过碰撞,中国文化才开始与西方文化融合。融合的过程,既是一个扬弃、改造西方文化的过程,又是一个扬弃、改造中国文化的过程。就香港现代化的成功而言,从文化的角度分析,单纯的"西化"无法造就其高水平的现代化,单纯的中国传统文化也无法造就其高水平的现代化,它们现代化的成功,与其成功地改造了中国传统文化结构和结合中国传统文化成功地移植西方文化有关。这实际是中国传统文化的现代转化过程,例如,儒家文化倡导家族集体主义、家长制权威主义,通过现代转化而变形表现为企业精神、集体服从精神。经过这种转换产生的价值观,是香港经济起飞的伦理动力。就香港社会的中华文化认同,透过宣言分析,有仁爱、贵和、诚信等。

(1)仁爱

“仁”从“人”从“二”,从字型结构上看,是指人与人的关系和如何处理人与人之间的关系,正确对待人。而将“仁”提高到哲学的范畴,作为一个道德原则,孔子是第一人。依孔子对仁的阐释,有以下几个层次的意思:

第一,“仁者爱人”(《孟子.离娄下》)。爱人,首先是“亲亲之爱”,即爱父母、子女、夫妻、兄弟、姐妹。此外,要“推己及人”,推广到社会成员,即“泛爱众,而亲仁”(《论语·学而》)。第二,忠恕。曾子说孔子之道“一以贯之,忠恕而已”(《论语·里仁》)。忠是“尽己”、“为人”的由内向外的道德情操和高尚行为,也是保证人与人之间进行正常交往所必须遵守的准则。恕也是孔子推崇的,有宽容人、善待人的意思。“其恕乎,己所不欲,勿施于人”(《论语·卫灵公》)是他终生奉行的信条,他还主张“己欲立而立人,己欲达而达人”的主张。第三,道德理想。仁是孔子的最高道德标准,在“全德之名”的仁的范畴中,还应包涵智和勇。“知者不惑,仁者不忧,勇者不惧”(《论语·子罕》),不迷惑、不忧愁、不畏惧三者互补,仁、智、勇三者统一,才是人生道德的理想境界。达到“仁义礼智”的统一,是理想的道德境界,是人生价值的最高体现。要达到这一理想道德境界,孟子认为必须加以培育和历练,“故天将降大任于斯人也,必先苦其心志,劳其筋骨,饿其体肤,空乏其身,行拂乱其所为,所以动心忍性,曾益其所不能”(《孟子·告子下》)。为了维护这种道德理想,即使牺牲生命也在所不惜,“志士仁人,无求生以害仁,有杀身以成仁”(《论语·卫灵公》)。“生,亦我所欲也;义,亦我所欲也。二者不可得兼,舍生而取义者也。”(《孟子·告子上》)“杀身成仁、舍生取义”反映了孔孟重视人生理想的道德价值甚于人的生命价值,当两者发生矛盾的情况下宁可舍弃生命而追求“义”。

孔孟的思想在与西方文化碰撞、调和后,完成了“现代转换”,成为香港社会认同的“仁爱”理念,它包括:一是以“亲亲、仁民、爱物”和“老吾老以及人之老,幼吾幼以及人之幼”这样“有层级”的和“推己及人”的仁爱宗旨，认同人类的共同理念和道德追求，建立真正具有现实可操作性的人类博爱精神体系。二是以“己所不欲勿施于人”的恕道宽容，认同社会自由和文化多元，纠偏专制主义、文化霸权。

(2)诚信

“诚”的基本含义是诚于己，诚于自己的本性，“所谓诚者，毋自欺也”(《大学》)，“诚”既是天道的本然，也是道德的根本，“诚者，天之道也；思诚者，人之道也”(《孟子·离娄》)。将诚信上升至天道人伦，这一文化传统在中国绵延千年。以“诚”为基础，中国人形成了许多相关的美德，为人的“诚实”，待人的“诚恳”，对事业的“忠诚”，追求内心的光明真诚。“信”与“诚”是相通的，诚实不欺，谓之“信”，孔子说：“人而无信，不知其可也”(《论语·为政》)。信，是威信，是信用，是人格，是人心。所以，信用是人格的证明书，是社会的通行证，是权威的分水岭，是人心的试金石。信是人格，“信”的基本要求是言行相符，言而无信的人是没有什么人格可谈的，所以要求人们能：“言必信，行必果”；朋友有信，历来是中国人交友的基本准则。对一个社会而言，社会的秩序的维系靠权力，权力的行使在于威，权威的树立在于信。事实上，德者生信，信者生威，威自信出，信自威行。

诚信从伦理学层面延伸至经济领域，则转化为信用制度。诚信的缺失，也就是信用制度的崩溃。据此有人提出，“信用比生命重要”。然而，在现实的商业活动中信用制度屡屡受到冲击，使伦理道德出现了趋利忘义的裂缝；对利益最大化的狂热，突破了经济行为的道德底线，尚不完善的获利机制在这一思想指导下，具有相当破坏力。香港作为一个高度发达的资本主义社会，信用在经济社会活动中的作用不言而喻，因此“诚信”，这个先人恪守了上千年的古训，又成为社会认同的核心价值之一。

(3)贵和

讲和谐是中华文化的深层内涵。在孔子之前，晏婴用相反相济的思想丰富了“和”的内涵，他将其运用于君臣关系上，强调君臣在处理国家事务时要“相济”，如果有分歧，应“济其不及，以泄其过”，这样才能达到综合平衡，使君臣关系保持“政平而不干”的和谐统一关系。孔子说：“礼之用，和为贵”（《论语·学而》），就是说，“礼”作为最普遍的社会规范和交往形式，它的作用首先表现为“和”。所谓“和”，就是要求个人在与他人、群体交往时，通过对礼的体认和接受其制约，使彼此相互理解与沟通，以达到同心同德、协力合作。具体说，对上要和，以使“天下有道”、“天下归仁”；对平级也要和，“推己及人”，协调矛盾；对下也要和，以使人们不要“犯上作乱”，以稳定统治；对外族要和，表现为信任、尊重、不轻视、不敌视，使其与华夏族和睦相处，共享太平。通过对礼的体认和人际交往，可以化解彼此间的紧张与冲突，从而实现天下“必也使无讼乎”（《论语·颜渊》）的和谐局面。

孔子用“中庸”的方法，来规定和谐的界限，并作为达到与保持和谐的手段。《中庸》将他的持中原则，从“至德”上升到“天下之达道”的境界，强调通过对持中原则的认知与践履，去实现人与人、人道与天道的和谐。这种普遍和谐，包含了人与自然的和谐统一，即天人合一思想；也包含了贵和持中、注重整体、群体至上的价值追求，而“普遍和谐”的最高境界就是儒家文化所追求的和谐社会的崇高理想——大同社会，即一个高度和谐、协同的社会。

要达到和谐，还要做到“和而不同”。孔子提出“君子和而不同，小人同而不和”（《论语·子路》）的命题。孔子“和而不同”的思想较能够反映“贵和”的本质，这种理念不仅适用于处理人与人之间的关系，而且适用于处理国与国、人与社会、人与自然（天人）的之间。庞扑老概括了和而不同思想的要旨是：“第一，事物是各各不同的；第二，不同事物互补互济，于是第三，整个局面因之而和谐。可以说，和而不同是社会事物和社会关系发展的一条重要规律，也是人们处世行事应该遵循的准则，是人类各种文明协调发展的真谛。”[1]

---

[1] 庞朴：《和而不同与同而不和——世界文明走向的两种相反预测》，《文化中国》1994年第12期。

二、中华文化认同与香港长期繁荣稳定

香港社会的中华文化认同,透过上述分析,有仁爱、贵和、诚信等,其中贵和的理念包含两个层面的思想:普遍和谐意识,和而不同理念。如果香港社会在这一认同上能够达成一致,对凝聚香港社会各方面的力量,调动一切积极因素,化解矛盾,解决冲突,保证"一国两制"的顺利实施以及香港的长期稳定和持续发展,具有重要意义。

1.普遍和谐意识是凝聚香港同胞的重要价值理念

(1)"一国两制"的提出和实践体现着贵和的精神

"一国两制"的提出体现着贵和的精神。和平统一、"一国两制"是我们解决香港、澳门、台湾问题的基本原则。"一国两制"构想是邓小平同志对马克思主义国家学说的创造性发展,它不仅出于对现实的考虑,而且也是对中华和合文化精神的继承和弘扬。"一国两制"追求的就是和平解决香港、澳门、台湾问题。"一国两制"的核心就是国家的统一,实现的主要方式是和平统一,统一的现状是"和而不同"。"一国",要以一个中国为出发点、力争以"和平"的方式去统一,以保持这些地区的繁荣与稳定为前提,实现祖国统一大业,可谓"和";"两制",即要承认港澳台地区与大陆确实存在着历史上和现实上的差异,也就是"不同",在这一前提下实行两种完全不同的制度、体制,以求达到统一的目的。"一国两制"的提出凝聚着贵和的精神。

香港"一国两制"的实践需要以贵和精神为价值支撑。香港回归祖国已满12年。期间尽管受到亚洲金融风暴的冲击和全球经济增长放缓、非典疫情、全球金融危机的严重影响,但是"一国两制"方针和基本法得到了全面贯彻实施,香港仍然保持原有的优势和地位。当然,我们应当看到,香港是一个成分多元、利益多元、文化多元、信仰多元的移民社会,目前又处于政治过渡和经济结构调整的时期,其社会矛盾错综复杂。解决这些矛盾,需要以贵和持中的理念为价值

支撑。然而，自2003年7月1日以来，香港社会对基本法附件一和附件二关于行政长官和立法会两个产生办法在2007年以后是否需要修改问题产生了分歧。有人认为，如果在整个社会对一项政制改革分歧意见很大，缺乏基本共识的情况下，就强行推进，势必会激化社会矛盾，激烈变革的后果必然是激烈的对抗，那就难有宁日，全社会将无法承担政治试验付出的代价。也有人认为，实行普选是推进香港民主发展的重要步骤，他们以是不是支持"双普选"划线，把社会分成势不两立的两个阵营，凡是不支持的就是反民主的。由此产生的争论和引发的游行在相当程度上影响到香港各阶层、各党派的团结，影响到香港集中精力发展经济、改善民生。

应当承认，广大香港人民关心香港政改，要求扩大民主参与、加快民主发展进程的愿望是可以理解的。但民主需要逐步向前推进，民主的发展需要一个过程，任何强行推进政改都会激化社会矛盾，影响香港社会的稳定。而香港是一个国际经济城市，保持社会的稳定和谐，密切与内地的合作关系，是吸引外来投资，促进经济发展的前提条件。目前香港需要"内和"，最重要的是求同存异，放下无谓的政治争拗，在基本法的基础上建立共识，化解矛盾。求同存异，处理政治争拗，应遵循这样的原则：要为香港的整体利益和长远利益计，不要谋求一党一己之私利；要维护香港的经济繁荣和发展，不要脱离香港的实际情况过快、过急地推进香港的民主发展进程；要稳定和谐，理性讨论，不要纷争对抗。

(2)注重整体、追求一统的理念对保持香港长期稳定有重要作用

注重整体、追求一统是贵和思想的又一价值表现。以这种观念为基础，在中国的传统文化中，儒家及其后来的继承者确立了大一统的现实追求。这种价值观念在维护国家统一、民族团结、社会稳定等方面发挥了重要作用，是中华民族向心力、凝聚力的源泉，是统一的中华民族绵延不绝的基础。自秦始皇统一中国以后，虽然每隔一段时间就要出现分裂和动乱，但是统一的中央集权的封建大国始终是社会主导形式。即使是在分裂状态上人们也心归统一、力争统一。

正是有了这样矢志追求统一的价值理念，邓小平才提出“一国两制”的构想，成功地解决了香港和澳门问题。

“一国两制”构想以一个中国为最高原则，以维护国家的领土完整为首要目的，以实现祖国统一为核心，它集中体现了人们追求统一、反对分裂的文化意愿，与传统的“大一统”思想的理想模式相契合。邓小平曾坚定地指出：“中国的统一是全中国人民的愿望，是一百几十年的愿望，一个半世纪了嘛！从鸦片战争以来，中国的统一是包括台湾人民在内的中华民族的共同愿望，不是哪个党哪个派，而是整个民族的愿望。”[1]“如果中国在一九九七年，还不把香港收回，任何一个中国领导人和政府都不能向中国人民交代。”[2]他在回答美国记者迈克·华莱士提出的“台湾有什么必要同大陆统一”的问题时，指出：“这首先是个民族问题，民族的感情问题。凡是中华民族子孙，都希望中国能统一，分裂状况是违背民族意志的。[3]”

众所周知，大陆和港澳，由于历史的原因，存在着政治制度、经济发展水平等方面的差异。这种差异造成了两岸三地一段时间的隔膜，甚至对抗和冲突。尽管如此，并没有发生港澳台同祖国分离出去的事实，这么多年维系两岸三地的纽带是由长期历史积淀而形成的文化心理结构和价值观，也就是深藏在炎黄子孙心中的中华优秀文化传统。他们都是完整统一的中华文明圈的不可或缺的组成部分，有着对同祖、同宗、同一血缘关系的认知，享有着共同的优秀的中华民族文化传统。由于港澳台同胞对华夏文明的深切认同感与归属感以及中华文化的强大凝聚力，使得实现中国的完全统一成为包括广大港澳台同胞在内的广大人民的共同心愿，使“一国两制”在港澳得以顺利实行。

香港回归以后，中央政府恪守“一国两制”原则，没有把内地的政治制度引入香港，同时要求香港同胞尊重国家主体政治制度。多数香

---

[1] 《邓小平文选》（第三卷），人民出版社 1993 年版，第 219 页。

[2] 《邓小平文选》（第三卷），人民出版社 1993 年版，第 12 页。

[3] 《邓小平文选》（第三卷），人民出版社 1993 年版，第 170 页。

港居民和多数政党、政团都接受了“一国”是两制的前提和基础、“港人治港”必须是以爱国者为主体的港人治港，高度自治是中央通过基本法授权下的高度自治。但是，毋庸讳言，目前部分港人对“一国两制”和基本法的认识还不充分，“一国”观念、国家意识、香港法律地位的认知的认识等还不够清晰。对这部分港人，工作的重点应在所联系的政党、社团和普通民众中，强化“一国”观念、国家意识等方面的宣传。至于香港某些政治势力自回归以来的拒中抗共的言行，我们应予以揭露。前段时间，香港某党派的领导人去美国国会举办听政会，寻求支持。这种挑战“一国两制”原则、挟洋人自重的行径理所当然地受到包括香港同胞在内的全体中国人民的反对。邓小平早就讲过，改变了中国共产党领导下的具有中国特色的社会主义，香港会是怎样？香港的繁荣和稳定也会吹的。[1]我们坚信，香港的公众想要得到的民主绝不是这种势力或者这种人心目中的“民主”。我们也坚信，任何企图改变“一国两制”的所谓“民主”是决不可能在香港实现的。

目前，最重要的是处理好香港和中央及内地的关系。在“一国两制”下，香港特别行政区作为一个地方行政区域，其经济政策、政改方向和文化发展战略，必须有利于国家对香港行使主权，符合国家的整体利益，而不能损害国家对香港行使主权和国家的整体利益。这是处理好香港和中央及内地的关系的基本准则。

2. 和而不同是多元化的香港社会保持繁荣稳定的价值基础

(1)和而不同是大陆处理香港事务的工作原则和方法

“和而不同”是大陆处理香港事务应遵循的总的原则。回归以前，香港人民长期受到英国殖民统治，加之长期与大陆的隔绝，他们当中的许多人，国家认同观念淡漠，甚至产生混乱。回归后，虽然在国家认同上，比回归前有明显的进步，但观念的改变不是一蹴而就的事情，需要一定的时间。同时，香港的主流阶层是中产阶层，作为受教育程度较高的香港中产阶层，从小接受的是西方的教育，西方的价

[1] 《邓小平文选》(第三卷)，人民出版社 1993 年版，第 218 页。

值观对其影响较大。特别是西方的法制观念如公民观念、权利本位观念、法律面前人人平等的观念、法治观念，政治模式如议会民主、普选制、三权分立制，自由平等观念等，往往被其视为当然。“反对派”了解他们的政治诉求和政治理念，并据此提出了2007/2008年“双普选”的政治主张，因此得到这一阶层的许多人支持。

由于经济政治、社会制度和价值观念的差别，大陆和香港之间发生这样或那样的矛盾甚至冲突在所难免。解决这些矛盾，香港统战工作不能用大陆的政治理念和政治术语强硬而没有灵活性地推行我们的主张，这势必引起香港民众的反感。好的政策，在宣传的过程中也应加以包装，以使香港民众能接受。而最为重要的是要遵循“和而不同”的原则，尊重香港民众的正当诉求，体谅包容，求同存异。而这正是统战工作的应有之义。

基于此，刘延东同志指出：“一国两制”可谓最大的“和而不同”。她认为，不同的社会制度、思想文化、生活方式和价值观念，应当而且可以长期共存、和谐相处。用“一国两制”方式和平解决国家统一问题，在国家主体实行社会主义的前提下，保持香港现有的资本主义制度和生活方式不变，坚持两种制度并存同在、和睦相处，可以说是最大的“和而不同”。[1]

“和而不同”是大陆处理香港事务的具体方法。民主最忌一种声音，“和而不同”才是最佳境界。香港回归后，人们最为担心的是香港能否长期保持其资本主义民主制度和意识形态不变。事实证明这种担心是多余的。香港回归后，民众的抗议游行活动，甚至大规模的抗议游行时有发生，比如，随着香港政改的推进，香港社会进一步分化，在涉及对待中央的策略、“23条立法”、行政长官与立法会选举等问题上，各方的争议很大。反对派主张提前进行“双普选”，与中央及香港爱港爱国人士的分歧越来越大，而香港其他阶层，也有不同的看法。香港民众与各政治团体用不同的方式，甚至大游行，表达了意见

[1] 刘延东：《强调求“一国”之大同 存“两制”之大异》，[db/ol]. http://www.hmo.gov.cn/public/index.htm2004-4-27。

和声音，这已经影响到香港社会的团结、稳定。但是，由于基本上是依法行事，并未引起严重的社会冲突，因此特区政府与中央政府并没有干预，从而避免了在民主政治改革过程中出现社会动乱。香港依然是一个言论自由的地方，左中右各种声音都有，种种批评言论没有受到限制。这充分证明，中央政府在处理香港事务中坚持了和而不同的工作原则。

越是在矛盾错综复杂的情况下，越能显示统战工作的重要。统战工作应遵循“和而不同”的原则，利用联系广泛的优势，弄清包括“反对派”在内的香港各阶层的政治诉求，把握主流民意，向中央传达准确的信息；同时针对不同阶层的特点，开展有效的工作，特别是要加大对香港中产阶层的统一战线工作，因为作为香港社会主流阶层的中产阶层，对香港社会的政治生态已产生了较大的影响。而无论做哪个阶层统战工作，最为重要的是要摒弃传统的思维定势，坚持和而不同的原则，加强沟通，增进理解，扩大共识，寻找一致性，达到和谐。如果一时达不成共识，可以“存异”，保持多样性，承认差异。

(2)和而不同也应是香港社会内部处理相互关系的原则

随着香港政改的推进，香港社会进一步分化，在涉及对待中央的策略、“23 条立法”、行政长官与立法会选举等问题上，各方的争议很大。反对派主张提前进行“双普选”，与中央及香港爱港爱国人士的分歧越来越大，而香港其他阶层，在对待中央的策略、“23 条立法”、行政长官与立法会选举等问题上，也有不同的看法，这已经影响到香港社会的团结、稳定。应当看到，在香港这样一个多元化的社会，存在各种不同的政治诉求和利益差异是正常的，关键是要加强沟通，增进理解，扩大共识，寻找一致性，达到和谐。如果一时达不成共识，可以“存异”，保持多样性，承认差异。而这就是要坚持和而不同的原则。

区域文化的人文价值

区域文化的人文价值

——《海派文化概览》的编撰特点

上海市社会主义学院

“当今时代，文化在综合国力竞争中的地位日益重要。谁占据了文化发展的制高点，谁就能够更好地在激烈的国际竞争中掌握主动权”[1]已成为当代人的共识。中国作为一个有着五千年悠久文化、十三亿人口的大国，如何用中国特色社会主义文化所具有的社会主义核心价值体系、思维方式、道德观念和行为方式来改造、更新传统文化，发展面向现代化、面向世界、面向未来的、民族的科学的大众的社会主义文化，在世界多元文化格局中彰显中华文化的优良传统与特色，已成为中华民族伟大复兴的重要使命。中华文化学院作为以弘扬中华文化为宗旨，面向港澳台海外同胞开展统一战线工作的政治学院，在“弘扬爱国主义精神和中华民族优良传统，促进祖国完全统一，推动中华民族的大团结、大联合”方面承担着重任。在中央社会主义学院的倡议下，我院开展了对区域文化的研究工作，形成了《海派文化概览》这一初步研究成果。本书的编撰主要有以下几个特点：

一是坚持中国共产党大文化的理念与视野。按照马克思主义唯物史观，一定社会的文化是一定社会的政治经济的反映，同时又反作用于后者，这无疑是正确的；但同时，我们也应当看到，文化又有自身

[1] 胡锦涛：《在中国文联第八次全国代表大会中国作协第七次全国代表大会上的讲话》，《人民日报》2006 年 11 月 11 日。

的发展规律，具有很强的延续性，并渗透一切。从这个意义上讲，文化是一个大概念，而一定历史阶段上的社会的政治与经济，则又成了小概念。故中国共产党对于文化问题，在坚持以经济建设为中心的前提下，结合国情，又提出了“和谐社会”、“和谐文化”、“核心价值观”、“先进文化”和包括政党、民族、宗教、阶层和海内外同胞和谐等一系列新概念和构想，创造性地坚持和发展了马克思主义唯物史观，充分体现了中国共产党大文化的理念和视野。因而，本书在指导思想上，坚持中国共产党大文化的理念与视野，认为海派文化的研究不能仅囿于当下地域性档案的记录，还要将其纳入到中国历史和世界历史的视野之中，以其自身延续性的文化身份在当代中华文化的关照下，参与到全球性的文化交融进程中去。所以，本书以广义海派文化的视角，把宏观视野与微观细节相结合，从人口、城市、语言、产业、建筑、民居、文学、艺术、出版、报刊、教育、民俗、民间收藏等方面，纵向呈现和横向把握海派文化的历史走向和时代特征，每一类均溯其历史，绘其概貌，析其特点，并在广泛吸取学术界研究成果的基础上，提出自己的见解。

二是突出区域文化独特性与普遍性的统一。任何一个民族和国家的文化都是民族性和区域性的统一。就中华文化而言，从纵向看，中华文化在其漫长的历史衍化过程中，像滚雪球一样，融汇了各地区各民族的文化，又不断向各地区各民族传播，在融汇中扩展，又在扩展中融汇，使得中华文化生生不息，从古代、近代发展到现代，成为构建当代中华文化的基础和重要内容；从横向看，在中华大地上，由于不同的自然环境、社会结构和人文历史，形成了一个个各具特色的区域文化，所谓齐鲁、燕赵、巴蜀、湖湘、荆楚、岭南、吴越等，这些区域性质的文化既蕴涵着中华大文化的历史内涵，又具有与其自身的历史地理环境相融合的区域文化或地域文化特征；就其关系而言，中华文化是各区域文化的抽象概括和集中表现，而区域文化则是中华文化的具体体现。在众多的区域文化中，海派文化起步较晚，从 1291 年 8 月（元至元二十八年农历七月）上海建县，至 1842 年 8 月《中英江宁条约》被列为五口通商口岸的551年里，在中国传统文化的文化体中，与人文荟萃、英才辈出的苏、杭、宁、绍近在咫尺的上海，一直是笼罩在吴越文化之中，没有令人炫目的独特光芒，直到五口通商、设立租界，在强制与被迫的情况下，海派文化才催生于中外移民文化的融汇之上，并在其发展的过程中，深深地烙上了这座工商业城市发展的时代印记，形成了由商业性派生出趋利、世俗、多变；现代性派生出个性解放、革新；世界性派生出崇洋、多样、宽容的海派文化特征。同时，也是在这一过程中，这里成为中国工人运动的摇篮和中国共产党的诞生地，成为中国工、商、外贸率先与世界交流的"窗口"和科技成果走向生活的"快车道"，成为中国第一部电话机、第一辆电车的生产地；这里率先进行现代化的市政建设，在一定程度上成为其他城市发展的模式；这里曾是中国新文化的中心，新知识从这里传播，从1912年至1926年，上海出版的图书占全国的70%；1927年至1936年，上海三家大出版社出版量占全国出版量的65%；[1]新文化运动从这里发动，"五四"新文化发端于此，《新青年》编辑部中枢设于此；新文学运动从这里发端，新小说、新诗、新剧运动多发端于此；中国新艺术从这里诞生，中国第一所美术学校、第一所国立音乐学院在这里建立；各种思想文化论战，如东西文化论战、问题与主义论战、社会主义论战、科学与人生观论战等从这里爆发，在这里进行，并扩展到其他地区；这里曾是新型大众文化的策源地，曾是中国电影事业和通俗歌曲的摇篮；曾是女性服饰、发型和化妆品的风向标；曾是体育活动、娱乐方式的表率等。

《海派文化概览》所体现的这种海派文化形成的独特性与曾执全国新文化、新风气之牛耳而被视为民族的共同文化所具有的普遍性的统一，正是区域文化研究的魅力所在，具有十分广泛的人文价值。

三是探索社会化的地域文化研究方式。区域文化研究在我国刚刚起步，尚未形成系统的"区域文化学"的理论和方法。我们在编撰

---

[1] 见国史馆编印:《中华民国史·文化志》,1997年5月版,第166~167页。

《海派文化概览》一书的过程中，针对社会主义学院科研力量薄弱和区域文化研究目前主要存在于科研、高校等单位的零散现状，探索社会化的区域文化研究方式，具体体现在：领导重视，成立课题组，制定计划，对经费使用、成果出版等作整体考虑；由我院科研骨干牵头，组织力量，整合院内外研究资源，有序推进；成果出版后，在报纸杂志进行宣传报道，提高社会主义学院和中华文化学院的影响力。当然，这只是我院的初步探索，面对未来，任重而道远。

总之，区域文化作为中华大地特定区域源远流长、独具特色，传承至今仍在发挥作用的文化传统，不仅是推动区域经济社会全面发展不可或缺的重要力量，更是做好海外统战工作的重要资源。因此，深入开展区域文化研究，探求区域文化的形成、演变轨迹和规律，把握区域文化与经济社会发展的互动关系，发掘区域文化的人文价值，推动经济社会持续、稳定、协调发展，构建和谐社会和促进世界文化交流，是当前社会科学研究亟待深化的命题，也是中华文化学院的使命。

齐鲁文化与民族凝聚力初探

于志平

于志平:男,山东省社会主义学院副院长

文化是民族之魂,是民族凝聚力的旗帜、桥梁和纽带。齐鲁文化不仅是中华文化的重要组成部分,而且是中华文化的主干和核心。齐鲁文化上承三代,下启后世,将中华数千年文化传统联为一大系统,作为核心,表现出强大的凝聚力、恢弘的包容性和坚韧顽强的生命力。其中,齐鲁文化的大一统思想、"和而不同"思想、仁民爱物思想、自强不息精神等价值取向,已经成为增强中华民族凝聚力的宝贵文化资源。

一、齐鲁文化的"大一统"理念,是中华民族凝聚力活的灵魂

追求统一是历史发展的趋势,也是齐鲁文化的内在精神追求。春秋时期,孔子看到周朝王室衰微,诸侯僭越礼制,"礼崩乐坏",提出"礼乐征伐自天子出",并著《春秋》倡言"大一统"之义。大一统理论在"天人合一"的天道一统自然观哲学基础之上,建构了"莅中华而抚四夷"的天下一统观,在政治上确立了王道一统的政治观。"普天之下,莫非王土;率土之滨,莫非王臣"就是这种王道一统思想的真实写照。大一统思想主张华与夷的区别不以血缘和种族为依据,而是以文化为准则。

大一统理论主要是为了论证国家形态、政治制度以及与此相关的政策和行为规范而创立的。大一统理念在中华民族的形成和发展、中国统一的多民族国家的形成和发展以及中央集权政治体制的形成和发展过程中均产生了重要的影响。所以，大一统理论奠定了中国古代政治制度的法理基础，它通过一套政治思想和政治制度设计深深影响着民族文化心理和民族感情，成为爱国主义的重要理论源头。

数千年的中华文明史，是在统一观念主导下实现和维护中华民族大融合、大统一的历史。自秦统一后的2200年间，中国统一或基本统一的时间占2/3以上。历史上每一次民族对峙、国家分裂之后，最终的结局仍是民族大融合与新的空前大统一国家的出现。中华文明之所以能够保持发展上的连续性，为世界所仅见，就在于文化认同与国家统一相辅相成。可以说，国家统一的理念是中华民族与生俱来的"胎记"，是中华文化的最高理想和政治目标。正是由于齐鲁文化大一统的理念的正确导向，中华民族凝聚力才具有整合性强、强韧性大，以及和平性的特质。

在"大一统"文化心理的影响下，华夏儿女同在一个母亲的怀抱，用心灵和情感维系着民族大家庭的团结，无论走到哪里，总是千方百计争取叶落归根。反对分裂、崇尚统一的文化理念，深深植根于民族的土壤，流淌在炎黄子孙的血液中，成为中华民族凝聚力活的灵魂。

二、齐鲁文化的"和合"精神，是中华民族凝聚力的思想基础

"和"的思想在中国源远流长，其中最典型的是儒家所主张和提倡的"和而不同"。春秋时期，孔子主张"礼之用，和为贵"，并且提出"君子和而不同，小人同而不和"。这里的"和"，是一种有差异的对立统一。它承认差异和对立，主张包容和共存，从而在更高的基础上实现了和谐和平衡。"和"还表现为过犹不及、持中有度的思想方法。

孔子认为“过犹不及”，主张“执两用中”、“允执厥中”。子思对孔子“中庸”思想作了充分发挥，把“中庸”概念从“执两用中”的方法论上升到世界观的高度，认为“中也者，天下之大本也；和也者，天下之达道也。致中和，天地位焉，万物育焉。”《管子》进而主张用礼乐教化人民，重视发挥道德风俗在促进和合中的作用。齐鲁文化的和合精神，是对于先民社会和生产实践经验的高度概括，体现了中华民族独特的人文精神和人生智慧。

建立在“和而不同”思想基础之上的和合精神，是齐鲁文化的精髓之一。和合精神，是一种共生共赢的文化思想，也是人类文明的最高境界。和合精神体现了对于天人关系的一种理解，倡导人与自然的和谐发展；和合精神在处理人与人、民族、国家关系方面，主张互相尊重、平等相待，维护边际平衡，达到共生共荣。

齐鲁文化中的和合精神，提出了具有普遍意义和永恒价值的思想理念，已经或正在融入社会生活的方方面面，放之于全世界，“和平与发展”是时代的主题；放之于中华民族，“构建和谐社会”是中华儿女共同的愿望；放之于一个区域，“祥和与稳定”是社会前进的前提条件；放之于个人，“礼之用，和为贵”则上升到思想高度，成为人们行为的根本准则。这一强大的文化理念，超越了时间与空间的限制，成为增强中华民族凝聚力的思想基础。

三、齐鲁文化“自强不息”的价值取向，是中华民族凝聚力的精神支柱

齐鲁文化主张积极入世、救世，充满刚健有为、自强不息的进取精神。儒家提倡“修身、齐家、治国、平天下”。《易传》提出“天行健，君子以自强不息”。管子力行改革，富国强兵，协助齐桓公“九伯诸侯，一匡天下”，成就了齐桓公的霸业。孙子、孙膑等兵家主张以正义的战争制止不义之战。其他诸子，虽然观点不尽相同，但在刚健有为、积极进取方面，则是一致的。随着时代的变迁，齐鲁文化自强不

息的价值取向在中华文化的演进过程中不断发扬光大，成为我们民族的基本精神。

历史悠久的文化，往往沉淀为一种民族精神，对民族和社会成员产生潜移默化的作用，制约和影响着社会成员的文化选择、行为方式和价值取向。齐鲁文化中自强不息的进取精神，是以“利他”为出发点的，必然融入国家和民族的价值目标之中。为了国家和民族，要有“杀身成仁”、“舍生取义”的高尚情操；要有不惜舍弃个人一切的自我牺牲精神；要有百折不挠、勇往直前的豪迈气概……这些思想观念，经过社会生活的砥砺，已成为我们民族精神的旗帜，在历史的长河中永放光芒。伟大的民族精神激励着世世代代中国人为维护国家和民族利益前仆后继、奋斗不止。这是中华民族数千年来历经劫难仍生生不息、几经挫折仍不弃不离的精神支柱。

四、齐鲁文化的“民本”思想，是中华民族凝聚力的内在源泉

仁学是孔子学说的核心，也是齐鲁文化的核心价值观。仁学思想体系的基本内容，如孔子所说就是“爱人”、“泛爱众”。在中国思想史上，孔子第一次发现了人，发现了人之为人的本质，确立了人的历史主体地位。这是孔子最伟大的贡献。孔子认为：“仁者爱人。”按照“仁”的要求，“己欲立而立人，己欲达而达人”，“己所不欲，勿施于人”，处理人际关系应当坚持“忠恕”、“孝悌”的原则。从忠恕爱人的观点出发，儒家在政治上提出“仁政”、“王道”的政治理想。孟子看到了民心对于社稷政权的决定作用，认为“民为贵，社稷次之，君为轻”。他提出使人民有恒产，人民才会安居乐业，这是实行“仁政”的基础和根本。在经济上他主张恢复井田制、减轻赋税以“制民之产”；在政治上他反对以武力兼并，主张保民、行德和服民心，实行“王道”，使天下人归心，达到天下统一。管晏学派同样重视人的作用，强调仁德和礼义。管仲曾经对齐桓公讲过：“夫霸王之所始也，以人为本”，

“夫争天下者，必先争人……得天下之众者王，得其丰者霸”，主张统治者要顺从民心，从民所欲，根据人民的喜好判断政治的得失，使人民生活富足，安居乐业。

齐鲁文化主张关心人、爱护人、尊重人，这种“仁民爱物”、以人为本的思想，具有极强的亲和力。民族凝聚力的基础是文化的认同。齐鲁文化的“民本”思想温暖人心，得到了炎黄儿女的广泛认同。不分地域、不分民族，一方有难，八方支援，团结互助的美德在华夏大地上大放异彩。正是这种文化的积淀，才使得多元一体的中华民族凝聚力不断生发，不断增强。

文化的力量深深熔铸在民族的凝聚力之中。进入新世纪，文化作为软实力的作用日益受到人们的重视，伴随中国的和平崛起，台港澳同胞和海外华侨、华人对于祖国的向心力日益增强，一个学习、研究以儒家文化为核心的中华文化的热潮正在世界范围内兴起。当代海外新儒学在港台、北美和世界各地呈现蓬勃发展的趋势。日本、韩国、新加坡等地都成立有儒学研究机构，定期开展研究活动。诸如此类的研究和交流，大大提升了中华民族的影响力。我国政府已决定在世界开设100所孔子学院，推动中华文化的传播和交流。

面对千载难逢的机遇，面对山东丰厚的文化资源，工作在齐鲁大地的我们，应该增强责任感和使命感，加速推进经济文化强省建设，为中华民族的复兴伟业贡献力量。

略论闽台文化的主要特点及作用

陈 飞

陈飞:男,福建省社会主义学院副院长

闽台文化是中华民族文化的有机组成部分。这一文化涵盖、渗透和播延的时域漫长,空域广泛。她标志性地发展于约 5000 前至 6000 年前的昙石山和前昙石山文化,至今已经衍展到闽台及其周边省份的部分地区,如粤、浙、湘、滇的部分地区,并随人口的迁移而播延至东南亚各国以及欧、美、澳、非各洲的许多国家。探讨闽台文化的特点,不仅意在表明,闽与台早已是文化共同体,两岸文化的所谓共同点实为闽台文化的特点,即:这一特点表现了中华民族文化的多元一体的一个方面;而且,更重要的是,探讨闽台文化,有利于我们看清中华民族文化的辐射力、向心力、亲和力、凝聚力和转化力。

一、敢拼无畏、理性现实是闽台文化生存性特点

闽台连同周边部分地区有濒临大海或接近大海的地理特点,同时具有山地开垦、平原耕作和海上捕捞作业等劳动生活形成的文化基础性特点。由于与大海有某种联系,而有了较早与世界有关国家和地区进行航海贸易的历史。这些因素是构成闽台文化敢拼无畏、理性现实特点的原因的主要方面。在远古时代,人们眼中的大海是广阔无边、不可驾驭、神秘莫测的,特别是东南海滨,台风频仍,大海在台风季节,更是巨澜滔天、令人畏惧。但是,闽台文化产生地的人

们不但没有从海边退缩，向内地迁移，而且还向大海深处进发，向几乎是不可克服的困难挑战。现在的考古学已经证明，早在3000多年以前，我国东南沿海的先民们已经能利用东南季风扬起风帆向东南亚等地远航。如果没有后来封建统治者的各种各样的海禁政策的约束，这种远航会得到难以估量的发展。在民间文化的自然发展中，闽台之间没有任何人为的边界。至今在东南亚各国，我们仍随处可见来自台湾和来自大陆特别是来自闽及其周边地区的人们和衷共济一家亲的情形。一个家庭中祖父来自闽，祖母来自台，儿子生于美洲，媳妇来自亚洲，等等。所有的文化习俗都具有闽台文化特点。这样的社会细胞，体现了跨地域跨国界理性现实特点的文化辐射力和亲和力。现在，闽台渔民之间在海上互助互救的事仍时常发生。他们视这种事为自然的事，这也是理性现实的文化特点的体现，它成为敢拼无畏的文化特点形成的条件之一。

敢拼无畏的文化特点不是孤立形成和发展的，而是与理性现实的文化特点并生互成的。敢拼无畏不是蛮勇莽撞，而是在估计了现实情况，包括困难和胜利的可能性等等，同时也做了牺牲的准备之后，才在行动中体现敢拼无畏的特点，继而形成文化特点。现在我们可以从菲律宾等国的考古发掘、文物研究中了解到，3000多年前我国东南沿海的先民在远航至菲国时，带去了各种各样的农具和各种农作物的种子，甚至带去家禽、牲口，向当地人传授各种农业技术、造船技术和渔业技术，等等。定居下来并与当地人通婚生子者并非个别。背井离乡永难回，一别亲人不再聚，在当时是常态。当然是痛苦的状态，也是一种牺牲。即使在现代史上这也是常有的事。没有敢拼无畏的精神，是无法承受此类事的。这既是自然的现实，也是社会的现实，经常面对它们的人们在漫长的历史进程中形成了理性现实。也就是应对这些现实的身心素质条件，并构成文化特点。

所谓行为特点转化为文化特点或身心素质条件特点转化为文化特点，是指群体性、社会性的特点为世世代代所重复出现并固置下来，成为文化价值的一部分受到社会肯定、倡扬，从而成为社会文化性价值取向。这种取向可以表现为习惯、传统甚至制度性的规约。自然条件与人文条件总是互相依存的，只有理性现实的文化特点才能使敢拼无畏的特点见容于自然，即：在付出牺牲代价后，使社会或群体得以生存和发展。

二、质朴率直、宽容谦谨是闽台文化内在特点

闽台文化经过山地文化、海洋文化、农耕文化、客家文化和中原文化等文化因素的汇集共融而成。汇集共融的过程需要质朴无华，摒弃虚饰伪装，需要率直坦荡，摒弃曲折隐晦。同时需要宽容大度，摒弃狭隘小气，需要慷慨奉献，摒弃珠玑计较。此外，在儒文化形成之前，闽台文化是与“逢人只说三分话，不可全抛一片心”之类的说教无缘的。相反，闽台文化体现的是对任何人都是全抛一片心。这种无私、无防、无忌心理素质特点逐渐形成文化特点，表现为质朴率直，宽容谦谨。内在的文化特点总要在关系上体现出来。比如，四方来客皆亲友，八方有求俱襄助，是闽台文化一以贯之的特点。襄助既包括物质性的帮助，也包括文化性的无私帮助。以日本文化为例，可以清楚地看出这一点。日语中无以计数的发音与福州方言这一语言的活化石的发音几乎完全一样。从中不难看出，闽台文化的质朴率直和宽容谦谨。比如，日语的“令人羡慕啊”与福州话的“五粒野麦椭的是呢!”的发音是一模一样的。这里的“呢”方言中念 ne，上声，重读。这反映了在人工种植麦子并食用之和野麦子的食用同时存在且具有普遍性的时期(约 30000 年前到 100000 年前)，日本人的先人来到闽台文化流行地之一的现在的福州地区，这里的人们既热情款待他们，又教他们学方言即现在的福州话。此句他们学对了发音，领会错了意思，把对具体食物的赞美之意领会成比较抽象的赞美。

由上例可见，闽台文化中质朴率直早已体现在生活中，比如与客人不分彼此，我吃什么你也吃什么。宽容谦谨也早已体现为与客人的近义交流，而没有胶柱鼓瑟，刻意求工求精微准确。我们到台湾也

可以看到这种闽台文化特点的体现。台湾居民即使是其南部的人们，对于大陆居民中会说闽南话的人，绝不遮掩其好感或亲近感，质朴率直得很。他们中的大多数人对哪怕说得一口很蹩脚的闽南话的大陆客，也不会取笑，而往往会耐心教你。这又表现为宽容谦谨。在这一点上，两岸具有文化上的一脉同质。

三、怀祖敬上、友善易融是闽台文化传承性特点

怀念祖先，敬重长上，友善待人，易处易融，是闽台文化的传承性特点。姓氏在海峡两岸的传承，就典型地体现了这一特点。福建十大姓：陈、林、黄、张、吴、李、郑、王、刘、苏，而台湾的“十大姓”中和福建有九个是相同的，连排序都惊人相似，只有郑姓换成了蔡姓。福建省的所有姓氏，台湾基本都有，包括一些罕见的姓氏。这种血缘关系的姓氏宗亲，是紧紧维系海峡两岸同胞的根脉。“行不改姓，坐不改名”中的“不改姓”，与中华文化怀祖敬上的传统相关，而闽台文化在这一方面体现得尤为典型。

闽台姓氏是敦睦两岸同胞情谊、搭起两岸血脉相连的桥梁。一湾海峡，隔不断两岸人民的民族亲情，挡不住两岸族谱的接续传承，改变不了寻根归宗这一中华民族的传统美德。近30年来，台湾同胞返乡寻根活动渐渐成为一种社会现象，并表现出令人震撼的向心力。2006年4月17日至21日，中国国民党荣誉主席连战及其家人首次回到祖籍地福建省龙海市马崎村寻根谒祖，连战饱含深情地说：“爷爷啊，我回来了，我终于回来了。”连战福建祖地行一行38人，沿途了解闽台的历史渊源，也看到了闽台合作与交流的前景。连战祖地行在海内外引起很大的反响，其意义已超越寻根谒祖，而展现出“两岸和则两利，和则双赢”的共同期盼。1990年吕秀莲以台湾妇女会的名义，回到福建省南靖县田中村祭祖寻根，吕秀莲曾抚摸龙潭楼内一口8米深的古井的井沿，深情地说：“我要喝一口故乡的井水，这叫饮水思源。”2009年2月21日，吕秀莲在接受《中国评论》专访时表示

如获大陆邀请，愿以《玉山午报》创办人身份访问大陆，此言在海峡两岸曾引发热议。“青山一道共云雨，明月何曾是两乡。”闽台文化的怀祖敬上特点是任何组织、任何政治势力都无法祛除的。“参天之木，必有其根，怀山之水，必有其源。”在台湾，不论你是何氏何姓、不论你的家族大小、不论你是名人政要还是平民百姓、不论你是蓝营还是绿营，都能在大陆寻找到自己的根。中华民族是我们的共同家园。这是血缘的延续，是根脉的连接。两岸有识之士都愿意增进宗亲社团联谊，开展寻根谒祖与姓氏文化研究活动，以宗亲史实充分印证闽台源远流长的亲缘和血缘，增进台湾同胞及海外中华民族子孙对祖国的血缘认同感和民族自豪感。

闽台姓氏，积淀着源远流长的历史文化名人和相近的民俗文化。移民移神抵台，既是移垦者对先贤荣誉的珍惜，又是中华文化从大陆向台湾的传播和延伸。在闽台两地存在着大量对应的信仰群体和民俗文化，如朱子文化、客家文化、妈祖文化、陈靖姑文化，如郑成功、施琅、林则徐、严复等在两岸都具有极高知名度的历史文化名人，成为两岸共同崇敬的对象。台湾现存剧种大部分与福建相同，如高甲戏、梨园戏、歌仔戏、四平戏等。闽台本源关系的人文资源，融入了闽台人民不可分割的血脉关系，成为维系国家与民族感情的牢固根基和坚强柱石，体现了中华民族形成与融合的演变历史。古人说：慎终追远，民德归厚矣。中国人重孝道，最根本的是讲求慎终追远，饮水思源，不忘血脉传承，不忘祖宗先人。轩辕黄帝是中华民族的共同始祖，百家姓氏同为炎黄子孙的涓涓血脉。只有民族性、没有阶级性的姓氏文化是我们开展对台文化统战的主要途径和载体。运用闽台姓氏文化资源有助于加深台湾与大陆之间的文化认同，增强中华民族的凝聚力；有助于加强闽台的科技和文化交流，促进两岸交流和社会经济的发展；有助于做好台湾人民的工作，尤其是有助于做台湾基层、台湾南部同胞的工作，把寄希望于台湾人民方针落到实处，为发展两岸关系、推进祖国和平统一进程服务。正如党的十七大报告明确指出的：“十三亿大陆同胞和两千三百万台湾同胞是血脉相连的命运共同体。”“中国是两岸同胞的共同家园，两岸同胞理应携手维护好、建设好我们的共同家园。”

闽台文化怀祖敬上的特点是与其友善易融的特点并生并存。它必须排除政治意识的干扰，才能得以体现。在某些东南亚国家，华人华侨多来自闽台文化发祥地，他们带去了闽台文化的精神，对当地人民极为友善，为社会做出了牺牲。比如在某国的闽台后裔，组成了义务救火队，哪里有火灾，哪里就有他们奋力拼搏灭火的身影。他们中不少人为此献出了生命。闽台文化在异国之所以能够生根开花结果，就在于它体现友善易融的特点，不仅是以平等精神融入社会，而且以牺牲的精神、奉献的精神，融入社会关系，使社会变得更融洽。

四、淡名利、重公义、谋公益是闽台文化发展性特点

大海的浩渺无边使人有相形之下显其渺小之感，由此可以令人产生人生短暂、须及时行乐的思想，也可以促人产生生命有限、无私为公精神无限的意识。在闽台文化中后者成为主流，并固置为它的发展性特点。这一特点的主要内容是，淡名利、重公义、谋公益。在远古时代，人们生活、生产的条件极为恶劣，客观上没有图名利的条件。在生活、生产条件逐步得到改善的过程中，闽台文化经历了外忧内患。外忧内患在近代史上是中华民族的共同经历，但处于沿海地带的闽台文化地区往往首当其冲。这些地区被迫开放或自己开放都比较早。淡名利，重公义，谋公益，与开放的社会状态和忧患意识相联系。在民族受压迫的状态下，任何个人都没有充分发展的现实可能性。人民不难想到只有整个社会发展了，个人才有自由发展的广阔空间。这构成闽台文化淡名利、重公义、谋公益特点的产生和发展的客观的社会心理条件。

在20世纪60年代，某个东南亚国家（简称y国）掀起严重反华排华浪潮，居住在y国的华侨、华人被杀被抢，房屋被烧，我国派出军

舰前往y国接回我国同胞。由于那里的同胞甚多，我国军舰极为有限，无法全数接回。当时有30多万同胞被y国反华势力驱赶到一个荒凉的岛屿上，过着如同原始社会时代的生活。他们的悲惨境遇被某国一个来自闽台地区的华侨A所发现，20世纪80年代中期，他动员整个家族捐出19亿美元，并与y国政府交涉，请其将孤岛上的华侨华人迁回城市。在这过程中，我国政府也通过外交途径促成迁移的顺利完成。A做出这一可歌可泣的壮举后，坚决要求任何媒体都不要报道此事，也坚决要求祖国政府不要进行任何形式的表彰或接见之类的活动。他把这重公义谋公益的伟大行为视为平平常常的行动，根本没有想到从中获取什么名利。只有这样完全将名利置之度外，他才可能有倾全家族之力为公众作出牺牲的行动。闽台文化的重公义谋公益的特点是与淡名利的特点相辅相成的，二者缺一不可。A的例子不过是千千万万个同类例子中的一个。更多的例子是集体性的行为的事例。比如，东南亚某国，来自闽台及其周边地区的华侨华人们见该国的教育比较落后，就集体行动、捐资捐物、出谋献策，在该国各地办了3000多所各级各类学校，既促进了华人华侨子女的教育，更带动了该国全国的教育。

文化的内在线索是有其特定逻辑的，比如某些国家或民族的逻辑是自立、自由、利己，在一定条件下坑人，也可以在利己的条件下极其有限的利人，其目的是为了更进一步利己。不论是对集体还是个体而言，这种文化都不可能真正形成生态性的、长久的淡名利的特点。进而不可能真正形成社会性的，或以其能力本可以形成全球性的重公义、谋公益的文化特点也成为不可能。从生态学来看，任何文化都要有一个生态圈，这与任何一个人都无法摆脱特定文化环境一样。从长远来看，文化圈或文化环境对文化体，不论是个体还是集体，都有相互关联作用。完全不顾大环境或将其置于可有可无地位，终究会导致文化体的衰落。中华民族文化之所以能历经数千年而不衰，主要原因就在于它不仅有淡名利、重公义、谋公益的个体，而且有这样的特点。作为这一文化的有机组成部分的闽台文化，也有这一特点。

五、闽台文化上述特点的主要作用

第一，敢拼无畏、理性现实有不断增强闽台文化的社会心理基础的作用。任何文化都有社会心理基础作为基本因素或首要因素。社会心理因素在大体上有从众或独立、一致或分歧、勇敢或畏惧等的区别。而所有这些区别，都与敢拼无畏、理性现实特点的缺乏与否、增强与否、统一与否以及统一的状态相联系。闽台文化不缺乏这些因素，并能增强这些因素，使这些因素统一起来，与其他相关因素一起构成了闽台文化的社会心理基础。

第二，质朴率直、宽容谦谨有吸纳其他有益的文化成分、传播自身文化成分的作用。文化发展的外在表现之一是吸纳和传播，前者是改造自身的不可或缺的环节，后者是改造世界的不可或缺的环节。很难想像一种文化过于华丽虚浮，隐晦自闭，毫无质朴率直之质而能吸纳其他的有益文化成分。同样，具有很强的狭隘傲慢等非理性特点的文化成分也难真正深入人心，得以广泛传播。闽台文化的质朴率直、宽容谦谨是它传播域日益广泛的原因之一。

第三，怀祖敬上、友善易融有承先启后和凝聚力量这纵横两方面的作用。怀祖敬上是对自身源流了解、理解、尊重的一个方面，如果一种文化不了解自身，不理解自身，不尊重自身，它就不可能承先启后，更谈不上健康发展。友善易融，一方面，对其他文化和文化主体，持友善态度，与他们共同发展，追求双赢格局；另一方面，容易融入任何有益的文化氛围，也容易使其他文化成分友善地融入自己的文化中，这是互融。文化发展，从长远观点看，是一个互融的过程。闽台文化的发展过程，就是这样一个过程。

第四，淡名利、重公义、谋公益是文化质量不断提高的必要条件。许多文化沉寂在历史的长河中，最终湮灭无闻了，原因可能很多，但最重要的原因往往是利、义和益的问题没有处理好，或完全没有去处理它，长此以往，积重难返，导致灭亡。一种文化再怎么强大，只要以利为义，义利颠倒，公益完全无人问津，私益膨胀无度，乱象必生，轻者产生危机，害已害人，重者步向灭亡。这是历史上屡见不鲜的现象。闽台文化淡名利、重公义、谋公益已经不仅蔚成风气，而且构成特点，它的发展是难以阻挡的。

总之，闽台文化作为中华文化的有机组成部分，它的特点也是中华民族文化的特点，只是在这一文化成分中有独到的体现方式和质态，在具体论及闽台文化时，一般而言，可以认为以上文化特点是闽台文化的主要特点。中华文化的各种成分，就是这样以其各自的内容和特点丰富和发展中华文化的总内容和总特点，在这种丰富和发展的过程中，各种文化成分又保持和发展着自己的内容和特点。通常，越是民族的，就越是世界的，同样，越是特点突出的，或越是所谓地方性的就越是民族的，这就是我们探讨闽台文化特点的意义所在。

发挥区域文化优势,促进区域经济发展

辛刚国　闫丽红

辛刚国:男,甘肃省社会主义学院副院长

闫丽红:女,甘肃社会主义学院

当今世界,文化与经济相互交融,在综合国力竞争中的地位和作用越来越突出。同样,在促进区域经济发展、构建和谐社会的进程中,我们亦日益感到一方水土、一方文化的力量。因此,研究区域文化的形成及特点,探究区域文化与区域经济社会发展的关系,具有非常重要的意义和价值。

一、区域文化的形成

近年来,对区域文化(亦称地域文化)的研究已经形成热潮。所谓区域文化,是指特定区域源远流长、独具特色、传承至今并仍发挥着作用的文化传统。可以从三个层面理解这一概念:最表层的是物质文化体,是人们创造的可以明显感知的客观存在,如建筑文化、服饰文化、风俗文化等;其核心层面是精神文化体,是一个地区的人们在长期发展中所形成的思维方式、性格特征、心理积淀以及价值体系等;处在中间层面的是制度文化体,主要是指政治、法律及宗教体制等。

如经济特区、开发区、改革开放实验区等推行不同的特殊区域政策，大陆和港澳台实行“一国两制”，这些不同政治的文化区域对区域文化的影响是非常明显的。

区域文化的形成是经过长期历史的发展演变而成的，是自然地理环境、生产方式、历史文化传统、民族融合和文化交流等因素综合影响的结果。

（一）地理环境

“一方水土养一方人”。中国地域辽阔，地形、地貌、河流、气候复杂多样。平原、高原、丘陵山地、沙漠戈壁、雪域草原，复经河流、山脉和热量、水分各异的自然带的纵横分割，形成了大大小小、自然条件各异的地理单元。我国古人很早就认识到了地理环境对于人们价值观念、风俗习惯和性格特点等的影响。《礼记·王制》篇说：“广谷大川异制，民生其间者异俗。”司马迁在《史记·货殖列传》中指出：关中丰镐一带民有“先王之风”，“重为”；中山一带男子“悲歌慷慨”、女子“游眉富贵”；燕赵之民多“雕悍少虑”；齐人“宽缓阔达”、“足智，好议论”；邹鲁人“好儒”、“俭啬”；西楚之民剽轻易怒，南楚之民好辞、巧说、少信。唐代的李筌在《太白阴经》中则认为：“秦人劲，晋人刚，蜀人儒，楚人轻，齐人多诈，越人浇薄（作风轻浮），海岱（东海与泰山之间地区）之人壮，崆峒（今甘肃东部一带）之人武，燕赵之人锐，凉陇（今甘肃西南一带）之人勇，韩魏（今河南一带）之人厚”；等等。草原和山区的人们长期与恶劣多变的自然环境及人类打交道，因此性格粗犷、豪放、骁勇；而平原人长期以种植业为主，处在相对安定的自然环境之中，因此性格细腻、稳重、富于耐性，这是明显的地理差异造成的区域文化差异。

（二）生产方式

自然环境对人类社会文化的影响，要受到社会生产方式的制约。不同的社会生产方式具有不同地域文化特征。如我国赫哲族的渔猎文化、鄂伦春族的狩猎文化，内蒙、西北的游牧文化。历史上夏商周时代的关中、黄河中下游农耕文化，以及中唐以后江南发达的稻作文化等。其中，农耕文化占据优势。在16世纪以前，我国就创造了发达的农耕技术、水利建设、丝绸、茶、四大发明、冶炼技术、瓷器制作等灿烂的中华文化，形成了务本、中庸、重农抑商、安土乐业的农业文明。男耕女织的自然经济在地域上的差异，也构成了文化形态的地区差别。明清以来，沿海地区资本主义生产的萌芽，外域文化的冲击，也加强了内陆、沿海区域文化的差别。

（三）历史文化传统

有些学者把我国历史上的文化环境划分为若干文化区，如儒家文化发源地的邹鲁文化区（今山东一带）、道家文化发源地的荆楚文化区（今江汉平原一带），以及三晋、燕齐、吴越、巴蜀、关陇等文化区。这些历史上形成的以特定地域为中心发展起来的各具特色的文化，不仅共同推动着中华文化的发展，而且各自对当地人的文化性格产生巨大的内化力量，其影响至今犹存。至于种种现代文化色彩对人们性格的影响，只能是在传统文化的底色上的叠加或融合而已。如盛行于江浙一带的吴越文化和人文传统，历来有重商轻农的突出精神特征，这使得江浙人机智敏锐、精于商道，并富于开拓和冒险精神。这种文化传统中的现实精神遗产，与现代市场经济中的企业家精神和商业意识，基本上是相符的或说精神上是相通的。

（四）民族融合

中华民族是在汉族与少数民族不断融合的过程中形成的多民族统一的国家，民族融合的过程，也是区域文化逐渐形成的过程。发源于我国黄河——长江流域的农耕文化与内蒙、西北的游牧文化，在长达几千年的南北对峙、周期性碰撞、融合中，出现了三次冲击，形成了民族文化融合的新高潮。农业文化与游牧文化，在生产技术、科技发明、文学艺术、风俗习惯、意识形态上，进行了相互渗透、影响和融合。因此，关东文化、草原文化、西域文化、青藏文化都留下了中原文化的影响，而中原文化也吸收了少数民族文化的精华，各自充实发展了新的区域文化特质。

（五）文化交流

中国文化向来具有兼容并蓄的特点。东汉以后，印度佛教的传入,与原有的儒家文化、道家文化融合,形成了中国特有的佛教文化,在哲学、文学、艺术等意识形态领域上都留下深刻的烙印。而以后伊斯兰教、基督教的传入,又与西亚、欧洲开展了中西方文化交流。异域文化的渗入,使区域文化原有的特质,受到了冲击与影响。因此,岭南文化、闽台文化、西域文化、青藏文化都吸收了欧洲、中亚、西亚与南亚文化的特质。

二、区域文化对区域经济发展的影响

(一)区域文化为区域经济发展提供精神动力和智力支持

区域文化影响经济发展的路径是:通过长期积习而形成的观念,对生活在本区域内的人们产生潜移默化的影响,从而塑造出具有不同文化禀赋的人群。而这些具有不同文化禀赋的人群,其生成企业家的概率和类型是大不相同的,于是才有了晋商、徽商、粤商、浙商、闽商、台商、港商之类的区域视角。我国东部沿海地区自古以来就开始融合非正统的中原文化与外来文化。尤其是改革开放以来,这种文化开始释放出前所未有的能量,加上位居改革开放的前沿地带,与市场经济体制有机融合,形成了一种特有的极具活力的区域文化:敢为人先、兼收并蓄、求真务实、重商重义。这种文化底蕴为沿海地区的经济发展提供了源源不断的精神动力和智力支持,使得沿海地区的人们在改革开放的大潮中充满生机和活力。以农业文明为主导和对中原传统文化的传承,使得西北地区的许多区域文化具有敢于征服洪荒的艰苦创业精神、重义轻利的价值取向、诚信为核心的商业价值观等积极因素,这些也正是今天我们发展社会主义市场经济、构建和谐社会所大力提倡的。诚信是市场经济运行的关键因素之一,它不仅仅是一种市场经济所倡导的经济伦理,而且是从事经济活动的每一个经济主体所必须遵守的客观规律。在资本主义发展的初级阶段一般都会出现诚信的失落和信用状况的恶化,但随着经济的发展和市场制度的完善,诚信会最终回到经济生活的主宰地位。区域文化中对诚信的固守有可能使市场经济的发展历程可以绕开资本积累时期信用先沦丧而后重建的陷阱。

(二)区域文化资源是区域经济发展的资本

文化资源,是社会主体在把握和改造世界的实践历程中所凝结的物质、精神的成果精华及活动介体,具有满足人的需要的属性和功能,有着民族性、地域性和多样性特征。文化资源既包括千百年来人类所积聚的文化财富,也包括当下的文化信息。具体来说,其构成既有科技、教育等因素,也有理想、信念、道德、价值观在内的种种因素,还包括整个社会文化网络,以及作用于现实生活的传统文化和外来文化的因素。

我国是一个文化资源大国,许多地区都拥有非常丰富的文化资源。这些重要的地域文化资源也可转化为促进区域经济发展的文化资本。我国西部地区在文化资源上具有沿海地区无法企及的优势。首先是宝贵的历史文化资源的积淀,如丰富多彩的西部古建筑、古城遗址、古人类遗址、音乐舞蹈、文学遗产、绘画艺术、民俗艺术等;其次是绚丽多彩的少数民族文化和民间民俗文化;再次,还有丰富的革命文化资源。

这些丰富的文化资源,是区域经济发展的特色资源。如今,文化的作用愈益重要,深厚的文化资源的积淀对于促进区域经济增长,增强区域竞争力,具有不可低估的推动作用。第一,可以利用区域文化资源,开展各种富有地方特色的文化活动来招商引资;第二,是发展旅游产业的得天独厚的优势;第三,也是最重要的,是区域经济实现全面协调、可持续发展的重要依托。

(三)区域文化中的消极成分制约区域经济的发展

区域文化中也包含有一些消极、保守的因素。我国中西部地区的区域文化是在小农经济的基础上形成的,以儒家文化为核心,其主要特征为:重农轻商、重义轻利、中庸和谐、安于现状、推崇道德,进取意识和冒险意识严重不足。这种因循守旧、缺乏创新、商业意识淡薄的观念与市场经济的要求是极不适应的。这就使中西部地区在同样的经济机会面前无法顺势而为、抓住机遇、促成经济的发展，当中国的市场经济改革浪潮如火如荼地在神州大地上涌动时，却遭遇到人们对商机所表现出的迟钝、茫然甚至是不屑，以至于错失了许多良机。

三、深入开发地域文化资源，推动区域文化产业发展

文化资源具有经济价值和产业价值，文化资源的产业化不仅对其他行业产生了显著的拉动作用，文化经济本身更是一种高成长型的经济，同时，传统产业也能在与文化相互融合中得到提升。当今，文化资源产业化已经成为发达国家国民经济的支柱产业之一和当代世界综合国力和国家竞争力的重要组成部分，并将成为21世纪的“朝阳产业”。美国、英国和意大利文化产业的产值占GDP的比重分别达到12%、10%和25%，大部分发达国家都变成文化产业的“出口大国”。

我国是世界著名的文明古国，几千年的中华文明孕育了绚烂多姿的静态文化景观资源和异彩纷呈的民族民间文化资源，我们的文化资源甚至被国外的文化产业所运用（我国的民间故事花木兰就被欧美国家拍成了动漫电影），然而我们的文化产业发展却远远落后于世界上许多国家。就国内而言，我国西部相对于东部在文化资源上具有得天独厚的优势，但是文化产业规模小，业态层次低，文化市场发育不充分；东部沿海地带反而较有声色。这种文化资源与文化产业发展的不平衡的现象，体现的是文化资源产业化转化的能力的差异。促进文化资源产业化发展，可以从以下几方面入手：

（一）制定文化发展战略，广揽文化产业专门人才

一个地区的落后，不仅仅是一堆经济统计指标的落后，更重要的是人自身文化素质和文化观念的落后。因此，在制定经济社会发展战略的同时，也要制定文化发展战略，从根本上消除制约区域经济发

展的思想意识方面的阻力。

1. 重视基础教育。不论是人才的培养还是地区整体文化素质的提高，都在很大程度上依赖地区基础教育的普及和教育质量的提高。落后地区的教育目标不应只是高分和高升学率，而应面对现实，重视培养立志家乡建设的开拓型人才，帮助人们走出“读书—应试—跳出穷乡僻壤”的受教育模式。这样，才能改变落后地区“发展教育—人才外流—人力资本水平低下”的非正常现象，使教育真正能为发展地区经济作出贡献。

2. 重视人才的引进和培养。通过引进和培养一批具有现代文化特征的人才，领导落后地区的经济建设，不仅可为地区经济发展注入新的活力，也可以产生一种感召性的示范作用，促进整个地区的文化更新。与此同时，注意充分发挥各地区本土民间艺术人才的作用，这既是对民间传统文化的保护和发扬，也突显了自己的文化特色。

（二）调整文化产业结构，促进产业全面发展

从总体上看，我国的文化产业中传统产业比较多，新兴产业相对比较少，其中以数字化、网络化、信息化为基础和发展方向的动漫创意等文化产业还处在起步阶段，要把文化产业做大做强，文化产业结构的调整势在必行。一方面，要依托文化资源优势，规划和扶持一批市场前景好、投资回报高的重大文化产业项目，通过市场化运作，吸引战略投资者和合作者，促进产业化的升级与换代。当然，在开发中要注重对历史文化资源的挖掘与保护，在保护好资源的前提下开发，在发展中促进资源保护。另一方面，要重新审视与构建文化产业格局，理清文化产业发展思路，重点突破，大力发展主导式核心文化产业。例如，甘肃的文化产业布局，就要以省会兰州为中心，把兰州文化圈和丝绸之路文化产业带作为重点建设区域，依托现有文化资源来调整产业结构，大力发展以文化旅游业、现代传媒业、出版发行业、娱乐演艺业为代表的主导式核心文化产业，并以此带动甘肃省文化产业全方位发展。

（三）积极培育和发挥文化品牌优势，打造区域文化形象

文化资源产业化开发中，各地区应该统筹规划区内的文化产业，确立文化产业发展的优先次序和主导结构，要重点发展骨干文化企业，积极培育知名文化品牌，建立具有突出地域优势的文化产业基地。以甘肃为例，敦煌文化、丝路文化，是甘肃联结世界文化的重要纽带；《读者》杂志，连续三次蝉联国家期刊奖，连续7年高居中国期刊榜榜首，月发行量达到1003万份，是甘肃现代文化资源中的一个重要品牌；《丝路花雨》、《大梦敦煌》等舞台艺术精品不仅在国内引起轰动，而且走向了世界舞台，竞相彰显着甘肃地域文化独特的内涵和大西北的风情。甘肃可以发挥特有的资源优势，充分挖掘现有文化品牌的潜力，突出地域特色，打造敦煌文化、长城文化、伏羲文化、天马文化、航天文化、红色革命文化、读者文化、庆阳香包、河州花儿等强势文化品牌，努力培育一批新的知名品牌，以资源优势保障品牌开发，以品牌开发推动市场开放，以文化品牌打造区域文化形象。

区域文化是一种取之不尽的宝贵资源，越是民族的就越是世界的。随着经济全球化，全球化的文化资源配置已成为一种时代的潮流，传统的文化资源一经现代化的转化与开发，就能产生巨大的经济社会效益。因此，要充分开发、利用特色文化，将文化资源优势转化为产业优势，从而使区域文化不断适应区域经济发展的要求，实现区域经济全面、协调、可持续发展。

参考文献：

1. 辛刚国主编：《甘肃地域文化与经济社会发展研究》，甘肃人民出版社2006年版。

2. 侯景新：《论区域文化与经济发展的相关关系生产力研究》2003。

3. 李本和：《区域文化心理差异对区域经济发展的影响及对策》，《理论建设》，2004.1。

4. 赵冰，金镭：《区域经济发展中的文化力分析》，《辽宁工程技术人学学报》（社会科学版）2004.9。

5. 黄淑敏，任志明：《甘肃文化产业开发的资源优势》，《西部论丛》2007.12。

从青海地方文化的特点看区域文化的价值

毛艳云　郭敏丽

毛艳云:女,青海省社会主义学院巡视员

郭敏丽:女,青海省社会主义学院工作处副处长

由中华民族共同创造的中华文化源远流长,历经五千年而不中断,创造了世界文明史上的辉煌。在博大精深的中华文化中,又包含着相互关联而又各富特色的区域文化,青海地方文化也是其中灿烂的一支。

一、青海地方文化的历史沿革

有一篇文章说,站在青海湖,可以看到青海的三张面孔:东部是农业区,南部是青藏高原区,西部是干旱区。可见,青海有着多样的地理环境。从某种程度上讲,多样的地理环境孕育了多元的青海地方文化。青海地方文化是在长期的历史演变过程中由农耕文化与游牧文化交汇而形成的,其独具特色的形成及发展经历了两个阶段。

第一阶段:多民族文化交融局面的出现

青海的早期居民称作古羌人。青海境内发现的大约存在于公元前3000~公元前2000年左右的马家窑文化、齐家文化,以及之后的卡约文化、辛店文化等,被视为先羌文化。而先羌文化与中原文化有着千丝万缕的联系。李文实先生在《西陲古董地与羌藏文化》一书中指出,

“按据传说中国古代先民有东夷、西夷、苗蛮(百越)三大系,夏、周两代,同属西夷,而西夷则即羌戎,……古史上氐羌或羌戎并称,……神话传说与古史记载,虽出现与形成有先后,但夏民族源于氐羌,则是无可怀疑的历史事实,不仅如此,它还是以后中华民族的主源之一呢!”(《西陲古董地与羌藏文化》第8~9页)

商周秦汉时期,青海东部的河湟地区正是古羌人聚居的中心地带。以无弋爰剑为总首领的湟中羌,是青海历史的早期开拓者。秦厉公时(公元前476~公元前443年),羌人爰剑被秦朝掳作奴隶,从关中一带学会了农牧生产知识,后逃至河湟,向羌人传播先进的种田养畜技术。可见河湟地区的羌人改变原始的生活方式,与秦国的影响有着重要关系。

汉朝时,中央集权加强,于汉武帝时始设护羌校尉,是主管羌人事务的重要军事官职。西汉赵充国在湟中首开屯田先河。东汉王朝时持续扩大屯田规模,促进了社会经济的发展,推动了汉羌等民族间的关系和经济文化的交流,这一时期可以称为中原文化西渐的时期。

第二阶段:多元民族文化格局的形成

公元4世纪初,来源于今东北辽宁及漠北高原的鲜卑族迁至黄河之南,与当地汉羌各族杂错而居,其中有鲜卑吐谷浑在青海建国350余年,国势雄强,与南北朝及中西亚远到欧洲长期进行大规模的贸易活动,地处河湟流域的西宁道遂成为南丝绸道上的重要中枢。

北宋,河湟地区形成的唃厮啰吐蕃政权是这一地区最有影响的政治实体,与北宋、西夏成三足鼎立之势。其首府青唐城即是今天的西宁市。

元明时期,伊斯兰教在青海得以传播,以清真寺为象征的伊斯兰文化开始成为青海地区文化的重要组成部分。青海有清真寺建筑始于明代。

唐至清前期,为满足青藏高原少数民族对茶叶等中原物资的需求,和中原王朝对青海等地出产的良马等畜产品的需求,茶马互市成为青海与中原地区商业贸易的主要形式。清雍正年间,朝廷将互市地点移至丹噶尔寺(今西宁市所属的湟源县),丹噶尔遂成为西北地区民族贸易的重镇。

历经元明清时期藏传佛教的迅速发展、伊斯兰教的传播以及以“移民实边”、加强军事力量为主要形式的汉族文化的融入,使来自中原的儒释道合一的汉族文化不断加强,民族文化不断丰富,宗教文化也得到迅速发展,在浓厚的大一统的文化交汇中,青海多元文化的格局完全形成。

二、青海地方文化的主要内容

青海的地方文化形态异常丰富,既有辉煌的古代文化,也有多彩的民族文化,还有丰富的宗教文化。

在青海,存在数量众多的新石器时代的墓葬、宗教寺院、古城遗址等。其中,墓葬遗存的文化内容涵盖了从新石器时代的马家窑文化(亦称甘肃仰韶文化)、铜石并用时代的齐家文化,到青铜器时代的辛店文化,以及青海独有的卡约文化。马家窑文化彩陶代表了青海彩陶的鼎盛时期和最高水平,大通上孙家寨出土的舞蹈纹彩陶盆上绘有迄今为止中国发现最早的舞蹈图案,是中国原始社会艺术史上的杰作;乐都柳湾墓地出土的陶器上所绘的139种不同的符号,据认为与中国文字起源有关。出土于湟源县的犬牛铜杖首,被认为是卡约文化罕见的艺术珍品,反映了当时人们冶铜技术的提高。

宗教寺院方面,藏传佛教、汉传佛教、伊斯兰教、道教、天主教、基督教都扎根在青海。其中以藏传佛教、伊斯兰教的寺院居多。位于湟中县的塔尔寺,是藏传佛教格鲁派六大寺院之一,位于西宁城东区的东关清真大寺,是西北地区四大清真寺之一。有别于其他地区的寺院,青海东部河湟流域的藏传佛教寺院和伊斯兰教寺院中可以看到为数不少的文化融合痕迹。拿伊斯兰教寺院来讲,其建筑风格有三种:中国古典式、阿拉伯式和中阿结合式。其中,中国古典式多建于明清时期,位于化隆的西关清真寺即属此类;阿拉伯式清真寺多建于民国时期，位于循化的街子清真寺、位于西宁的杨家庄清真寺即属此类；中阿结合式的清真寺，其礼拜大殿为中国古典式建筑，帮克楼等为阿拉伯式建筑，西宁东关清真大寺即是一例。

而藏传佛教寺院不光在建筑上体现着中原建筑的特点，如位于乐都的瞿坛寺的布局和建筑均具明代汉式宫殿建筑风格——寺内厢廊壁画，则具有敦煌艺术特色，还在发展历史上与中原汉传佛教及中央政府联系紧密——藏传佛教圣地塔尔寺的阿嘉等活佛系统，在清代被封为呼图克图或诺们汗。其中，阿嘉、色赤、拉科为驻京呼图克图，有的还当过北京雍和宫和山西五台山的掌印喇嘛，地位十分显贵。

青海境内还广泛分布着许多古城，这些古城是在汉代出现的，其分布区域最初由湟水流域到黄河流域，再由河湟谷地到河湟主要支流地区。历史上，这些古城既是小范围内的中心，又是湟水与黄河、河湟流域与河湟以外地区的连接点。古城的发展反映着中原王朝势力的西进、中原王朝与地方政权对这一地区的争夺，以及历史上主政这一地区的王朝版图的扩展。

此外，青海的民间文艺异彩纷呈。拿曲艺来说，秦腔、眉户戏、灯影戏、秧歌、越弦、平弦、贤孝等戏曲都在民间广泛流传，而这些戏曲形式多是明清时期从陕西等地传入的，其表现的内容也多类同。有趣的是，这类戏曲大多先在湟源、湟中一带流传，再以这两个地方为散播地，向其他地区流传。在西宁地区，还有一种土生土长的称为“倒江水”的曲艺形式，类似于以方言表现的快板书或顺口溜，但因没有形成传承体系，已经濒临失传。

民间流行的歌舞就有酒曲、花儿、宴席曲、拉伊以及藏族的锅庄、龙鼓舞、藏戏，土族“纳顿”，回族“宴席舞”，撒拉族舞蹈等。流行于河湟地区的“花儿”约形成于元末明初时期，不仅流行于青、甘、宁、新四省区的回、汉、土、藏、撒拉、保安、东乡、裕固八个民族中，而且是多民族使用同一种语言——汉语歌唱的民歌。到目前，部分县中还保留有反映原始图腾场景的傩舞，有些县的乡村社火在服装道具、表演方式、表现内容等方面，都可看到农耕文化和游牧文化杂合的影子。

手工艺和美术方面，不仅有被称为塔尔寺“艺术三绝”的堆绣、唐卡、酥油花，还有在民间盛行的农民画、皮绣、刺绣，以及排灯制作、民用工艺品制作、酿酒、酿醋等。其中，至今在藏区搭建帐篷用的材料——褐子的手工制作工艺，还完整地保留在西宁市所属大通县一个回族村中，但因各方面原因，已经面临市场销路不畅等困难，从长远来看，可能会随着市场的萎缩而使古老的工艺失传。

体育方面，赛马、武术、射箭等运动是游牧习俗的生活再现，登高、踢毽子、打秋千、跳方方等民间体育和群众性体育运动，则带有中原农区文化的特点。

三、青海地方文化的主要特点

1. 多元一体性

青海多元文化的历史，应始自西汉将河湟地区正式纳入中央王朝的郡县体系时。就民族构成来讲，新中国成立初期，青海的民族成份多为世居民族，有汉族、回族、藏族、土族、蒙古族、撒拉族等，而到2008年的统计，民族成分已经增加到53个。多民族聚集的过程始终没有停止，最终形成了以儒释道合一的汉文化、以藏传佛教为核心的藏传佛教文化和以伊斯兰教为核心的穆斯林文化三大文化系统并存的局面。

一体是指以汉族儒家文化为主体。历史上由官方组织进行的三次大规模的移民（汉代、明代、建国初期），都是中原地区汉族移民到少数民族聚集的地区。这类移民的结果是不断强化以儒家文化为核心的汉文化。

2. 融合性

融合性的表现是不同地域、不同民族的人在漫长的历史进程中，相互交流吸纳、融合而形成的文化特征。

漫长的历史演进过程中，留居青海东部的吐谷浑人吸收藏、汉、蒙古等居民成分,逐渐形成土族;吐蕃人同土著的羌人、鲜卑吐谷浑人和汉人长期融合,形成以农为主的藏族;撒拉族则是来自撒马尔罕的撒鲁人与周围回、东乡、藏通婚形成的;东乡族以信仰伊斯兰教的蒙古人和色目人为主体,融合汉、藏、土等民族而形成。这都是民族融合事实的反映。

生产方式上,自秦汉至近代2000多年的时间,是游牧生活方式与农耕生活方式的交流融合,总的趋势是向农业化过渡;从20世纪50年代持续至今的发展过程,是生产方式由农业化向工业化的过渡。

在以生活方式表现的文化形态上,融合性也非常明显。比如藏族学会了做面食的技巧,回族则喝藏式的奶茶;回族"花儿"中有藏语,回族、撒拉族会说藏语也不鲜见;最明显的例子是,居住在化隆的卡力岗人最早是藏族人,在清代以后信奉了伊斯兰教,现为青海回族的一支,他们至今仍操藏语,其生活中保留有藏族的痕迹。在建筑上,一些清真寺的建筑装饰工艺也吸取了藏族、汉族精美的制作方式,闻名于世的湟中塔尔寺的许多建筑都采用了汉藏结合的建筑形式。

3. 开放性与封闭性

青海地方文化的形态始终是开放的,最明显的表现方式就是不排外,并以坦荡的姿态欣然接受外来文化。远古时期,游牧的羌人便坦然接受了来自中原的农耕文化;历史上,来自不同地区的汉族文化、少数民族文化以及宗教文化,都在这块土地上生根发芽。当代,文化的开放性随着社会经济的迅猛发展,不断得到加强,各类文化在保持自己特有的文化特征的同时,相互之间交流、吸纳、包容互补的进程正在加速,深度和广度不断推进,使文化更具魅力和特色。

封闭性是青海文化特征中客观存在的与开放性相伴而生的一个重要方面。许多学者在论及青海省的文化特征时常说,生活在这片土地上的人们往往容易接受外来文化的浅层表达方式,而接受以先进价值观念表现出来的精神实质却较为滞后。这至少说明,青海地方文化的开放性是有一定局限性的。

4. 边缘性

青海是游牧文化与农耕文化的交界地带，远离汉族中心文化，任何一种外来文化对它的影响都非常明显，而它自身所固有的文化却常常处于一种不太稳定的状态。此外，由于地处西北内陆，不能灵便地接触到其他发达文化，无以比较，更无法利用，不发达倒成了一种常态。我们经常提到的经济、文化欠发达，或者发展滞后，就是边缘性的一种体现。值得注意的是这一文化特征带来的结果——对区域文化缺乏自信。

5. 独一性

诚然，每个区域文化都有其独一之处。这里的独一性是指青海文化在内容上有不同于其他地区的独特特征。卡约文化是青海境内独有的青铜器时代的文化，西宁因遗址分布集中，完全可以称为卡约文化的代表地。其中出土于大通的属马家窑类型的五人连臂舞蹈彩陶盆及市区内出土的波斯萨珊银币等，是世界独一或实属罕见的文物；多种宗教文化集中分布在一个地域文化的范围内，在全国是独一的；乡村、牧区、城市文化同时存在于同一个地区——集中体现在西宁，并呈层级分布，在省会城市中是独一无二的；河湟“花儿”的韵律独成一体，是河湟区域民间文化的代表。此外，众多文化单元密集地分布在同一个地区，构成青海文化的独特内涵，这在全国也是少有的；文化融合的结果，使多样的文化表达方式融入居民的日常生活中，从而以异常丰富的内容展现在世人面前，这在全国的任何一个地区也绝无仅有。

四、青海地方文化的价值

每一种文化必有其自身的价值。青海文化能延续数千年一直顽强地渗透在人们的现实生活中，充分表明其自身的价值不可低估。在当前青海社会发生深刻变革的时期，我们尤其要重视对地方文化价值的研究。

构筑青海实力的价值

自美国教授约瑟夫·奈提出软实力一说后,人们越来越重视诸如价值观、理念、信仰等属于文化范畴的概念。马克斯·韦伯有一个看法:“如果说我们能从经济发展史学到什么,那就是文化会使局面几乎完全不一样。”他强调了文化对经济发展的影响。青海经济发展滞后,除去地理环境的因素,也不能排除文化的因素。但我们不可能割断数千年的文化脉络。青海地方文化是青海省重要的人文精神资源。建设符合时代要求的新文化,确立适应社会的新理念,地方文化是基础。青海文化中包容、多样的特点,为我们未来的文化发展提供了多种选择的可能。倘若我们将青海文化中能适应社会和时代的价值、理念、风俗加以剖析和综合,必会对建设文化青海,树立青海人的自信心,增强青海地方实力大有益处,同时也会有力地促进青海地方经济的发展。

旅游价值

伴随着对外宣传力度的加大,青海对游客的吸引力明显增强,而青藏铁路的开通,已经掀起了青海旅游新的热潮。旅游是文化的载体,文化是旅游的平台。丰富的地方文化是促进青海地方旅游业发展的基础。如果美丽的青海湖、奇险的三江源、广袤的可可西里是大自然赐予我们的礼物,那么奇异而不乏神秘的民族历史文化则是青海数千年历史积淀下的宝贵财富。但目前,青海旅游的突出特点是自然景观超过人文景观。人们对地方文化中的旅游价值认识不够,对青海文脉的挖掘不充分,旅游业和文化的结合亦不够紧密。正因为如此,青海旅游业从产业开发角度而言,模仿多于原创,这应引起我们的重视。因为旅游实质上是“现代人利用闲暇时间进行的一种愉快的学习活动和人际交往”。如果忽视地方文化的开发利用,那么,青海旅游业的发展可能会后劲不足。

生态价值

此处所谓生态,不是指自然,而指文化。费孝通先生在晚年提出一个重要概念:中华文化是多元一体格局。指出中华文化的融合仍在继续,并未终结。有融合结束的,也有融而未合的。在多元一体格局中,汉文化是主体,但其他文化都是补充,并非无用。在对待文化的态度上,要有和而不同的智慧和胸襟,各美其美,美人之美。费孝通先生的这些观点,对我们审视青海文化极有益处。学术界经常批评西方学术界盛行的西方中心论,但不可否认,有意无意中,我们对边缘文化也重视不够。在现代工业文明席卷全球的今天,许许多多的传统文化面临消失的危险,每一种传统文化的消亡,都意味着我们失去了宝贵的智慧的源泉,在丰富多彩的青海文化中,有许多极富价值的理念可供当代人借鉴,比如,伊斯兰文化中的互助精神,可以协调人际关系;比如藏民族的敬天意识,可以协调人与自然的关系。全球一体化也许不可抗拒,但文化的多元存在却是人们的期望,只要人们追求文化生态的平衡,青海地方文化的价值就永远不会消失。

安全价值

在中国西部的版图上,青海西接新疆,南连西藏,北临内蒙古。如果从北往南看,从内蒙古到青海到西藏这一片区域,无论是历史上还是当今都是藏民族、蒙古民族活跃的地区。青海省国土面积72万平方公里,其中94%是藏族聚居区,从战略地位上讲,青海既是藏文化区的一部分,又是汉族文化与少数民族文化的联接地带。河湟流域更是战略要地,历史上,控制河湟地区就意味着控制了中原进入藏区或藏区进入中原的咽喉命脉。青海正式建省是在1929年,客观上,建省造成地理格局上的犬牙交措,有助于中央政府对藏区的施政,也有助于中原到边疆的文化交流。河湟流域是连接中央与边疆的交通、贸易和文化中转站,有一个被称为“藏客”的群体,在很长时间里一直担负着中原与藏地边疆贸易乃至与西亚地区的国际贸易任务,在促进经济贸易的同时,对传播文化起到了重要的推动作用。从大的范围来看,说青海文化具有文化安全的意义毫不为过。

认同价值

处于两种文化的交汇地带,青海在有记载的历史上曾经战事频繁。汉时有“征伐四夷，开地广境，北却匈奴，西逐诸羌”的战略行动；十六国及隋代有鲜卑诸部迁入和立国；唐朝与吐谷浑和吐蕃的战和关系你来我往；唃厮啰以及宋、金、西夏等都曾交替统治该地区；元明清时期中央王朝对河湟流域的控制都是以战事作为先声。然而，战争对控制权的争夺不仅没有阻止文化的交流和发展，相反却促成了元明时期土族、回族、撒拉族三个新的民族共同体的形成。同样是在元明两朝，青海开设了儒学与科举，藏传佛教得到迅速发展，伊斯兰教得以传播。近代更有基督教的传播和中原文化的进一步影响。撇除政治上的纷争，在民间，各民族对各自和彼此的文化都有一种认同和默契，这种深入人心的价值理念，构成了民族凝聚力的核心部分——虽然在一定程度上，它并未被人们所主观认识到，客观上，这种文化格局体现的正是中华民族和而不同的核心价值观。在全球化背景下，这种形式的文化认同是极具示范价值的。

五、对弘扬中华文化与地方文化的思考

在中华民族的大家庭中，所有的区域文化都以其鲜明的特点成为中华文化的有机组成部分。弘扬中华文化与弘扬地方文化就功能(弘扬传统，体现价值)而言是相同的，但具体途径却不尽相同，原因是由于时空不同，地方文化的价值体现是不同的，这就要求我们必须将地方文化放置于促进地方经济社会发展和中华民族伟大复兴的时代背景下，依据各自的特点，找准切入点，制定切实可行的措施。因为，我们弘扬中华文化的最终目的是保持和发扬优良传统，增强民族凝聚力，从而为构建既体现传统又符合时代发展要求的核心价值观，有效应对全球化，实现中华民族的伟大复兴创设良好的氛围和环境。

从特点可以看出，青海文化的价值有表层与深层之分，构筑实力、旅游的价值是表层的价值，容易被人们意识到，也容易制定具体而有可操作性的措施，而文化生态、文化安全及文化认同属于深层的价值，这些价值相对而言不易被察觉，甚至可能被忽略。

从长远来看,体现青海文化的深层价值更符合弘扬中华文化的目的。比如,青海多民族相处,多宗教并存,缘于承载文化的各族人民彼此对各自文化都能相互认同和相互尊重,体现并强化认同价值在某种程度上等同于增强民族凝聚力。对本省而言,这是扩大并巩固统一战线工作的重要内容。再比如,由于经济发展相对滞后,青海文化中保留了很多传统的因素,有些还是原生态的文化形态,它存在于民间,甚至已经溶入了人们的日常生活。在全球化视野下,这些宝贵的文化形态同样面临如何保持、如何发扬的问题,研究这样一个课题既关乎区域文化建设的目标和方向,也为开拓文化生态学研究领域提供了广阔空间。

综上所述,弘扬区域文化应该在两个层面上开展工作:其一,促进地方经济社会的发展;其二,以区域内特殊文化问题的解决,为弘扬中华文化这一大课题提供理论依据。就青海而言,我们需要做的一是引导人们客观认识青海文化独特的价值,从而增强青海各民族人民的文化自信和自豪感;二是在全球化浪潮中,努力保持青海文化赖以生长的生态环境;三是为加强青海特殊的统一战线工作和强化民族认同,增强民族凝聚力作出贡献。

参考文献:

1. 李文实:《西陲古地与羌藏文化》,青海人民出版社 2001 年版。

2. 青海百科全书编纂委员会编:《青海百科全书》,中国大百科全书出版社 1998 年版。

3. 王承喜主编:《昆仑文化论集》,青海人民出版社 2002 年版。

4. 董绍宣:《河湟杂俎》,天马出版社 2003 年 7 月初版。

5. 李智信:《青海古地考辨》,西北大学出版社 1995 年 7 月第 1 版。

山西民俗文化资源与非物质文化遗产保护工程

聂元龙

聂元龙:男,山西省史志研究院地方志研究所编审,中国民俗学会会员、山西省民俗协会常务理事

近年来,我国非物质文化遗产保护工程蓬勃兴起,有效地保护并继承发扬中华民族传统文化,已成为越来越多人们的共识。保护和发展民族文化,是一个国家和民族文明发展与建设的重要标志,也是当今社会保持协调发展和可持续发展的重要内容。保护和发展民族民间优秀文化传统,对于弘扬民族精神,增强民族的凝聚力和向心力,维护国家统一和民族团结,推动经济发展和社会进步具有重大的历史意义和现实意义。

民族民间传统文化是中华民族世代相传的文化财富,也是我们发展先进文化的精神资源与民族根基,说到底,是国家、民族生存和发展的内在动力。因此,促进民族民间传统文化的保护、继承和发展,推进中国特色社会主义文化建设,是每一个炎黄子孙的历史责任。

作为一个多年关注山西民俗的文化工作者,笔者不揣浅陋,试图从山西民俗文化资源的特色与现状出发,从非物质文化遗产保护工程和建设山西文化强省的战略着眼,对山西民俗文化资源和相关保护项目谈点看法和建议。

一、山西民俗文化资源的特色

民俗作为一种社会文化现象,往往以最初始、最广泛的形态,具体而深刻地反映社会物质生产水平、生活方式和思想意识、精神心理状况。山西民俗是黄河区域文化乃至华夏文化的重要组成部分,并在整个黄河流域具有不容忽视的代表性和典型意义,在中国文化史和社会发展史中占据着特殊重要的地位。

1. 山西民俗植根于深厚的黄河文化土壤之中,它以汉文化为主体,同时与北方少数民族的游牧文化乃至西域文化相融合,具有多民族融合、多元文化兼容并蓄的特色。

我国旧石器时代文化一般分为两大发展系统,一是"河——丁村系",另一是"周口店第一地点——峙峪系",这两个系统分布很广,基本上涵括黄河流域,后来发现的内蒙古伊克昭盟"河套人"和呼和浩特东部的"大窑文化"也分属于上述两个文化系统。这说明,我国北方地区与中原地区的文化发展有着千丝万缕的联系,而山西正处在这两个文化系统的中心地带。中国旧石器时代文化编年和文化传统所依据的典型遗址大部分出自山西。新石器时代,山西南部属于"中原古文化"的重要组成部分,而山西北部又是"北方古文化"的一个组成部分。远古传说和先秦典籍中的大量记载,证明自黄帝以来,山西境内的多民族之间已形成了互相依存、互相融合的血肉关系。

中国历史上最具划时代意义的民族民间文化交流融合事件,就是发生在山西并影响全国的赵武灵王(公元前325~公元前299年)推行"胡服骑射"改革。赵武灵王以北方游牧民族之所长"以教百姓",以骑代车,以靴代履,以胡服代裘裳,以左衽代右衽,对社会风俗的变化产生深远的影响。以至《汉书》说:"钟代石北,民俗懻忮,好气为奸,不事农商。自全晋时,已患其剽悍,而武灵王又益厉之,故冀州之部,盗贼常为它州剧,定襄、云中、五原,颇有赵齐卫楚之风,其民鄙朴,少礼文,好射猎。雁门亦同俗,于天文别属燕。"北方少数民族的游牧、狩猎习俗对山西北部地区的风俗造成很大影响，很长时间内与山西南部崇雅尚文的风气形成反差，故《通典》说“山西土瘠，其人勤俭，而河东魏晋以降，文学盛兴，闾井之间，习于成法。并州近狄，俗尚武艺，左右山河，古称重镇，寄任者，必文武兼资焉。”

魏晋南北朝长达四百年的分裂和动乱，形成了我国历史上持续时间最长、波及范围最广的一次动荡时期。军阀割据混战、少数民族大规模内迁和频繁的政权易代，是这一动荡时期的特点。然而，这段动乱和分裂过程的完结，留下来的真正的历史遗产则是民族的进步和各民族之间的融合。山西是这一全过程中各种力量、各种政权角逐聚合的交汇地，山西成为华夏多民族融合的文化基地和历史舞台，北方各民族在政治、经济、文化思想以及社会风俗习惯等方面从此基本融为一体。表现在社会风俗方面，一是各民族居住区域被打破，民族杂居和交往影响到社会生活各个层面；二是佛教文化传入并被统治者推崇，儒、道、释多种民族宗教信仰并存，山西成为北方佛教传播中心；三是各民族风俗习惯逐渐趋同于汉化，多民族各自扬弃，取长补短，熔于一炉，使华夏民族更加风采多姿。

山西民俗文化资源中，多民族融合的历史文化遗产具有特殊的文化和经济价值，如晋北半农半牧性质的社会习俗中长期形成的牲畜交易文化形态（如茶马交易、五台山骡马大会）、饮食文化形态（如烤羊肉、涮火锅、羊油茶、酸捞饭等）、游艺竞技文化形态（如河曲民歌、二人台、北路梆子、忻州摔跤、文武高跷等）以及由多种民族宗教信仰交融而形成的云冈石窟文化艺术和五台山庙堂音乐等，都是独特的民俗文化珍贵财富。

2. 山西民俗以农业生产为渊源，具有浓郁的农耕文化特色。山西的物质经济习俗、社会信仰习俗、岁时节日习俗乃至游艺竞技习俗等，都与农耕文化有着明显的渊源关系，甚至是直接源于农业生产活动而产生而发展的。

山西有着悠久而辉煌的农业发展史，尧、舜、商都发迹于此，是人所皆知的大夏之墟。考古证明，春秋时期晋国的社会经济已从锄耕农业发展至犁耕农业，走在各国的前面。晋国长期与戎狄为邻，形成了农业与畜牧业并兴的经济特色，是中国牛耕的发源地之一。李悝变法实行“尽地力之教”的农作方法，使山西农业至秦汉时一直在全国居于领先水平，并助长了手工业和商业的发展。隋唐以后，山西农业发展的规模和区域不断扩大，带动了漕运、水利的发展和人口的增长。五代时，山西北部农业经济实施保护和开发政策，以致“山北甚安，诸藩不相侵扰。雁门以北，东西数千里，斗粟不过十钱”（《旧五代史》卷38）。宋辽金元时，虽然历代战争给农业经济曾造成破坏，但统治者重视农业并实行各种屯垦政策，形势稍获喘息便大力发展农业和畜牧业。明代，明太祖、明成祖都是懂得重视农业、爱惜民力的创业君主，明代大力开展民屯、军屯、商屯以及大规模移民屯垦，不仅有益当时的边防和农业经济，还直接刺激了商业、手工业的迅速发展。

历代农业生产的进步，形成了山西社会风俗的农耕文化特色。比如，农业生产工具的发展导致生产习俗的变化，从木制耒耜到青铜铲，从石犁到铁犁，从人力耕作到牛马耕作，从粗放播种到耧车作业，以及休耕轮作、绿肥养田、穿渠引水、垦田养畜、仓储囤积、农桑并重、五谷相辅，等等。农业生产习俗不仅表现在诸如春耕、种植、收割、储存等各个生产环节之中，也深刻影响着人们日常生活的衣食住行、村落社区、家族家庭、人生仪礼和信仰禁忌等方方面面，并在岁时节日、社火游艺中有着强烈的反映。岁时节日本身就是围绕农业生产活动而形成的，社火游艺中的诸多表演形式又恰恰源于古老的农业祭祀活动。

民间艺术具有强烈的情感和意念的内涵，人类文化学者通常称之为表意文化。这种表意文化之所以能够存在并显示其特殊魅力，就在于它的民族性，在于它所包含甚至依赖的区域人群中“约定俗成”的文化心理和习俗行为模式。

谈到民间文化，人们自然而然地会关注民歌、舞蹈、锣鼓、戏曲、美术、雕刻等民间艺术形式，其实这些民间艺术的文化直根就萌生于农业生产的古老风俗之中。比如秧歌，经过千百年演变发展，最终从田间地头登上了舞台，由原始巫术仪式向社火娱乐渐变，由俗向雅渐变，在山西甚至发展为曾经长期生存的56种地方戏曲。又如绘画，从窑洞的窗花剪纸、火炕墙围，到村社的彩灯刺绣、门神年画，逐步从僻乡野村迈入艺术殿堂，由简到繁，由低级到高级，至今已形成各具特色的民间艺术形式。比如社火，百姓在农闲时节或农事节令、岁时节日中创造的酬神娱神、祈愿祭祀、庆贺欢娱和展示技能、呈强斗胜的活动，在千年传承中，汰劣存优，世代相沿，至今已成为群众喜闻乐见、内容极其丰富、形式活泼多样的民间游艺风俗和艺术表演形式。

山西农业文明史构成了山西社会经济发展史的主线，给山西民俗烙下了农耕文化的深刻印记。山西民俗文化资源中具有农耕特色的文化遗产极为丰富多彩，有着相当高的保护价值。如山西农耕生产工具，在中华文化乃至世界文化中有着别具一格的民族色彩，它是认识人类历史文化发展的一把金钥匙。早在20世纪80年代，襄汾丁村民俗博物馆就意识到农业生产工具对社会经济乃至思想文化发展的重要意义，曾致力于农具的收集整理工作，囿于经费和当时人们的认识，此项工程尚未形成应有的规模和影响。如围绕农业生产而产生并延续千年的打春牛、乞雨习俗，衍变出诸多极具地方特色的民俗事象（如匼河二月二背冰亮膘风俗，各地相关的庙会和民间社火风俗等）。如岁时节日中，起源并流行于山西地区的填仓节和源于太原地区的寒食节，各有着丰富的文化内涵和独特的风俗事象，具有重要的保护和开发价值。如秧歌小戏，人们多关注其现有的表现形态，并普遍把它们划归舞台表演艺术的范畴，对其原生态的文化内涵关注不够，因而对其文化价值的认识和评估存在偏颇，需要从更深的文化层次上去保护和开发。

3. 敦厚善良、勤勉朴实的民风，持重而不甘落后，节俭而善于经营，尊崇礼仪，讲求信义，构成山西民俗典型的性格特征。

在古代传说中，山西南部是尧、舜、禹及夏商民族领袖活动的地方，尧都平阳、舜都蒲坂、禹都安邑，民间口碑，言之凿凿。山西有许多关于他们活动的遗迹和后人为纪念他们而建的庙宇，千百年来，祭祀活动经久不衰。古代圣贤禅让贤能、耕读治家的传统深深地影响着他们的后代。《诗·传》说："唐风土脊民贫，勤俭质朴，忧深思远，有尧之遗风焉。魏地狭隘，民俗俭啬，盖有圣贤之遗风焉。"郑康成《诗说》说："昔舜耕历山，陶河滨，禹菲饮食，恶衣服，卑宫室，此俭约之化，于今犹存。"关于山西民敦厚朴、士守礼仪、勤农向学、节财俭啬的记载不绝于史。如今山西民居中仍然延续着在门额上题写"耕读传家"、"勤俭持家"、"稼穑维宝"、"葶野遗风"、"笃信礼仪"等文字的风俗。在民间家教、家训中亦历来重视对勤俭、诚信、谦和、礼义的教育。唐代山西三大家族闻喜裴氏、河津薛氏、太原王氏以及历代名人望族，其家训和家风中一贯重视勤勉诚信的人格修养，代代相沿。更多的民间百姓则言传身教，子孙相袭，在日常生活细节之中渗透着勤勉节俭的习俗心理和行为。

山西人的饮食和服饰，流行简约朴实的风俗习惯。如饮食，受物质条件所限，不甚重视菜肴，长期以五谷杂粮为主。家庭主妇们倾情于五谷杂粮的花样翻新，粗粮细做，极大地丰富了山西饮食文化，并为其构筑了面食文化的品牌标识。山西面食文化中最令人叹为观止的是晋中面食和晋南、晋北的花馍。而遍种全境的马铃薯（俗称山药蛋）在山西人手中能够制成一百多种风味各异的饭菜，山西不愧为举世无双的山药蛋饮食文化帝国。

山西民风历来重商善贾，尤明清两朝，重商之风蔓延全晋。其历史原因且不赘述，仅以山西的民风性格而言，不仅具有中原文化崇礼义、重教化、讲信义、勤劳俭朴的特征，而且还具有北方少数民族骁勇豪爽、刚毅自强、吃苦耐劳、勇于开创的精神，所有这些，都为晋商注入了厚重的文化积淀，使得晋商在兴起之初就以勤俭为根本，在商业实践中既保持沉稳慎重的性格和礼义诚信的品德，又注重兼容并蓄、顺时应变、革新除弊的精神。流传在山西民间大量的谣谚俚语，也从一个角度反映了山西人重商善贾的社会风尚。如今屹立在三晋大地上众多的晋商宅院和古朴之风犹存的明清街铺字号，不仅是研究晋商文化的生动资料，也是弥足珍贵的山西民俗文化资源。

4. 山西民俗长期处于地理封闭与交流滞缓的生存状态，许多悠久的风俗得以稳固地续递传承，民俗事象有着浓厚的历史文化积淀，具有强烈的民族凝聚力，同时也具有不易变革的弱点。

山西民俗，历史漫长。自黄河流域进入新石器时代的仰韶文化算起，距今也有7000多年的历史了。经过夏、商、周的更迭，山西民俗已具有了原始民俗的雏形。春秋百国乱，秦汉统一中国，黄河流域率先进入封建社会，从此，山西民俗即染上了浓重的封建色彩，并成为黄河流域传统民俗的典型代表。

民俗的历史传承贯穿于各个历史时期，然而，民俗的发展并不与朝代的更迭和社会形态的变革同步。简而言之，民众百姓的生活习惯并不会随着社会制度的演变而立即改变。山西地理环境特点和文化交流状况是山西民俗延续发展的黏合剂。山西民俗具有典型的稳固持续性特征。在山西境内独立发展起来的民俗文化，其发展极其缓慢，有的持续千年而变化甚微。这一特点虽然说在许多方面增加了山西民俗文化独特的魅力，同时也给人们带来诸如移风易俗、建设和发展社会精神文明的众多课题。

山西民俗文化资源中，长期传承并具有研究、保护和开发价值的民俗事象极其丰富。概而数之有：淳朴崇礼、俭约稳重的民风性格；珍惜土地、巧于经营的农业生产习俗；爱护树木、植树造林的林业习俗；重视牲畜、善于养殖的畜牧习俗；因地制宜、工艺独特的手工业习俗；诚信为本、儒贾相通的商业习俗；遍布乡村、繁荣兴旺的集市庙会；古朴典雅、特色鲜明的市商标志；简约多样、味形兼丰的饮食习俗；毕生营筑、遗泽子孙的居住习俗；穷家富路、驴乘车载的行旅习俗；择地而聚、邻里相安的村落习俗；瓜迭果累、多子多福的生育习俗；讲求礼仪、喜庆热闹的婚嫁习俗；祥和热烈、趋吉避凶的岁时节日习俗；呈强斗胜、健康活泼的游艺竞技；内涵丰富、动人心魄的传说谣谚；异彩纷呈、流播深远、极具亲和力的社火小戏，等等。

山西民俗事象中也存在一些需要改革的陈规陋习，比如：繁琐冗杂的丧葬习俗和送死重于奉生的观念，以及至今普遍存在的土葬风习；封建迷信的祭鬼神、祭亡灵习俗；广大城乡中赌博的恶习；一些农村中买卖婚姻和冥婚的现象；民间信仰中遗留的打卦算命、看风水习俗，等等。

二、山西民俗文化资源的现状

山西民俗文化资源是山西人祖祖辈辈创造、发展并延续至今的文化宝藏，倍受世人瞩目，亦历来为山西人引以为豪。尽管官方与民间不乏有识之士，他们为保护和发展山西民俗文化资源做出了巨大的努力，可谓功德无量，然而，从整体上看，山西民俗文化资源的现状却不能令人乐观。

1. 山西民俗与社会经济、文化挂钩，一些文化资源得到保护和开发

新中国成立以来，特别是近20年来，山西民俗文化资源越来越受到人们关注，各级政府和文化单位做了许多成效斐然的工作，部分民俗文化资源得到保护和开发。

一是山西民间文化艺术活动逐步繁荣，许多民俗事象得到不同程度的恢复和保护，如民歌、地方小戏、锣鼓、社火以及剪纸、刺绣、雕刻等，通过各级文化部门的挖掘、推广，至今在民众生活中充满生机。如山西省歌舞剧院以民俗文化为背景编创演出的黄河系列歌舞，山西艺术职业学院享誉全国的音乐舞蹈剧《一把酸枣》等，都是这个时期的文化艺术精品。

二是社会科学领域对山西民俗文化资源进行收集、整理，开展调查研究，加上20世纪80年代兴起的新编地方志工作，涌现了一批有价值、有份量的学术论文、学术专著和民俗文化图书（包括大量的民俗志）、画册、影视作品等。山西民俗的历史价值、文化价值和审美价值日益被人重视。

三是一部分民俗文化资源得到初步开发利用，并与旅游、饮食服

务等产业结合，在社会经济发展和产业结构调整、产业文化建设等方面发挥着明显作用。如晋中市挖掘当地民俗文化资源，创办各种文化节日、会展，有力地推动了旅游产业和地方经济发展。又如城乡饮食服务企业打造民俗文化品牌、创建民俗风味系列饭店酒楼、发展农家乐食宿服务等，取得了显著的社会、经济效益。

四是近年来保护非物质文化遗产的呼声日益强烈，全国上下普遍关注。2003 年 1 月，文化部成立了中国民族民间文化保护工程领导组和专家组，标志着我国具有历史文化和科学价值的民族民间文化遗产将从此面临新生。山西省由省委宣传部牵头成立了山西省建设文化强省规划研究中心，2005 年省文化厅又成立了山西省非物质文化保护中心，各相关部门和机构也逐步开展了保护民间文化的工作，可以说，山西民俗文化资源的保护和开发工作面临着前所未有的历史机遇。

2. 山西民俗受到现代文明的冲击，许多传统文化资源面临生存危机

山西是历史文化资源大省，尤其是文物资源和旅游资源，长期以来被人们津津乐道，如数家珍。但是，当今世界日益明显的全球化趋势，使文化在竞争中的地位和作用越来越突出。经济全球化带来文化交流日益频繁，这种交流一方面促进了世界各民族彼此间的沟通和尊重，另一方面又成为一些西方发达国家传播西方价值观、企图引领世界文化潮流的借口和机会，对许多发展中国家的民族传统文化造成严重的冲击，很多国家民族传统文化艺术的民族特色逐渐丧失，有的甚至渐趋消亡。在这样的国际背景下，山西民俗文化的民族特色也必然会受到严重的冲击，许多民歌、舞蹈、戏剧、曲艺的地方特色被发达的文化传播媒介和西方的摇滚劲舞淹没，许多传统手工艺被先进的科技手段所替代，许多传统饮食和风味小吃习俗被潮涌而来的西方快餐文化冲淡，许多富含民族民间传统文化的建筑被城市改造而拆毁，等等。山西民俗文化的多样性和丰富性受到严重的威胁。

山西民俗文化资源也面临相同的命运，如山西民俗中的岁时节

日，是中华文明的重要组成部分，既有科学性，又有文化内涵；既有广泛的审美价值，又有强烈的教化作用。但是，许多传统的民族文化节日已逐渐被人们淡忘，尤其是年轻一代，很少有人愿意学习和保持本民族的民间传统文化，祖祖辈辈传承下来的优秀文化艺术、民间传统工艺渐渐被人遗忘，民族民间文化的生存土壤日趋缩小。

3. 山西民俗的发展，缺乏整体文化意识和文化责任感，许多文化资源面临流失

自然生态遭受破坏的严重后果，人们比较容易认识，因为它是可以感受和量化的。文化生态的破坏是无形的，虽然它对人类文明生产的危害甚于自然生态的破坏，却是人们容易忽视的。

如果把山西民俗文化资源划分为物质与非物质两大类，那么，物质类器物分散存留或流传于民间，它们是中华文化的重要组成部分，最能体现民族民间文化的特色。其中，许多有代表性的文物、工艺品和文化实物，由于岁月的流逝和种种劫难，本来就传世不多。近年来，一些国家和地区的有关机构和个人通过各种渠道私下收购、倒卖，使山西民俗文化资源大量流失。在山西许多地方，有着专门从事文物交易的专业户、专业村，他们多年来走村串户收购文化器物，每年以惊人的数量向外倒卖。笔者曾考察过几个隶属不同市县的村庄，仅其中一个村庄每年就向某沿海城市的一个商贩倒卖文化器物达数十万元。虽然当地政府和文化主管部门做了大量保护工作，但由于缺少相关的法律法规，缺少懂行的专门人才，缺少强有力的管理手段，缺少必要的经费支撑，使得山西一些地方的民族民间文化资源的流失愈演愈烈。

山西民俗文化资源严重流失的另一个不容忽视的现状是，许多文化习俗的传承后继乏人，一些传统工艺和民间艺术面临灭绝，许多属于口传心授的独门绝技，因人而存，人绝而亡。如祁太秧歌中的部分曲调和剧目已经流失，传统民间社火表演中的徐沟背棍制作技术后继无人，昔阳迓鼓和拉话濒临失传，孝义皮影的制作与表演面临传承危机，等等。山西民俗中许多具有本土文化特色的岁时节日风俗

也濒临消逝，如源于太原地区的传统节日寒食节，人们已淡忘了它的历史内涵，甚至于有人把寒食节与端午节混为一谈。又如填仓节，年轻人几乎不知道它产生于山西而渊源于农耕文化，更不知道它有着丰富而独特的文化内容。

由于缺乏本土文化保护意识，更缺乏对文化遗产保护精神的认识，山西一些民俗文化资源在被他人注册或买断后，逐渐蜕变为一种纯商业行为。比如，晋南锣鼓中几种具有代表性的鼓种，已被沿海某城市某企业集团买断为自己的独家专利，山西人使用时还需经过别人同意；一些土生土长的民间文化形态也逐步被外人"承包"，很快改籍易姓，成为获取物质利益的手段；许多本来原汁原味的民间艺术正在丧失真实的面貌，被强行注入毫不相关的文化元素，沦为一种伪文化、伪民俗。长此下去，这种资源的流失和文化的尴尬会延及更多的领域。

同所有民族文化、地域文化一样，山西民俗文化资源的生命力在于其原生态性、地域性和特有的传承性。当这些特征丧失后，原有的文化形态必死无疑。保护文化资源的真谛必然是认识、尊重甚至是敬畏这些特征。可惜有些官员和专家并不关注这种民间文化的生命之源，不愿意深入民间做真切的田野调查工作，不愿意遵循民间文化存亡、发展的客观规律办事，甚至为了追求政绩和经济利益而自觉不自觉地毁掉一个又一个无可挽回的珍宝。

从宏观的眼光看，民族文化遗产是全人类共同享用的精神财富。但是，民族文化遗产同时又是这个民族的文化符号，是某个民族区别于其他民族的标记，是某个民族赖于生存与发展的精神根据。据资源显示，突尼斯、丹麦、罗马尼亚、俄罗斯、津巴布韦、瑞士、斯洛文尼亚、日本、韩国、北欧、加拿大、阿根廷、法国等国家和地区在保护本民族传统文化方面已取得了比较成功的经验。在全球日益发展的民族文化遗产保护潮流中，我们只有提高本民族文化意识和文化责任感，着力于本民族文化遗产的保护工作，才可能把挑战变成机遇，才可能实现全面建设和谐社会和发展中华文化的目标。

三、民俗文化资源保护是一项艰巨的社会系统工程

民俗文化资源保护是非物质文化保护工作中极为重要并具典型意义的组成部分，民俗文化渗透在非物质文化的方方面面，它既具有鲜明而生动的民族特性，又最具社会性和民间性，与民族民间文化血肉相连，难舍难分，从某种意义上讲，民俗文化资源得到较充分的保护和利用之时，就是非物质文化保护工作接近成功之日。

民俗文化资源保护是整个社会的事情，需要人人关心支持，需要方方面面协调配合。山西民俗资源保护工作，从大的方面讲，应做好四个结合。

1. 政府主导与社会参与相结合

这是实施文化保护工程的重要原则。中国非物质文化保护工作，得到了党中央和国务院的高度重视，全国人大教科文卫委员会、法制工作委员会、财政部、国家民委、中国文联等部门都密切配合，给予切实支持，各省、市、自治区亦纷纷成立相应的机构开展具体的工作。山西民俗文化资源的保护工作，离不开省委、省人大、省政府的支持，离不开各地市县政府的支持。其中，重要的一条是各级财政部门的支持，申报国家支持并列入计划的项目，也需要申报试点的当地政府给予财政补充。

相关产业尤其是文物、旅游、饮食服务等部门要积极参与，把保护工作列入产业文化建设的重要议事日程，各文化单位、宣传部门、新闻媒体应相互通气，经常召开联席会议，针对一批文化保护具体项目协调作战。文化系统每年有许多文化工程，这些工程与非物质文化保护有着内在的联系，要把文化保护工程与其他重点文化建设项目的实施结合起来，动员社会各方面的力量共同参与保护工程的实施，尤其是注意整合社会资源，不重复操作，不浪费财力和人力，更要

避免互相抵牾和内耗。

2. 长远规划与优先抢救相结合

山西民俗文化资源极为丰富，保护工程千头万绪，省文化厅已开始组织专家对全省的文化资源调查研究，进行分区分片的试点申报工作，对各地申报的文化抢救项目集中讨论、筛选和甄别。从全省的角度制定出一套保护工程规划和整理出一部文化遗产目录，十分必要，将全省范围内处于濒临绝境的事项列入优先抢救项目，及时实施抢救和保护，更显得十分紧迫。

通过优先保护和抢救试点项目的实施，积累经验，以推动全面的保护工作。从山西民俗文化资源丰富多样的实际出发，除了遴选有特色和有代表性的保护项目申报全国试点之外，更多暂时不能列入国家保护的文化项目，也要根据项目的文化价值和财力状况，逐步在省内进行规划和实施。

3. 宣传教育与立法保障相结合

文化宣传部门包括各新闻媒体单位，要加大对非物质文化保护工作的宣传力度，培养全社会对文化保护的参与意识，不仅要让人们懂得保护工作的深远意义，还让人们熟知山西省的民族民间文化资源，普及文化保护的知识，努力形成保护民族民间文化的社会环境和舆论氛围。

近年来，《中华人民共和国非物质文化遗产保护法》可望出台，云南、贵州等省已颁布了民间传统文化保护条例，广西、浙江等省、区、市早已抓紧研究制定相应法规。作为文化资源大省的山西，制定相关法规的紧迫性和必要性不言而喻。省委、省人大、省人民政府应迅速着手进行山西省非物质文化遗产保护法规的立法调研和起草工作，从而使山西省非物质文化保护工作纳入法制领域，获得法律的保障。

4. 保护抢救与利用发展相结合

非物质文化保护工作实行保护为主、抢救第一、合理利用、继承发展的方针，保护和抢救是文化保护工作的立足点，符合当前民间传统文化亟待抢救和保护的现实。同时还应该看到，非物质文化作为无形文化遗产，只有在现实生活中才能流传和发展，合理利用和继承发展，既可以扩大保护工作的影响力和吸引力，又可以满足人民群众日益增长的精神文化需求，是一举两得、一举多得的事。

山西民俗文化资源的保护抢救和利用发展，各级政府是比较重视的，成绩有目共睹。以晋中市为例。民俗文化资源的保护和利用已成为推动当地社会经济可持续发展的重要举措，成为当地旅游产业的一个文化亮点，其成功的经验值得借鉴。同时，我们也应充分注意到，非物质文化保护工作并非单纯为了市场利益，更忌讳领导与专家过分的热情与指手画脚，别让许多原生态的文化遗产在我们手中变质变味，成为"伪文化"、"伪民俗"。

在普查工作中感觉到，许多具有重要历史文化价值和审美价值的文化遗产还有待于人们进一步认识与评价，抢救和保护工作的责任性、科学性与奉献精神还有待于进一步提高与升华，许多口传心授的传统习俗和民间绝技还需从保护传承人切身利益做起。

总之，山西民俗文化是中华民族传统文化中一枝绚丽的奇葩，山西民俗文化资源保护和利用是非物质文化保护工作的重要课题，路漫漫其修远兮，愿全社会都为保护非物质文化遗产不懈努力，用汗水与笑容去迎接中华文化的世纪复兴。

区域文化与统一战线

以文化为载体，发挥统一战线作用，促进社会全面发展

——以吉林文化为例

白树海　潘　越

白树海：男，吉林省社会主义学院副院长

潘　越：女，吉林省社会主义学院讲师

美国著名学者、哈佛大学教授塞缪尔·亨廷顿，在他的书中曾举过这样一个例子：他在研究韩国和加纳的经济统计数据时，惊讶地发现，这两个国家在20世纪60年代的经济水平十分相似。两个国家的人均国民生产总值大致相等；在经济结构上，初级产品、制造业和服务业所占的比例相近；就连两个国家所接受的经济援助水平也差不多相等。但是30年后，两个国家却出现了巨大的差距：韩国成为一个工业巨人，经济水平名列世界第14位，拥有一些世界知名的跨国公司，大量出口汽车、电子设备和其他高级制成品，人均收入接近希腊的水平。而加纳却没有发生这样的变化，它的人均国民生产总值仅相当于韩国的1/14。发展速度如此悬殊，原因应该很多，亨廷顿认为，文化是一个重要原因。韩国处于中华文化圈，崇尚儒家文化，韩国人提倡节俭、勤奋、组织和纪律，而加纳文化却不同。

2003年12月10日，温家宝总理在美国哈佛大学做了题为“把目光投向中国”的著名演讲，他说，“进入21世纪，人类面临的经济和社会问题更加复杂。文化因素将在新的世纪里发挥更加重要的作用”。

美国另一位知名学者尼尔·莫伊尼汉曾说：“保守地说，对一个

社会的成功起决定作用的，是文化，而不是政治。”文化是一个民族，一个国家综合国力极为重要的部分。因为，文化不仅以自己特有的方式影响和作用于经济和政治，而且，它在人类文明发展的长河中，横向可以发挥传播和交流的作用，纵向可以发挥传承和创新的作用。❶ 所以，许嘉璐说，“文化是国家和民族的标志和灵魂”、“国家间的关系究其根本，是文化间的关系。”❷

一、文化、中华文化、地域文化及统一战线的文化内涵

文化是一个大概念，是统称。中华文化、地域文化是主流与支流的关系，它们之间相互包含、相互渗透、相互制约、相互促进。从字面上看，统一战线似乎与这几个“文化”概念没有任何关系，不过，中华文化的精华是统一战线的“文化营养”。统一战线的主题又是大团结、大联合，其根本任务就是争取人心、凝聚力量，而这正是文化的作用所在。

（一）文化、中华文化与地域文化

1. 文化含义

“文化”（culture）这个概念，在中国古已有之。最初，“文”与“化”是分开的。文，指各色交错的纹理。化，本义指改易、生成、造化。“文”与“化”并联在一起使用，见于战国时的《易传》：“观乎人文，以化成天下。”这里“文化”，就是“以文教化”。

文化作为一个独立的概念被提出来，是在19世纪。之后，各个文化学派提出了各种各样的“文化”定义。有人统计过，关于“文化”的概念，已有二百多种。如魏斯莱（Wissler）认为：“文化是一民族生活的形式”；乌格朋（Ogburn）说：“文化即社会之遗业”；爱尔华（Ell-

---

❶ 周积明：《文化与文化史》，郭莹主编《中国文化讲习录》，北京大学出版社2008年版，第11页。

❷ 许嘉璐：《中化文化的过去、现在和未来》，《文史哲》2004年第2期。

wood)提出:“文化是一种学习的过程,或器具造制度的过程”。[1]

英国文化人类学家爱德华·泰勒在1871年所著的《原始文化》一书中,第一次把文化作为中心概念提出来,并作了这样的界定:“文化或文明从一种广泛的人种学的意义上是一个复杂的整体,它包括知识、信仰、道德、法律、习俗以及其他所有人作为社会成员所获得的一切能力和习惯。”[2]

《现代汉语规范词典》对“文化”的解释是:①人类在社会历史发展过程中所创造的物质财富和精神财富的总和;②运用语言文字的能力和一般的知识;③特指某一领域或某一范畴体现的思想、观念、道德和行为规范以及风俗习惯等;④考古学指同一历史时期的不依分布地点为转移的遗迹、遗物的综合体。

当代著名哲学家张岱年先生指出:“文化有广义、狭义之分。狭义的文化专指文学艺术。最广义的文化指人类在社会生活中所创造的一切,包括物质生产和精神生产的全部内容。次广义的文化指与经济、政治有别的全部精神生活的成果。我们一般把社会生活分作三个方面,一是经济,二是政治,三是文化。”[3]

关于文化的结构,有人主张物质文化与精神文化两分说,也有主张物质、制度、精神三层次说的。费孝通先生认为,文化包含三个层次:第一个层次是器物层次,第二个层次是组织层次,第三个层次是价值观念层次。实际上,文化的分层是相对的,文化的各层次是相互渗透的。

通常,一般的文化概念,是指“观念形态”。毛泽东曾说,“一定的文化是一定社会的政治和经济在观念形态上的反映”,这里的“文化”,就是指观念形态。

最狭义的文化概念是“知识说”,也就是指人类精神生活成果的

[1] 转引自金耀基:《从传统到现代》,中国人民大学出版社1999年版,第171页。

[2] 转引自李道湘、王志功等著:《选择与建构——中国传统文化与有中国特色社会主义文化建设》,开明出版社2000年版,第4~5页。

[3] 《文明中国》,见倪健中主编《国是论衡》,中国社会出版社1996年版,第39页。

精华，这就是知识。[1]

不管概念如何，“文化”确实是一个复杂体，是“一个社会所表现的一切生活活动的总名”，它既包括有形的物质东西，如衣服、建筑、汽车，也包括无形的精神东西，如知识、宗教、艺术、道德等，同时，文化还应该囊括制度方面的内容。

“文化作为人类生活最深层的东西，是人的活动及文明成果在历史长河中自觉地积淀和凝结的结果。”而且，文化作为稳定的生存方式一旦生成，它对于置身于这一文化之中的主体，也就是人的生存就具有决定性的制约作用。它像血脉一样构成人的存在的灵魂，并对经济发展和社会变迁产生广泛而深远的影响。

2. 中华文化与地域文化

梁漱溟在《东西文化及其哲学》中谈到：“文化是什么东西呢？不过是那一民族生活的样法罢了。”[2]

文化是构成一个民族的基本因素，每个民族都有自己的文化，并且每个民族的文化又都具有与别的民族文化不同的特点。可以说，文化是一个民族生存和发展的灵魂和血脉，也是一个民族的精神记忆和精神家园，体现了民族的认同感、归属感，反映了民族的生命力、凝聚力。民族文化是长期积淀的结果，代表了一个民族的深厚底蕴，是一个民族区别于其他民族的文化特征。

关于中华文化，南京大学历史系胡阿祥教授认为，“‘中华文化’的关键是‘中华’。简而言之，中华一词起源于公元3世纪的魏晋时期，是先秦时期就已出现的‘中国’与‘华夏’两词的合称。而无论是中国、华夏还是中华，都具有地理中心、文化传统、汉族主体等多重含义，其中文化又是最重要的，……可以认为，文化意义上的中华，好像一只容器，有容乃大；好像一块磁铁，吸附周边。李斯在《谏逐客书》

---

[1] 周积明：《文化与文化史》，郭莹主编《中国文化讲习录》，北京大学出版社2008年版，第4页。

[2] 梁漱溟：《东西文化及其哲学》，上海商务印书馆，1922年版，第24页。转引自李道湘、王志功等著《选择与建构——中国传统文化与有中国特色社会主义文化建设》，开明出版社2000年版，第7页。

中说：‘泰山不让土壤，故能成其大；河海不择细流，故能就其深，’以这两句话来理解中华传统文化，是非常形象的。”[1]

中华文化是中华民族在形成、发展的历史进程中所创造的民族文化的总和。中华文化与古埃及文化、古印度文化、古巴比伦文化，被称为四大古老文化，现在，除了中华文化，其他三大文化都早已衰落。五千年的中华文化虽历经磨难，却绵延不绝，是世界文明史上唯一没有中断的文化，这也说明了中华文化的强大生命力和超常稳定性。在中国五千年漫长的历史长河中，中华儿女繁衍生息，以其独特的智慧不断积淀，并创造出亘古不绝、一脉相承的灿烂文化，凝聚了中华民族千百年来的民族精神、道德规范、审美趣味、创造才能、思维方式和理想追求。

20世纪80年代，著名学者费孝通先生提出了中华民族“多元一体”说，“应当理解为文化多元和政治一体的关系，政治上的单一中华民族已经形成，而文化上的中华民族只能是多元主义的”，[2]中国自古就是一个多民族的国家，国内各民族都有自己独特的民族文化，因而也是多民族多元文化的国家。在中国数千年发展过程中，国内各民族相互影响，相互交流，形成你中有我、我中有你的难以分割的关系。这就是通常所说的地域文化，“地域文化是在一个相对稳定的环境中，在一个相当长的历史时期中逐步孕育和形成的”，“在同一个国家，不同的自然地理环境、人文因素及历史发展进程形成互为区别的地域文化。”

一般地说，一个独特的文化模式必有一个独特的区域经济与之相适应。

地域文化和区域经济是密不可分的，它们之间相互包含、相互渗透、相互制约、相互促进。“区域经济的发展，对地域文化的形成与发展起支撑的基础性作用，不同的区域经济孕育出不同的地域文化。

---

[1] 胡阿祥：《中华文化及其演变与传承》，《江苏行政学院学报》2006年第3期。

[2] 转引自周伟洲：《中华文化与中华民族共有精神家园的建设》，《民族研究》2008年第4期。

同时，一个地方传统的地域文化是经历了数百年，甚至数千年，经历了一代又一代的公共选择后，所最终积淀在这个地区和民族的血液里、构成这个地区社群特色和民族特质的文化底色。”[1]这种底色异常强大而且稳定，必然对区域经济的发展产生巨大的反作用。同一经济政策在不同区域实施，绩效会有很大的不同，这正是地域文化的作用与影响所致。所以，在现代进程中，文化与经济是相互融合、一体化发展的，因为，经济活动都是在一定文化环境中的活动和过程，经济活动的主体就是具有文化素质的人。

(二)统一战线的文化内涵

中华文化是中华民族每一分子的“底色”，它积淀在每一个华夏儿女的血液中，它也是统一战线的“文化营养”。

统一战线是马克思主义与中国国情相结合的产物，也是中国共产党人吸收了中华传统文化精华的结果。中华文化中的大一统思想、和合精神、尚中庸的包容态度和求同存异的原则等内容，正是统一战线的文化渊源。

1. 大一统思想

英国著名历史学家汤因比曾说：“就中国人来说，几千年来，比世界任何民族都成功地把几亿民众，从政治、文化上团结起来。他们显示这种政治、文化上统一的本领，具有无与伦比的经验。”[2]

在中华传统文化中，自古就有天下一家的大一统思想。“大一统”即“天下一统”之意。“大一统”作为中华民族的共同理想，深深影响着中国人的思想观念和行为操守。无论帝王将相，还是平民百姓，都有追求国家统一的心理特质。统一战线倡导的爱国主义、维护国家统一的理念及和衷共济的价值取向都是“大一统”思想的充分体现。

大一统思想虽在早期儒家中已经存在，但经过董仲舒之手而达

[1] 徐李全：《地域文化与区域经济发展》，《江西财经大学学报》2005 年第 2 期。

[2] 苟春生译：《展望二十一世纪——汤因比与池田大作对话录》，国际文化出版社 1985 年版，294 页。转引自孔祥文、栾雪飞《中国传统文化的特质及凝聚力》，《高校理论战线》2007 年第 9 期。

到极至。他说:“春秋大一统者,天地之常经,古今之通谊也。今师异道,人异论,百家殊方,指意不同,是以上亡以持一统;法制数变,下不知所守。”所以,“诸不在六艺之科孔子之术者,皆绝其道,勿使并进”。这就是有名的“罢黜百家,独尊儒术”。

在我国几千年漫长的历史中,国内诸民族经历了战和更替、迁徙融合,始终能够达到统一的境界,根本原因就是国家统一的理念渗透于中华民族每一分子的血液中。儒家学说从精神层面上统一了人们的思想,形成了中国人的思维观念与民族精神,同时也带来了强大的民族凝聚力。“儒家的大一统理论,曾经在漫长的封建社会中成为凝固力,反对和制止了可能出现的分裂倾向。”❶

2. 和合精神

和合思想承载着中华文化的历史积淀,是统一战线文化内涵的核心和精髓。“和”是中华传统文化的内在精神和显著特征。儒、墨、道、法、兵等主要思想学派都对这一思想有深刻的阐发。“和”乃和平、和解、和睦、和谐、和美、和合、祥和之意。在传统的中华文化中,无论哲学、医学、文学、农学、商学,还是各种艺术,都以“和”为一贯主流、最高的境界。甚至连兵学,都提出“不战而屈人之兵”为兵法之最上策。这其中所体现的就是“和”的思想。

“和合”更是体现在人与自然之间、人与人之间以及自然界内部间的各种关系上:①人与自然界的关系,可以用“人与天地万物为一体”来概括中国人的基本态度。❷即“天人合一”。在中国古代,皇帝也被称为“天子”,高度体现了“天人合一”。② 人与人之间的关系上,中国一直称之为“人伦”。伦即序,就是表示一种秩序。孟子说:“使契为司徒,教以人伦:父子有亲,君臣有义,夫妇有别,长幼有序,朋友有信。”也就是“君君、臣臣、父父、子子”。人与人关系的“有序”,强调的就是人与人之间的和谐。孟子还提出“四海之内皆兄弟”。这就是人与人之间“和”的思想。③自然界内部间是一个阴阳

❶ 陈旭麓:《近代中国的新陈代谢》,上海人民出版社 1992 年版,第 18 页。

❷ 余英时:《中国思想传统的现代诠释》,江苏人民出版社 1998 年版,第 20 页。

和合的统一体。如老子所说:“万物负阴而抱阳,冲气以为和。”

为实现和合,古代思想家提出:一是崇尚和平、反对战争。《尚书·尧典》中说:“百姓昭苏、协和万邦。”主张人际之间、民族之间、邦国之间平等对待,和谐相处。二是正人先正己。“己欲立而立人,己欲达而达人”、“己所不欲,勿施于人。”三是兼容并蓄。《论语》中有这样一句话:“君子和而不同,小人同而不和”,就包含求同存异的思想。❶

中华文化的“大一统”思想,带来了中华民族强大民族凝聚力,是统一战线倡导的爱国主义、维护国家统一的理念及和衷共济的价值取向的充分体现。和合思想、尚中庸,又成为统一战线的包容态度和求同存异的原则。中华文化博大精深,是中华民族生生不息、团结奋进的不竭动力,是实现中国的现代化和中华民族伟大复兴的思想基础。统一战线是中国革命和建设的三大法宝之一,也是实现中国的现代化和中华民族伟大复兴的重要法宝。统一战线的主题是大团结大联合,大团结大联合的主题就是突出和谐。和谐,不仅是中华文化的核心内容,也是一种思想方法。统一战线不仅贯穿着中华文化的精神,也最能体现中华文化的精神内涵。

胡锦涛总书记在党的十七大报告中提出:“弘扬中华文化,建设中华民族共有精神家园。”弘扬中华文化,增强民族文化的自豪感和认同感,从而形成强大的民族凝聚力。“在统一战线视野里,我们从中华文化推演到民族凝聚力,从民族凝聚力推演到统一战线,再到海外统战,层层递进,从而赋予了中华文化以国家统一和民族复兴的历史责任,在这里,中华文化体现了统战的特性。”❷

二、认识吉林文化特质,发挥统一战线优势,促进吉林社会发展

中华文化是中华民族每一分子的文化底色。共同的文化把华

❶ 参阅叶文龙:《统战文化概论》,华文出版社 2007 年版,第 6 页。

❷ 李道湘、于铭松:《中华文化与民族凝聚力》,中央编译出版社 2007 年版,第 13 页。

夏儿女紧紧联系在一起，使中华民族成为一个伟大又极富凝聚力的民族大家庭。但是，我们还应看到，中华大地不同地域的人们，在习俗、性格、观念上存在着很大的差别：一方面，我国东西南北地理环境的巨大差异，各地政治、经济发展的不平衡，政治、经济、文化中心的不断演变，各个文化群体、流派的交流碰撞的深度、广度、频度的不同，各地长期以来独特的不对称的文化心理积淀，都直接间接地造成不同居住地域内的人们那各有千秋而又相对稳定的传统习俗、风土人情、性格特色和心理特征，以至于“百里异习，千里殊俗”；另一方面，地理环境的巨大差异，经济发展的不平衡，人文景观的迥异，也创造了丰富多彩、千差万别、千姿百态的文化成果。经过长期的历史积淀，某些地理区域出现了相似或相同的文化特质，其居民的语言、宗教信仰、艺术形式、生活习惯、道德观念及心理、性格、行为等方面具有一致性，地域文化就这样产生了。[1]

孔子说：仁者乐山，智者乐水，也就是说，水生智者，山生仁者。每一个人，每一个群体都生活在一个特定的区域内，地域、地理、地缘的特征对生活于斯的人们都会烙上深深的印痕。

“一方水土养一方人”，文化是人与自然互动的产物。吉林文化是中华文化多元一体格局的重要组成部分。它由于在地理构成、民族构成、经济构成和历史构成上的不同，从而形成了别具特色的吉林地域文化。

（一）吉林文化的形成及特点

1. 吉林地域文化的形成

吉林地处东北中部，东枕长白山林海雪原，中居松辽平原黑土地腹地，西连内蒙古草原。而东北地区北临俄罗斯，东临朝鲜半岛，西邻蒙古大草原，南望渤海，只有西南部经辽西走廊与祖国内地相连，与中国内地其他地域相比，它更缺乏共融性和文化沟通的便利环境。受纬度、海陆位置、地势等因素的影响，东北资源分布呈现不平衡性，

---

[1] 徐李全：《地域文化与区域经济发展》，《江西财经大学学报》2005 年第 2 期。

其东部主要是森林资源，中部主要是平原的农耕地，西部则为草场资源，南部为海洋资源。和这四大地理板块相联系的是农耕经济、渔猎经济、游牧经济和农、牧、渔综合经济的四大经济类型。

“当文明的车轮滚过每一个区域时，它就对这一区域的人打上了此文明的烙印。”

东北这块土地是先人们艰苦创业的结果。在数千年的历史长河中，东北大地上纵横驰骋着东夷、鲜卑、契丹、女真、蒙古、满洲等农业民族、游牧民族和渔猎民族。而吉林又是东北古代汉、东胡、秽貊、肃慎四大族交汇之地。历史上，东北少数民族一旦强盛起来，往往举族南下，入主中原，融入中华民族大家庭的主体之中。从公元4世纪鲜卑人南下建立北魏，到1644年清军入关，东北各民族先后“坐上龙位”，建立了北魏、辽、金、元、清等一度统治了中国北方乃至全中国的政权，对中国历史的发展产生了重大的影响。同时，这些民族每一次政治上的成功，都导致了东北地区人口大量向中原迁移。因此，邴正教授认为，东北的发展特点是呈现出时断时续的间歇性的循环。到了清代中晚期，特别是鸦片战争后，中原的农民才大批迁入东北。他们在千古荒原和林海雪原中开拓垦殖，艰苦创业，用了100多年的时间，把东北从一个半游牧半渔猎的社会开发成为农业社会。这些来自东北的中原移民几乎都是在关内活不下去的最底层的贫苦农民，他们“闯关东”，大多不是为了发财而是为了求生，因此，这个群体中既缺少富家子弟又缺少书香门第。于是构成东北文化的中原文化板块基本上不是传统的精英文化，而是以传统的民间文化为主，从而使东北文化缺少书香气，而多了些乡野气。

在近代中国特定的背景下，长达十几年的殖民统治，也使东北人的文化品格发生了较大的分化，扭曲了部分东北人的传统性格。全面的殖民地的奴化教育，也培养了东北人文化人格中的一种顺民性格。

1948年东北全境解放，东北成为全国解放战争的大后方。新中国成立后，在第一个五年计划和第二个五年计划期间，国家采取了重点建设东北工业基地的发展方针。此间，苏联援建的156个工业项目，有58个投在东北。东北成为国有企业最集中的地方，成为新中国的重要工业基地。在长期的计划经济的体制下，东北人无论从思想内容上还是从思维方式上来说，都相对保守。

2. 影响经济发展的吉林地域文化的特征

邴正教授认为，吉林文化别具一格，自成体系：①从地理构成看，吉林文化属于东北农耕、游牧、渔猎三大文化类型的过渡融合类型。他认为，辽宁文化偏重农耕，黑龙江文化偏重渔猎，唯独吉林文化，兼有农耕、游牧、渔猎三大文化传统，三种文化影响在历史上时进时退，因而形成了吉林有别于辽、黑的文化传统；②从民族构成上看，吉林文化属于多民族融合形成的文化，富有多元一体的特征。从历史上看，辽宁以汉族为主，黑龙江以肃慎族系为主，唯吉林境内汉、东胡、秽貊、肃慎四大族不断融合，时至今日，仍保存着东部满族、朝鲜族，西部蒙古族，中部及遍及全省的汉族的民族分布格局；③从经济结构上看，吉林属于农业社会、工业社会、信息社会三种类型的过渡状态。而辽宁工业比重较大，黑龙江则以林矿业为主；④从历史构成上看，吉林文化属于东北开发过程中的中间过渡地带。在古代，中原王朝以辽河流域为桥头堡，通过吉林而影响、统治黑龙江流域。现在，吉林仍保留着东北经济与社会发展的中间、过渡状态的位置。[1]

田毅鹏教授认为，吉林文化（东北文化）具有4个方面的“自性”：间断性与跳跃性的结合，移民文化，刚健豁达的个性和勇毅果敢的尚武风气结合而成的质朴雄劲的古风，单位文化。[2]

邴正教授在具体分析了位于东北中间地段的吉林省地域特色后，提出了吉林文化的4大表现形式：博采众长的包容性、英雄主义文化的品格、鲜明的现代文明素质和注意团结合作，同时他认为浓厚的计划经济意识、人际关系依赖、粗放经营、流动性差是其缺陷所在。据此，他归纳了这种文化模式的6大副作用：生存压力小，生活方式

❶ 邴正：《探索吉林地域特色的文化精神》，《社会科学战线》2002年第6期。

❷ 田毅鹏：《区域文化与社会发展》，《社会科学战线》2002年第6期。

悠闲,社会惰性强;计划经济传统浓厚,单位归属感强;人际关系依赖性强,最典型的就是不重规则重人情,不计效益重礼仪,不重个人能力重关系网的惰性;经营粗放,资源依赖性强;流动性低,保守性强;不敢为天下先的意识。[1]

实际上,几十年的计划经济对东北的负面影响,莫过于对人的价值观的扭曲。计划经济体制本质上是一种官本位机制,无论是经济本身还是为之服务的经济学都具有这一性质。在这样一种体制和习惯下,东北人的官本位意识远比南方来得强烈。在奴性意识和官本位意识的影响下,东北文化缺乏对人性尊严、个性自由的尊重和推崇。年轻人宁可花上几万元求人谋一个月薪几百元的大机关的小办事员,也不愿意用这钱自谋职业做个独立自主的小本生意。这与东南沿海一带的民风有很大的不同。“广东人,墙上没有门,想法开个门;浙江人,墙上有道缝,就能变成门;江苏人,原是单开门,扩成双开门;东北人,国家给个门,派俩人把门。”“广东人干,东北人看。”这些民谣,透露出东北地区与东南沿海省份在文化传统、人文性格方面的差异,也部分地揭示了东北经济在市场经济条件下发展落后的原因。

(二)以东北文化为载体,促进吉林社会不断发展

黑格尔曾说,历史是由两条经纬线构成的,“第一是那个‘观念’,第二是人类的热情,这两者交织成为世界历史的经纬线。”黑格尔所说的观念和热情,就是指精神文化的内容。

周积明教授曾以这样的一个例子来说明文化的作用:德国社会学家马克斯·韦伯写了一本书叫《新教伦理与资本主义精神》,他在书中提出,中国实际上很早就具备了产生资本主义的物质条件,但是,最后,资本主义在西欧,而不是在中国产生。原因在什么地方?文化!他认为,在西欧,新教教义中包含着个人主义、积极竞争等价值观念,这些观念很容易就转化为资本主义精神,成为资本主义产生的条件。但在中国,儒家思想讲求礼,反对追逐利润,“君子喻于义,

[1] 参阅邴正:《探索吉林地域特色的文化精神》,《社会科学战线》2002 年第 6 期。

小人喻于利”。所以,在中国,资本主义无法自发地产生。

尽管韦伯的结论不一定准确,但它却揭示了文化在历史进程中的作用。

1. 认识吉林文化特质,发扬优秀的吉林地域文化

从历史上看,吉林是一个由肃慎系民族、秽貊系民族、东胡族民族和汉民族四大族系构成的多民族聚合地。在长期的社会历史变迁中,各民族文化相互影响和融合,形成了多民族文化聚合的独特的少数民族文化。少数民族文化是吉林地域文化中不可或缺的重要组成部分。它一方面体现在吉林人粗犷豪爽、真诚坦率、仗义执言、善良朴实等性格特点上,另一方面也体现在强勇弱文的文化特点上。少数民族多为游牧或渔猎经济,长于骑射、勇猛善战,但人文科学相对落后,习惯于凭直觉经验判断,而相对缺乏理性思考。

从社会结构和文化根源上看,吉林社会是由三部分人组成的:游牧渔猎民族的后代,从中原“闯关东”移民及其后代,计划经济时期调配来的干部知识分子及其后代。这种社会基础与计划经济相结合,产生了吉林人对自然资源和外部条件的依赖性。在丰富的自然资源和优越的外部条件下,形成了具有很大惰性的“小农意识”:小富即安、封闭保守、尊崇传统、“述而不作”、不思进取、缺乏开拓精神。

吉林的发展是制度的产物,它受当时中央政府的政策所引导、所激励、所影响,这就使吉林人依赖性强,缺乏首创精神。

吉林要发展,就要按照社会主义先进文化前进方向塑造吉林特色文化。全社会要倡导先进文化,发展现代文化,改造传统文化,提升大众文化,抵制低俗文化,扫除腐朽文化。大力弘扬爱国主义、集体主义、社会主义的世界观、人生观和价值观,发扬吉林文化的英雄主义气概、注重团结的传统和健康活泼的风格,努力走在先进文化的前列。

吉林要发展,就要按照社会主义市场经济的需求,塑造吉林文化的新形象。摈弃吉林文化传统中的小农意识和依赖性,摈弃计划经济意识和官本位意识,按照市场经济的要求,大力弘扬契约精神、信

用意识、平等观念、竞争思维和敬业精神。

吉林人更要找回东北移民社会的开拓精神，大力弘扬开拓创新意识，要在全社会兴起人人想创业、人人敢创业的文化氛围。吉林发展，靠的就是自主创新。这不仅是企业要形成一种创业精神，更重要的是政府要转变观念和职能，大力推进服务型政府的建设。吉林在长期的计划经济体制下，以行政为主导的经济运行机制，长官意志代替市场机制进行资源配置，这对吉林人的思维方式产生了深刻影响。在市场经济下，相对于其他地区，“官本位”思想在吉林人身上一个很明显的体现就是缺乏服务意识。无论是政府还是企业都还没有顺利地转变为服务者角色，仍然保持一种高高在上的姿态。因此，东北发展，关键要转变政府的观念和职能，推进服务型政府的建设。彻底改革束缚人的创造力的僵化“行政支持主导型”体制，变“无限政府”为“有限政府”，变“官本位”为“知识本位”、“人才本位”，变“权力型政府”为服务型政府。

2. 发挥统一战线作用，促进吉林社会的全面发展

统一战线是中国共产党夺取革命、建设、改革事业的重要法宝，是中国共产党执政兴国的重要法宝，是实现祖国统一和中华民族伟大复兴的重要法宝。当然，也是确保吉林振兴的重要法宝。

弘扬中华文化，要与统一战线工作的实际结合起来。因为，中华文化不仅是统一战线思想和理论产生和形成的历史文化基础，也是开展统一战线工作的方法。

(1)弘扬吉林地方文化，从爱土爱乡做起，增强中华民族凝聚力

东亚经济的发展，一直被看作20世纪后半叶最重要的发展之一。这首先是50年代日本成为经济发达国家，之后，是亚洲四小龙，然后是中国、泰国、印度尼西亚、印度等国。这些国家的经济都保持了10年以上的8%～10%或更高的年增长速度。正如亨廷顿所说的：“财富像权力一样也被看作是优点的证明及道德和文化优越性的显示”，“对于东亚人来说，东亚的成功主要是由于东亚文化更强调集

体而不是个人。"[1]对于处于中华文化圈的东亚各国来说,儒家文化所强调的节俭、家庭、集体主义和纪律,无疑是其经济高速发展的助推器。

东亚的发展,也证明了中华文化的强大生命力及其优越性。由于中华文化与地域文化之间相互包含、相互渗透、相互促进,所以重视地方文化、挖掘地域文化的深层内涵,本身就是对中华文化丰富内涵和中华民族精神内在积淀的一种个性解剖和继承发扬。无疑,也会对经济和社会发展起到重要的推动作用。

爱国主义是中华传统文化和民族精神中一以贯之的优良传统。爱国主义不是一个空洞的口号,爱国主义必须从爱家乡、爱故土做起,从而增加民族自豪感,增强民族凝聚力,这也是统战工作的一个切入点。而地域文化正是爱国主义教育取之不竭的宝藏和财富。地域文化中那些优秀传统、名胜古迹、文化景观、遗址文物、英雄烈士、乡贤学士及其作品,都是开展爱国主义的最好素材。

吉林人粗犷豪爽、真诚坦率、仗义执言、善良朴实,吉林人更素有爱国主义、集体主义传统及英雄主义气概。统战工作要大力弘扬吉林优秀的传统文化,培养全社会爱家乡、爱故土的良好氛围,"亲不亲故乡人"、"血浓于水"。并以此为切入,大力弘扬中华优秀文化,真正起到团结人心、凝聚精神的作用。所以,统一战线要以科学理论、共同理想、价值观念武装人、引导人、塑造人、鼓舞人,改变人们的思想观念和精神状态,保持社会认同,从而形成共识。统一战线就是要最大限度地把各阶层、各民族、各党派、各团体和各界人士的意志、智慧和力量都凝聚到一起,做吉林振兴的助推器。

胡锦涛在第20次统战工作会议上强调,要把巩固和壮大统一战线作为增强中华民族凝聚力的一项重要任务真正抓好,努力把统一战线建设成为坚持以人为本、具有巨大凝聚力的统一战线,建设成为具有空前广泛性和巨大包容性的统一战线。这就是统战工作今后的

[1] 亨廷顿:《文明的冲突与世界秩序的重建》,新华出版社2002年版,104、109页。

目标。

(2)弘扬和合文化,发挥统一战线团结和整合功能,促进各方面关系的和谐

当前,由于市场经济的推进,社会处于转型期。转型期社会结构的变化,瓦解了原有一元的、刚性的社会基础。社会不同领域、不同阶层、不同利益群体和不同价值观念之间的矛盾更加复杂和尖锐,这也为社会整合增加了难度。

统一战线包容了不同的社会政治力量,是不同阶层、政党、群体和社会各界人士组成的政治联盟。而统一战线在社会整合过程中,具有化解矛盾、协调关系的独特作用。求同存异是统一战线的工作原则。

胡锦涛在党的十七大报告中指出:“壮大爱国统一战线,团结一切可以团结的力量。”并提出,“促进政党关系、民族关系、宗教关系、阶层关系、海内外同胞关系的和谐,对于增进团结、凝聚力量具有不可替代的作用”。

政党关系、民族关系、宗教关系、阶层关系、海内外同胞关系,是政治和社会领域涉及党和国家工作全局的重大关系,是统一战线需要全面把握和正确处理的重大关系。正确认识和处理这五大方面的重大关系,保持和促进这五个方面重大关系的和谐,事关中国特色社会事业的全局,事关构建社会主义和谐社会的进程,事关党和国家的兴旺发达和长治久安,事关中国的现代化建设和中华民族的伟大复兴。

保持政党关系和谐,既要坚持中国共产党的领导,又要促进多党派团结合作;既要提高党的执政能力,又要发挥民主党派参政议政的作用;既要全面推进党的建设,又要积极支持民主党派加强自身建设。

保持民族关系和谐,要做好三方面工作:一是加快少数民族和民族地区经济社会发展;二是加快少数民族和民族地区人力资源能力建设;三是加强和维护民族团结。

保持宗教关系的和谐，要全面正确地贯彻党的宗教信仰自由政策，坚持依法管理宗教事务，坚持独立自主自办的原则，积极引导宗教与社会主义相适应。

保持阶层关系和谐，要尊重新的社会阶层人士的劳动创造和创业精神，加强同他们的联系，关注他们的利益和诉求，凝聚他们的聪明才智，扩大他们有序的政治参与。要引导他们爱国、诚信、守法、贡献。

保持海内外同胞的和谐，要重视和支持香港、澳门在经贸、科教、文化、卫生、体育等领域的交流合作。在两岸关系上，要扩大和深化两岸人员往来和经济文化交流合作，真心实意为台湾同胞办实事、办好事。做好海外华侨华人工作，鼓励和支持他们关心和参与祖国现代化建设，鼓励和支持他们为促进祖国和平统一大业贡献智慧和力量。[1]

统一战线工作就是要正确处理好这五大关系，在“大团结、大联合”的方针下，“求同存异”，通过政治协商、民主监督、参政议政，包容并协商各政党、各民族、各阶层、各地区、各行业以及国家、集体、个人之间的关系，缓解社会冲突，增进中华民族的凝聚力，促进社会的全面发展。

中华文化是中华民族每一分子的“底色”，它积淀在每一个华夏儿女的血液中。中华文化也是统一战线的“文化营养”。以中华文化、地域文化为载体，充分发挥统一战线在现代化建设和中华民族伟大复兴中的法宝作用，应是目前统战工作的重点之一。

[1] 李道湘、于铭松：《中华文化与民族凝聚力》，中央编译出版社2007年版，第15～16页。

燕赵文化与统一战线

郭玉明　赵秀忠

郭玉明：男，河北省社会主义学院副院长

赵秀忠：男，河北省社会主义学院基础教学部主任、教授

中华文明源远流长，中华文化灿烂辉煌。在源远流长的中华文明河流中，燕赵文明为其注入了鲜活斑斓的丰富血脉；在灿烂辉煌的中华文化星空中，燕赵文化为其增添了璀璨诱人的瑰丽色彩。燕赵文明之花因其母体文明——中华文明而芬芳馥郁，中华文化之树因其分支文化——燕赵文化而根深叶茂。

燕赵大地人杰地灵，自古多慷慨悲歌之士。大自然慷慨地赐给她众多的精粹英华，勤劳智慧的燕赵儿女在这块土地上创造出丰硕的文明成果。燕赵儿女在创造多彩文化奇葩的同时，也凝聚淬炼成独具特色的河北人文精神。燕赵文化与河北人文精神不仅是凝聚、支撑、激励一代代燕赵儿女薪火相传、进取创新的精神力量，也是留给当今河北人民乃至后人的宝贵文化遗产，更是统一战线工作不可或缺的重要文化资源。为此，本文试图从梳理燕赵文化入手，从中探寻当今统一战线工作可资借鉴的文化元素，并在此基础上对怎样在统一战线工作中发挥燕赵文化的作用进行初步的思考。

一、燕赵文化与河北人文精神

燕赵文化是当今河北省区域传统文化的别称。因今日河北省所

处区域为战国时期的赵国、燕国等国治辖区域故称燕赵大地。燕赵文化基本上就是兴起于这一区域和自然地理环境中的历史传统文化。燕赵文化因其所处的地理位置、自然环境、历史沿革、文化变迁而具有鲜明的风韵和特质，并孕育出影响着当今的河北人文精神。

1.燕赵文化探源

所谓燕赵文化，就是发生、蕴积、流传和发展在古燕赵区域为中心的历史传统文化。从地理区位的空间上看，现在河北省位于首都北京周围，并与大都会天津市毗连。东临渤海，西依太行，北部绵亘燕山，北与西北同内蒙古高原接壤。这种特殊的行政地理位置，对形成燕赵文化的内涵与风格有着特殊的意义。

从地理环境来看，古燕赵的地貌，山地、高原、丘陵、平原、盆地五种基本地貌类型齐全。从气候看，古河北(至少在唐代以前)湿润多雨，故山高水深，森林茂密，禽兽繁多。不同的地形地貌和湿润的气候，推动着农耕、畜牧和狩猎业的发展，影响着这里的人们的生活方式。太行山和燕山山脉是燕赵区域的西界和北界。由于燕赵区域东临濒海，太行山和燕山就成为除黄河以外界定燕赵区域的重要标志，而且成为民族冲突剧烈时保护内地的天然屏障。这样的地理、地貌、环境、经济、军事的特征，使燕赵大地既有草原(游牧)文化与平原(农耕)文化的冲突与融合，又有北方文化与中原文化的汇流与互动，使燕赵文化有了刚柔相济的复调特征。

从文化的流变过程看，燕赵文化源远流长，在中华文化中有着特殊的位置。古燕赵是人类活动最早的地区之一。人类始祖在这里走来！燕赵是中华民族文明的摇篮！河北省西北部的阳原县泥河湾遗址群，说明在今河北境内，远在200万年前后就繁衍生息着古老的人类。北京西南的周口店，现属于北京市房山区所辖，房山区的前身是房山县，原是河北省辖域，中国远古祖先“北京猿人”，曾在河北省这块大地上栖息、生活。中华民族的始祖炎帝和黄帝，也曾在今河北西北部一带生活和活动。“涿鹿之战”、“阪泉之战”标志着黄帝在这里统一了各部落，并曾在张家口涿鹿建都，故有中国“千古文明开涿鹿”

之说。邯郸市武安县的“磁山文化遗址”证明,在六七千年以前的新石器时代,人类就在这里过着半渔猎、半农牧的生活,创造了丰富的古代文化。公元前20世纪,商朝曾在今河北邢台西南部建都。到了东周战国时代(公元前475~前221年),100多个诸侯国只剩下魏、赵、韩、齐、秦、楚、燕七国,即所谓“战国七雄”。其中在河北建都的北有燕国,南有赵国,中部还有北方少数民族狄人建立的中山王国。上下五千年,燕赵儿女对社会发展和中华文明的进步作出了突出的贡献。

2. 燕赵大地的文化资源

数千年来,燕赵大地哺育出难以计数的杰出人物,勤劳智慧的燕赵儿女创造了绚丽多彩的燕赵文化。他们在燕赵土地上,演出过影响中国历史发展的一幕幕历史活剧,也创造出色彩鲜明的一个个文化瑰宝,从而给后人留下了丰富的文化资源。

河北文化资源的一个重要特色是文物古迹众多。河北的文物遗存,上至200万年前后,下迄近现代,内容丰赡,精品荟萃,门类齐全,没有时代缺环,许多堪称全国之最。河北现有世界文化遗产3项4处(避暑山庄和“外八庙”、明长城、清东陵和清西陵),国家级历史文化名城5座(承德、保定、正定、邯郸、山海关),全国优秀旅游城市7座(秦皇岛、承德、石家庄、廊坊、保定、邯郸和涿州)。全省现有古遗址、古建筑、古墓葬等不可移动的、具有科研价值的文物12000余处,省级文物保护单位670处,全国重点文物保护单位88处,均位居全国前列。

河北是一个革命遗迹和爱国主义教育基地众多的省份,从李大钊故居、革命圣地西柏坡、清苑冉庄地道战遗址、八路军一二九师司令部旧址、白求恩纪念地等爱国主义教育基地中,都可以领略革命文化的深厚内涵,体会河北在中国近、现代史中的重要地位和作用。

河北的多姿多彩的文化艺术在国内外也享有盛名。吴桥是中国著名的杂技之乡,历史悠久。安国素有“北方药都”之称,自明代以来,一直是北方最大的中草药集散地。中国有民间武术129个拳种,其中 52 个发源于河北省。传统地方剧种河北梆子、丝弦、保定老调、哈哈腔、唐山皮影、坝上二人台等放射着夺目的光彩。河北民间曲艺历史悠久,曲种繁多,节目丰富。

燕赵自古多慷慨悲歌之士。美丽的土地和厚重的文化哺育了无数的风流人物,产生了以扁鹊、荀况、董仲舒、祖冲之、魏征、郭守敬、关汉卿、曹雪芹、张之洞、纪晓岚、李大钊、梁斌、孙犁、徐光耀、张爱玲、王蒙等为代表的名垂史册的思想家、政治家、军事家、数学家、医学家、建筑家、文学家、戏剧家和能工巧匠。

3. 河北人文精神探析

人文精神作为一种根本的文化精神根植于文化土壤之中,不同的文化土壤孕育出不同的人文精神。河北人文精神是在燕赵文化土壤中孕育而生并不断丰富和发展起来的,它是古燕赵文化在历史流淌中凝聚而成的思想观念、生活态度和价值取向等的精华,从特定的地理时空和特定的区域文化建构并丰富着华夏人文精神的内容。

河北人文精神是一个内涵十分丰富的价值体系。燕赵文化精神是河北人文精神的根基和渊源,它起源于炎、黄、蚩尤时代的合符文明,生成于草原文化与农耕文化交汇点上的战国时期。北方游牧地区吃苦耐劳、豪迈刚健的草原文化与中原地区勤奋进取、平和儒雅的农耕文化相互撞击,相互补充,相互融合,以及元以后出现的中央集权文化的强力辐射,使得燕赵文化不但具有游牧文化与农耕文化的特征,还有着直隶与京畿意识的庙堂文化特征。此外,在精神文化思想上,以儒家、道家和佛教思想文化为基础,加之基督教(包括天主教)文化、伊斯兰教文化的传入,也对燕赵文化形成了深刻的影响。在这样一个多种精神文化思想混合相处、互为包容的状态下,形成了燕赵文化精神的内容主体,最终形成了具有鲜明地域特色的燕赵文化。

不同的区域文化总是在继承传统文化的同时,伴随着时代的进步注入新鲜的内容与时代的精神。在进入 20 世纪以后,燕赵文化又融入了李大钊等革命先驱为救亡图存、传播马克思主义、建立无产阶级政党的“铁肩道义”精神，融入了经抗日烽火冶炼的崇尚正义、嫉恶如仇、豪放侠义、宁为玉碎不为瓦全的爱国主义精神，融入了“敢于斗争，敢于胜利；严守纪律，团结一致；谦虚谨慎，实事求是；依靠群众，为民创业；艰苦奋斗，不断革命”为主要内涵的西柏坡精神，融入了一方有难、八方支援、人定胜天、感恩图报、拥军爱民、热爱党、热爱社会主义的唐山抗震救灾精神，融入了今日开放创新、科学发展、建设有实力、活力、竞争力的沿海经济社会发展强省的精神。总之，河北人文精神是由燕赵文化精神与现代的革命精神与当今的时代精神凝结而成的河北区域文化精神。

对于河北人文精神，学界曾有过不同的探索与概括。有人用“慷慨悲歌”、“好气任侠”、“燕赵风骨”等词语来描述，有人用韩愈的“燕赵古称多慷慨悲歌之士”和苏东坡的“幽燕之地，自古号多豪杰”以及燕国侠士荆轲赴秦刺秦王时吟诵“风萧萧兮易水寒，壮士一去兮不复还”等千古传诵的名句来形容。这些形容与概括虽抓住了燕赵文化的一些特征，但还不全面、不深刻、不准确。近些年在河北省委的倡导下，对河北人文精神的研究日趋深入，有人从四个方面进行了概括，即：“勇武任侠，慷慨悲歌；变革进取，自强不息；追求和合，顾全大局；勤劳淳朴，礼让诚信。”这几乎接近了河北人文精神的本质方面。经过一段时间的沉淀及各方人士的深入研究，河北人文精神的内涵日渐明晰起来，并为各方所接受，这就是“坚韧质朴、重信尚义、宽厚包容、求实创新”的十六字河北人文精神。

一是坚韧质朴。河北是燕赵古地，它北连内蒙古草原，西倚太行山脉，南通中原腹地，东达渤海之滨，占据了气候湿润、物产丰饶、坦荡如砥的华北大平原。因其优越的地理环境和特殊的军事价值，向来为兵家必争之地。长期的战争和频繁的自然灾害，以及农耕文化的特性，形成了河北人民坚韧质朴、踏实勤勉、吃苦实干的群体性格。

二是重信尚义。倡导重信尚义、崇尚“礼义”、明辨“荣”“辱”的道德精神是燕赵文化的重要人文特质，儒家代表人物之一的战国时赵人荀子就非常重视“礼义”的道德规则。他认为，“人道”最根本的内容即是“礼”。“礼者,人道之极也。”荀子认为“礼义”对于国家的稳定和强大意义重大。重信尚义一直是河北人文精神最具外在表现力、感染力的核心理念,已经成为河北这一古老大地上不可阻遏的精神之源。河北人以慷慨悲歌的任侠精神、重诺守信的生命意识,在中国历史上谱写了一曲曲壮丽的生命乐章,并深深植根于燕赵文化的血脉之中,升华为今天河北人诚实守信、重信尚义的精神品格。

三是宽厚包容。河北地域辽阔、气候复杂,自古以来,就是农耕文化和游牧文化共存的地带,这使得燕赵文化自始即有开放的胸怀。同时,燕赵之地战争频仍,每次战争必然使这里人口锐减,所以燕赵大地是中国古代较大的移民区之一,因而这里的人民先天具有更强的包容性,既接受内地文化亦兼采边地少数民族的文化特点和风俗习惯,形成了河北人民兼收并蓄、宽厚包容、深明大义、顾全大局、重和谐、讲团结的人文精神。

四是求实创新。改革创新、变革图强、自强不息的精神在燕赵文化中源远流长:赵国国君为自立图存推行变革方略,如扩大税亩制,减轻赋税,“选练举贤”,“任官使能”,厉行胡服骑射改革等,这一系列措施把赵国推向了强国地位。在近代,以变革图强、自强不息为内涵的人文精神,锻造了以李大钊为代表的近代革命家,又涌现了众多享有盛名的改革家,他们以不同形式为社会变革奉献了自己的生命、智慧和力量。在当代,河北人民以大气魄、大手笔,以开拓创新、超越前人的精神在唐山曹妃甸描绘着科学发展新区的美好蓝图。发奋图强、无私奉献的开拓创新精神,一直是燕赵人文精神的重要内容,长期影响着河北人民的思想与实践。

二、河北人文精神中可资借鉴的统战文化元素

党的十七大报告指出:“弘扬中华文化,建设中华民族共有精神家园。中华文化是中华民族生生不息、团结奋进的不竭动力。”燕赵文化与河北人文精神是中华文化的重要组成部分,是建设中华民族

共有精神家园的重要文化资源,也是推动中华民族生生不息、团结奋进的重要动力,是凝聚、团结海内外广大统一战线成员实现利益目标的精神纽带。因此,河北人文精神中有着丰富的统战文化资源。

1. 河北人文精神坚韧质朴的品质,是统一战线获得力量支撑、增强凝聚力的精神动力

中华文化具有强烈的凝聚力、向心力和感召力。它是千百年来凝聚、团结、动员中华儿女的精神支柱和动力源泉。作为中华文化一部分的河北人文精神也有着同样的价值和作用。河北人文精神中的坚韧质朴特征,是一种长久活跃在燕赵儿女社会活动之中的进取精神,是一种支撑河北人民在生产和生活实践中生生不息、向前发展的创造精神,是一种为了美好理想、共同命运团结奋斗、不屈不挠的拼搏精神。它如涌动的活水,跳跃、蒸腾在整个河北乃至中华民族的历史进程中,表现出旺盛的生命力和创造力。

我们统一战线工作者可以通过有效的形式和载体,在统一战线成员中宣传和弘扬河北人文精神中的坚韧质朴品质,宣传和弘扬这种为了祖国、为了家园、为了共同利益而进取、创造、拼搏的精神,从而把统一战线成员凝聚起来、团结起来、动员起来,为建设有实力、活力、竞争力的沿海经济社会发展强省,为全面建设小康社会,为实现祖国的完全统一,为中华民族的伟大复兴而作出自己的贡献。比如可以通过组织统一战线成员观赏散落在河北大地上灿若星辰的种种自然与人文的、物质与非物质的文化遗产,来印证他们的文化记忆,延长他们的精彩人生,巩固他们的生命积淀,焕发他们的生活激情。具体说,从雄浑壮伟、丰赡富蕴的河北古建筑——翻山越岭、绵延万里的古长城,到具有江山一统、民族团结政治意蕴的承德避暑山庄;从拥有深厚的河北文化底蕴的保定古莲花池,到象征河北开拓进取和吸纳开放精神的邯郸武灵丛台,都可以让他们在感知燕赵儿女智慧勤劳的同时,增强他们对祖国山河的热爱,焕发他们为创造祖国美好明天而奋斗的精神力量。

2. 河北人文精神重信尚义的品质，是统一战线增强社会使命感和责任感的精神源泉

几千年来，燕赵儿女以拼搏创业的坚毅气概、勇于开拓的锐气胆魄、务实求进的智慧意志向世人展示了他们的鲜明品质，也创造了灿烂辉煌的燕赵文化，而贯穿其中的慷慨厚重、耿直豪爽、诚信尚义、爱国爱家的民族情感始终是河北人文精神的支撑点。这种社会创造行为的内驱力，永远是河北人民乃至全国人民在建设现代化强国中应该保持和强化的一种生生不息的精神能量。

进入新世纪新阶段，统一战线越来越呈现出多样性特征。尤其是在社会主义市场经济体制逐渐确立的过程中，社会各方面成员在根本利益一致性不断增强的同时，呈现出不同的思想观念、价值取向、行为方式和利益要求，选择性、自主性和差异性日益增强。这就要求我们的统一战线要用全体人民和中华民族的共同目标与根本利益的一致性来维系统一战线的大团结大联合，来处理和解决统一战线内部的各类矛盾和利益冲突。而达到这种目的有一个根本性的问题，就是要在统一战线成员中树立重信尚义的意识和理念，要求大家以民族利益为重，以国家利益为重，以统一战线的团结和谐为重，以实现全面建设小康社会的宏伟目标为重。河北大地有着数不清的为家国为天下凸显悲壮美的重信尚义性格的慷慨悲歌。最典型的莫过于侠肝义胆的荆轲。他为了燕国的利益，赴秦行刺，在临行前对燕太子丹慷慨陈词："今轲常侍君子侧，闻烈士之节。死有重于泰山，有轻于鸿毛者，但问用之所在耳。"这种为了正义事业、为了家国利益而舍生取义的气节至今仍被人们所乐道推崇。

再者，市场经济是一种诚信经济。建设诚信社会、建设诚信政府是时代发展对我们提出的必然要求。而燕赵文化中特别强调"信义"，推崇"一诺千金"，它体现了一种做人做事的准则。我们应该通过统一战线，通过讲求重信尚义来为诚信社会的建设做出应有的努力。

3. 河北人文精神宽厚包容的品质，是统一战线求同存异、共同奋斗的精神纽带

河北历来是多种文化的交汇地，在几千年的历史进程中，军事文化与游牧文化、平原文化与高原文化、农耕文化与草原文化在燕赵大地相互碰撞、共融共生。历经数次磨合，燕赵文化吸收融合了各民族的文化以及四面八方移民带来的风俗习惯，培育出宽厚包容的文化精神。宽厚包容精神是非常重要而个性鲜明的河北人文精神，这种精神对于社会发展有着重要的意义。只有宽厚包容，才会海纳百川；只有宽厚包容，社会才能不断地"新陈代谢"；只有宽厚包容，经济社会才能不断向前发展；只有宽厚包容，人类才能和谐共处。对于统一战线来说，尤其需要讲究宽厚包容。有了宽厚包容，才能求同存异，共同进步。要实现全面建设小康社会的伟大目标，实现祖国完全统一，实现中华民族的伟大复兴，就要以包容的精神，把不同阶层、不同群体、不同党派、不同民族、不同信仰以及生活在不同社会制度下的全体中华儿女都团结起来共同奋斗。

统一战线是各种政治力量的综合统一体。无产阶级要取得革命和建设事业的胜利，单靠一个阶级的力量是不行的，必须团结大量的同盟者，建立和发展广泛的统一战线。新世纪新阶段，要调动一切可以调动的积极因素，为促进社会主义经济建设、政治建设、文化建设、社会建设服务，为促进香港、澳门长期繁荣稳定和祖国和平统一服务，为维护世界和平、促进共同发展服务，就要求我们必须正确认识和处理政党关系、民族关系、宗教关系、阶层关系、海内外同胞关系等五个方面的重大关系，充分体现包容性的特点，"把拥护我们的人搞得多多的"，形成浩浩荡荡的建设大军，实现最广泛的大团结大联合。要实现大团结大联合，就要求新世纪新阶段统一战线要有巨大的包容性，要博采中外之良言，广集世间之良策，容涵百家意识之精华，求同存异、共同奋斗，协调好、维护好各阶层、各界别、各方面的政治经济文化利益，将众多的有着特殊利益要求的群体和社会力量团结联合起来。

4. 河北人文精神求实创新的品质，是统一战线开创新局面、实现可持续发展的精神支撑

燕赵文化产生、发展、充实、丰盈的历程印证了一个贯穿人类历史的社会规律，这就是以实践为基础的创新是一个民族的灵魂，是一个民族进步的永不枯竭的动力。我们只要认真考察，就会发现，燕赵文化遗产中无不蕴含或洋溢着强烈的自强不息的创新意识。比如，今天依然活跃在河北大地上的河北梆子等河北地方戏以及众多的曲艺等，都是创新精神的优秀花朵；吴桥杂技以“创造”“超越”精神，创造了“东方杂技大赛场”，为我国发展与世界各国人民的友谊作出了贡献；体现浓郁河北风情和地域特色的皮影舞——《俏夕阳》，赋予了唐山皮影艺术以新的魅力。因此，注重创新文化的建设，优化创新环境，培育创新意识，深化创新理念，在全社会创建一种求真、向善、审美的创新文化，是包括统一战线在内的经济社会不断发展的关键所在。

进入新世纪新阶段，统一战线面临着新的发展机遇和新的严重挑战，也使统一战线出现了许多新情况、新问题，给统一战线带来了新任务新要求。这就要求我们以求实的科学态度，正确认识和把握统一战线的实际状况，分析和研究统一战线存在的问题和矛盾。并在此基础上，以创新的精神，创新思想观念，创新工作思路，创新工作载体，创新工作方法，开创统一战线的新局面，实现统一战线的可持续发展。比如，我们要勇于面对国际环境和经济社会发展给我国多党合作和政治协商制度带来的新挑战，在打牢中国共产党执政的阶级基础和群众基础的同时，加强参政党的建设，培养好、选拔好、使用好参政党的代表人物，使他们继承和发扬老一代民主党派领袖与中国共产党亲密合作的优良传统，使中国共产党领导的多党合作和政治协商制度可持续地代代相传，使中国特色的社会主义政治发展道路越走越宽广。

三、以燕赵文化为媒，推动统一战线发展的思路与对策

1. 利用燕赵文化的思想资源实现统一战线的大团结大联合

文化的力量是一种无形但却强大的精神力量。古人所谓不战而屈人之兵，实际上就是文化的魅力作用的结果。尤其是传统文化、民族文化、区域文化有着其他文化不可比拟的价值认同、情感导引、思想指归的作用。我们统一战线工作的高层次、高境界就是一种文化的统战、文化的凝聚、文化的感召。李瑞环同志所说的统战干部应该形象好、人缘好、富有人格的力量，实际上就是文化内涵在统战干部身上的外化和放射。如果我们在统一战线工作中注入文化的因子，一定会提升统战工作的层次，增添统战工作的魅力，增强统战工作的感染力，扩大统战工作的影响力，进一步实现统一战线的大团结大联合。我们在统战工作中可以用河北人文精神的优秀思想来凝聚人心，可以用燕赵大地上的文化瑰宝和风流人物来激发统战成员的爱乡爱土爱国的热情，可以用宗教的“和”文化来促进信教群众之间的和睦，可以用西柏坡精神与唐山抗震精神来激励统战成员团结进取。我们用河北人文精神可以团结、动员生活在河北大地上的各界人士在促进和谐、科学发展、建设经济社会发展强省中作奉献，在坚定信心、应对挑战、消除金融危机影响中献才智。可以用燕赵文化召唤、吸引在省外、海外的燕赵儿女，为祖国振兴、家乡富裕献计献策、注资兴业。燕赵文化与河北人文精神是一笔巨大的思想资源，将它运用于统一战线工作，其凝聚团结统一战线成员为共同利益与目标而奋斗的能量与作用是不可估量的。

2. 发挥燕赵文化的价值功能协调重大社会关系，实现社会和谐

胡锦涛同志在党的十七大报告中，准确而深刻地分析了我国经济社会出现的阶段性特征，这些阶段性特征实际上是我国经济社会面临的一些突出矛盾。这些阶段性特征与突出矛盾造成了我国政治

领域和社会领域重大社会关系的调整与变化。我们党要完成构建社会主义和谐社会这一战略任务,就必须把握和处理好涉及党和国家工作全局的一些重大关系。正是以这种对阶段性特征的估计与分析为前提,以胡锦涛同志为总书记的党中央高瞻远瞩、总揽全局,全面深入地分析了我国当前政治领域和社会领域的状况,提出了当前需要准确把握和正确处理的五大关系,即政党关系、民族关系、宗教关系、阶层关系、海内外同胞关系。正确认识和处理五大关系,是党中央对新阶段统一战线提出的重大课题和战略任务。统一战线的主要职能就是化解矛盾、协调关系,为中国特色社会主义现代化建设事业创造和谐稳定的政治环境。

燕赵文化与河北人文精神是燕赵儿女在长期的历史发展进程中形成的价值取向、道德观念的结晶与精华,它有着强大的整合功能和导向功能。因而,发挥燕赵文化的价值功能,是协调关系、化解矛盾、实现和谐的有效途径。河北作为多种文化的交汇地,其文化精神自然地呈现出一种宽厚包容的价值取向。统一战线求同存异的特征实际上是一种宽厚包容精神的当代体现。统一战线各个党派、各个民族、各个阶层、各个信仰、各个地域的价值观、世界观、利益诉求、政治主张可以有所不同,但只要都具有宽厚包容的精神,都能求大同存小异,都能求中国特色社会主义之同、祖国统一之同、民族复兴之同,那就一定能和谐相处,就一定能实现各种关系的协调和融洽。因而,有必要通过一定的方式,在统一战线成员中进行燕赵文化与河北人文精神的宣传和教育,让他们在燕赵大地上的物质文化遗产与非物质文化遗产中感受燕赵文化之宽厚包容精神的内涵和魅力,体悟宽厚包容精神对于实现社会进步的价值和意义,进而在构建社会主义和谐社会中发挥正面作用。

3. 通过燕赵文化的弘扬与传播团结海内外同胞为祖国统一、民族复兴作贡献

文化有着很强感召力和传承性。尤其是优秀的民族文化能够使整个民族增强亲和力和凝聚力。中华儿女遍布海内外,不论他们身

在何方，都有割舍不断的民族情和桑梓情，中华文化的血脉在他们的精神世界中流淌。用中华文化的魅力和引力来团结海内外儿女为民族复兴作贡献，是最能奏效的举措。燕赵文化是中华文化的一部分，它同样有着上述的功能。尤其是散布在港澳台以及海外的河北籍同胞，用燕赵文化为纽带来联系他们是最好的方法。我们可以通过一定的形式、手段、媒介在海内外宣传、传播燕赵文化，如可以通过音乐、舞蹈、美术、书法等形式，走出去到省外、海外展览、演出、讲座宣扬燕赵文化，使海外的河北同胞认识燕赵文化、感受燕赵文化，呼唤起他们的乡土情感，使他们更加爱故乡、爱祖国，并为家乡与祖国的发展作贡献。也可以通过"请进来"的方式发展旅游业或文化交流活动，请省外、海外的朋友了解河北，亲近河北，进而热爱河北，热爱祖国，使他们能够在世界各地传播燕赵文化，扩大中国在世界的影响，同时也为祖国统一、民族振兴各自作出应有的贡献。尤其是港澳台及海外的华籍、华裔文化学者，更应该发挥他们的作用，通过他们的研究和传播来增强燕赵文化的影响力，通过他们的社会地位和社会联系来增强中华文化、燕赵文化的吸引力，进而增强海外同胞的民族凝聚力、培养他们的爱国主义精神，增强他们建设祖国、奉献家乡的主动性和积极性，团结他们为国家发展、祖国统一和民族复兴而共同奋斗。

4. 发掘文化资源，推动文化产业发展，发挥统一战线成员在经济建设中的优势与作用

文化既有意识形态的功能与属性，还具有经济的功能与属性。随着世界多极化、经济全球化的深入发展和知识经济的悄然兴起，科学技术的日新月异，文化与经济、文化与政治相互交融的程度不断加深，文化的经济功能越来越强。文化软实力越来越成为综合国力中的强大要素。在这种背景下，文化产业作为一种朝阳产业应运而生，不但成为世界新的经济增长点，而且在国家软实力、硬实力中的贡献率越来越大。因此，发展、繁荣以中华文化为内容的文化产业，不但是增强中华文化竞争力，维护国家文化安全，塑造和树立中国国家形

象的重要途径，而且成为发展经济、增强国力的新的振兴之路。

为中国特色社会主义的政治、经济、文化、社会建设作贡献，是新阶段统一战线的重要使命。统一战线成员人才集聚，有着特有的智力优势、技术优势和经济优势，特别是在文化产业发展中有着从精神产品向物质产品转换的独特职能。因此，统一战线成员应在把丰富的燕赵文化资源向文化产业转换中发挥积极作用。河北的旅游文化、饮食文化、建筑文化特点鲜明，有着发展文化产业的丰富资源。河北的戏剧、曲艺、武术、杂技艺术得天独厚，应该在推介宣扬的同时，创造更大的经济效益。蔚县的剪纸、武强的年画、衡水的内画、藁城的宫灯、保定的铁球、白洋淀的编织等非物质文化遗产有着很强的民俗性、艺术性、实用性和收藏价值，将其转化为文化产业并与旅游业结合起来，所产生的经济效益是相当可观的。我们应该发挥统一战线成员中艺术家等党外知识分子以及文化经纪人、文化策划人、民营文化企业主等新社会阶层的作用和优势，让他们在发展河北文化产业、弘扬燕赵文化、提振民族信心、发展河北经济中作出应有的贡献。

发挥区域文化优势，为黑龙江统战工作贡献力量

黑龙江省社会主义学院

文化是人类社会的灵魂，经济、政治、军事及外交等一切活动都包含着文化，造就着文化；文化同时也反作用于这些活动，影响着人类的发展。文化是一个国家的软实力，在人类社会的历史长河中处于重要地位，可谓是无时不有，无处不在，并不断地变化着、发展着、延续着。本文就如何发挥区域文化在地方经济建设和统战工作中的作用，作如下阐述。

一、文化及其功用

文化是一种社会现象，是人们长期创造形成的产物，同时又是一种历史现象，是社会历史的沉淀物。确切地说，文化是指一个国家或民族的历史、地理、风土人情、传统习俗、生活方式、文学艺术、行为规范、思维方式、价值观念等。

文化是一个国家的根，是一个民族的魂，是维系海内外华夏儿女紧密团结、血脉相融的精神纽带。中华文化是中华民族的灵魂，是增强中华民族凝聚力的旗帜。胡锦涛总书记曾强调“弘扬中华民族优秀传统文化是一件具有深远历史意义的大事”。

中国幅员辽阔，人口众多，是一个多民族的国家，中华文化博大

精深，源远流长几千年，各个地方、各个民族和不同时代的文化有机结合共同构成了中华文化，形成了历史文化与现代文明相结合，不同地域、不同民族文化交相辉映、百花齐放的文化格局。

这就要求我们树立求同存异、和而不同的和谐文化理念，客观上要求文化发挥整合功能，把全体社会成员的行为纳入理性、道德、法治的轨道。而如何发挥本区域特有文化的作用，为统一战线工作服务，整合各个党派、各种团体、各个民族、各个阶层、各界人士的力量，促进地方政治、经济、文化的和谐发展，则是摆在我们统战工作者面前的重要任务。文化功能发挥得好，则形成各方力量的合力，为经济建设发挥最大力量；反之，不同文化的冲突处理不当，则会给我们建设有中国特色社会主义的道路设置障碍，阻碍发展。

二、黑龙江地理人文环境和文化的构成

黑龙江省地处祖国东北隅，全省面积46万多平方公里，占全中国总面积的4.7%，东、北依邻俄罗斯，边界长达3000公里。古为肃慎地，汉朝属挹娄、夫余地，唐属渤海国，辽属东京、上京道，金属上京路，元属岭北和辽宁行省，明为女真地，清初为黑龙江将军辖区，清末置黑龙江省。

黑龙江省属寒温带－温带、湿润－半湿润季风气候，四季分明，土地肥沃，资源丰富，是我国装备制造、石油化工、煤炭、林木加工、粮食和医药的重要生产基地。

凉爽怡人的气候，使黑龙江成为我国夏季的避暑胜地、冬季的冰雪乐园。独特神奇的生态旅游资源、时尚浪漫的旅游产品和独具地域民族特色的人文景观，可谓是春季活力世界、夏季清凉世界、秋季多彩世界、冬季冰雪世界，目前已经形成了火山游、森林游、生态游、冰雪游等多项品牌旅游项目。

黑龙江是20世纪移民较多的地区。20世纪初修建中东铁路后，俄罗斯人、犹太人及20多个国家的近20万侨民涌入，因此具有一般

的移民文化，更是典型的中外交流文化，形成了独具国际交汇特色的建筑文化、饮食文化、教育文化、宗教文化；同时国内的山东、河北等省份的移民也大量地流入北大荒这片没有开垦的黑土地，带来了具有齐鲁、燕赵地域特色的文化内容。这就形成了独具特色的龙江文化，使黑龙江这广袤的黑土地积淀了移民文化、流人文化、北大荒文化、冰雪文化、石油文化、森林文化，从而构成了多元化的龙江文化格局和既具有边疆和民族色彩，又带有中西合璧、南北交融性质的文明特质。由于地域和历史文化特点铸就了龙江人热情好客、粗犷、豪放的性格，他们敢爱敢恨，遇事果敢，在建设有中国特色的社会主义和构建和谐社会道路上更彰显活力。

三、充分利用现有文化资源，为统一战线工作服务

黑龙江因独特的地理人文资源吸引着大批投资者来这里发展，他们既有省外的、国外的，又有港澳同胞，其中一部分人与我们还有历史渊源，这就形成了一个特殊的群体。

他们带来大量资金和先进生产技术的同时，也带来了不同地区、不同种族的文化，与本地文化交融在一起，互相影响着，这就要求我们去其糟粕，取其精华，为我所用，用社会主义和谐文化加以引导，做好这部分人的统战工作。还要让他们知道龙江文化、喜欢龙江文化，真正热爱龙江，甘心情愿投身于这片热土。充分利用龙江特有的文化特点和区域优势加强他们的民族认同、国家认同、文化认同，不断探讨和尝试统战工作的新的方式方法，加强与台办、台联、侨联、工商联和海外联谊会等各单位的联系，掌握统战对象的思想状态和所欲所需。

充分利用现有文化资源做好统一战线工作，要以科学发展观为统领，用先进的思想和理念来指导，以开阔的胸怀去包容，以喜闻乐见的形式予以表现；整合统战系统各成员单位的优势和资源，互补不足，形成合力；借助大专院校、科研院所的教学和科研力量充分挖掘

和宣传地域文化，为统战工作服务。

四、关于黑龙江省利用文化资源为统战工作服务的几点认识

我们认为，文化具有物质和精神的双重属性，文化是人类文明的延续，是人类思想的碰撞和智慧的结晶，我们要充分发挥这一纽带和桥梁的作用，为黑龙江省统一战线工作服务。

（一）在不同的人群中寻找共同的文化，寻求共识，以此为媒介、交朋友、促和谐

比如黑龙江省曾以围棋这一世界性的文化项目为切入点，于2008年8月成功举办了“迎奥运2008同心杯龙港澳围棋友好交流赛”活动，吸引了大批棋迷来观战，得到了多家媒体的报道，这次活动既为北京奥运加油，弘扬了奥林匹克精神，同时也促进了龙港澳粤四地围棋爱好者的交流，其中不乏来黑龙江省投资的企业家朋友，省委统战部领导充分肯定了这次活动，提出要把围棋赛作为一个品牌坚持办好，发挥文化在统战工作中的积极作用。

这是一个成功的例子。在此基础上，要进一步拓展文化交流的广度，挖掘更多操作性强的、具有代表性和针对性的文化体育项目，以学术论坛、文化论坛、交流比赛、参观考察等多种形式体现出来。以区域文化为基础，以中华文化学院为平台，继续探讨黑龙江冰雪文化、石油文化、流人文化、北大荒文化等主要基调，吸引海内外宾客来龙江考察、旅游、投资。

（二）挖掘龙江特有文化闪光点，吸引海内外有识之士

1. 冰雪文化

黑龙江有独具特色的冰雪资源，每年都会吸引大批海内外游客，哈尔滨每年都会举办冰雪游园会、冰雪大世界、雪地拉力赛等多个海内外知名的活动，2009年还成功召开了第24届大冬会，在很大程度上提升了哈尔滨的知名度和影响力，赛场上冰雪健儿争金夺银的同

时也增进了友谊,更拉近了哈尔滨和世界的距离。

作为统战工作者,应在这一优势资源中寻找切入点,为统战工作服务,多渠道、以不同的方式宣传冰雪文化,弘扬冰雪文化,吸引各方面的人才来到龙江,留在龙江,发展龙江,为龙江建设服务。

2. 中西合璧的哈尔滨文化

我国与俄罗斯主要的边贸活动都是在黑龙江,境内也有不少的俄罗斯人定居、生活和工作。19 世纪末,沙俄获得了中东铁路的修筑权。随着中东铁路在哈尔滨的修建,成千上万的俄罗斯工程师、铁路职工、沙皇军队员及其家属开始迁移到哈尔滨居住,与此同时,他们把俄罗斯文化引入了哈尔滨,在建筑、教育、文学艺术、饮食服饰、语言等方面产生了巨大的影响。如今,在哈尔滨有俄罗斯商品一条街、俄罗斯风情园、俄罗斯艺术展等多个具有俄罗斯特色的主题场景,此外还建立有中俄友好城市、友好院校、俄罗斯文化节等多个合作项目。

另外,20 世纪初这里曾是犹太人、俄罗斯人等民族移居定居较集中的地方。在哈尔滨定居期间,犹太人创办了犹太宗教公会、犹太妇女慈善会、贫病救济会、养老院,建立了犹太会堂、医院、学校、图书馆、银行以及大量的工贸企业,形成了相当完整的犹太社区体系,与哈尔滨人民休戚与共,创造了无数经济奇迹,成为哈尔滨早期金融业、工商业的奠基人及哈尔滨最早走向世界市场的开拓者。他们拉近了哈尔滨与国际市场的距离,使这里的商贸活动异常活跃,由于他们把中国的大豆首次出口到欧洲,使之成为国际市场的热门货,获得了“世界性商品”的美誉。

哈尔滨犹太人遍布世界各地,有的已跻身世界名人之列,以色列几届政府中的一些部长就曾是哈尔滨犹太人,这些犹太人一直将哈尔滨当作自己的再生之地和故乡。

充分利用这一优势,根据历史渊源与现实地缘关系,进行文化往来,与他们广交朋友,宣传政策,积极引导,欢迎他们重回旧地,来走走,来看看,激发他们对故乡的怀念与热情,为龙江经济与社会发展招商引资,牵线搭桥。

3. 黑龙江黑土文化、北大荒文化与“闯关东”情结

闯关东是我国历史上一个非常独特、影响巨大的文化现象。闯关东的山东人最多，其次是河北人、山西人、河南人，因此，黑龙江与这些省份有着千丝万缕的联系。闯关东流民几百年来与黑龙江人有着血浓于水的情脉，在黑土地上繁衍生息。他们与龙江人民一道，几代人奉献于黑土地，在北大荒的开垦与建设中起着重要的作用，共同创造了北大荒精神，集中体现了“勤劳勇敢、创业奉献”的思想品质，于是形成了黑龙江特有的黑土文化、北大荒文化与“闯关东”情结，也铸就了黑龙江人豪爽、仗义、勤劳、敢闯敢为的品格。

利用这一文化主线，弘扬这种品质精神，在加快发展的新阶段，大力弘扬敢闯敢为、开拓创新的大无畏精神，积极探索前无古人的前进道路，坚持豪爽率真、团结“异己”的和谐精神，充分吸收各兄弟省市的先进技术和管理经验为我所用，鼓励各方面专门人才第二次“闯关东”，支持龙江建设。

因此，在认识上我们要更加清醒，以文化的力量团结一切可以团结的人，以文化的魅力感染一切来龙江的人，搞好区域文化建设，利用好文化资源是统一战线工作的重要组成部分。文化功能发挥得好，可以起到事半功倍的效果，我们要继续挖掘更多的可利用的文化资源，探讨更好的利用文化资源为统战工作服务、为经济建设服务的新途径，将文化统战工作切实开展下去，长抓不怠。

发挥中原文化对促进台湾回归祖国的重要作用

吴宝志　王远启

吴宝志:河南省社会主义学院院长,副教授
王远启:河南省社会主义学院教研室负责人,副教授

中原文化是中华文化的重要源头之一,是中华文化的核心部分,在中华文化的整体格局中占据显要位置。当今,中原文化作为区域文化仍然具有强大的凝聚力量,广泛影响和有力推动着经济发展和社会进步。在实现祖国完全统一的过程中,要充分发挥中原文化对促进台湾回归祖国的重要作用,运用文化的载体和抓手积极开展对台工作。

一、发挥中原文化的桥梁作用,增进台湾与内地的沟通与了解

文化传播、文化交流是增进不同地区的人们相互了解的最好方式,通过文化这座桥梁,能够把不同地区、不同背景的人们"连接"起来,进行沟通、对话。闽台文化本来同根、同源,闽台文化和中原文化是一脉相承的关系,台湾文化根源于中原文化。历史上闽台社会发展都和来自中原的大规模移民密切相关。从西晋末年的永嘉之乱到北宋灭亡时的靖康之难的800多年间,中原大批移民入闽,中原文化南播福建,和福建先住民文化融合。而明、清以来的三四百年间,主要来自福建的汉族移民又把植入福建的汉族文化带到台湾,并和台

湾的先住民文化融合。由此可见，文化是桥梁，闽台一家亲，海峡两岸人民人文的一致性最多，其源头是中原文化。闽台文化是中华文化的重要一支。由于中原文化的根源性特质，中原文化与台湾文化既有诸多相同点，又有地区差异性，这两种渊源深厚的文化之间容易沟通，因而，中原文化对于增进台湾与内地的沟通与了解，具有非常重要的桥梁作用。

在对台文化交流中，河南省注重突出中原文化的亮点，为推动两岸关系健康发展架起文化桥梁。2008 年 11 月 23 日至 29 日，“中原文化宝岛行”系列活动在宝岛台湾举行。在《梨园飞歌 · 少林功》的演出中，豫剧名家悉数登场，少林神功亮出绝活，少林功夫的冲天豪情与中原戏曲的美妙旋律让台湾观众流下激动的泪水。“中原文化宝岛行”大获成功，精心策划的活动、精彩纷呈的演出、规模空前的阵容，充分展示了中原文化的魅力，赢得了台湾同胞的啧啧称赞。❶

中原文化不仅极大加深了台港澳同胞和海外侨胞对中华民族的认同感和归属感，而且有利于消除海峡两岸人民的隔膜，加强内地与台湾的沟通、联系，促进两岸的经贸合作、文化交流、人员往来，更使中原文化成为反“独”促统的重要载体，为“建设中华民族共有精神家园”作出贡献，最终有利于台湾回归祖国。

二、发挥中原文化的纽带作用，密切台湾与大陆的往来与联系

江泽民同志指出，“中华各族儿女共同创造的五千年灿烂文化，始终是维系全体中国人的精神纽带，也是实现和平统一的一个重要基础”。❷中华文化的纽带作用，使得中华文化能够跨越地域界限把同一文化的不同人群紧密地联系在一起，使不同地区、不同身份的人们产生对同一文化的归属感、认同感和荣誉感，显示出民族凝聚力。

---

❶ 《中原文化的独特魅力赢得台湾同胞广泛认同》，河南日报，2008－12－07.

❷ 《江泽民文选（第 1 卷）》，人民出版社 2006 年第 1 版，第 422 页。

中原文化在发挥争取人心、凝聚人心的纽带作用方面，具有独特优势。这是因为中华文明的源头、中华民族的发祥地主要在中原，中华民族的姓氏之根（主要指汉民族的姓氏），绝大部分也在中原地区。

中华姓氏大多根源于中原。在袁义达、杜若甫主编《中华姓氏大辞典》所列11969个姓氏中，有4925个未注明姓氏来源，有2224个系少数民族姓氏，余下4820个为汉族姓氏。有关研究表明，在这4820个汉族姓氏中，起源于河南的姓氏共有1834个，占38%。此外，在当今按人口多少排列的前120个姓氏中，源于河南的有52个，部分源于河南的有45个。无论是李、王、张、刘为代表的中华四大姓，还是林、陈、郑、黄为代表的南方四大姓，其根均在河南。河南省姓氏学专家谢钧祥先生依据上述姓氏排序，详细考察了100家大姓的源流情况，发现依人口数量多少而排列的100家大姓中根源全部在河南或部分在河南的共有78个。当然，在这100家大姓之外，还有很多姓氏是根源于河南的。[1]可见，河南是姓氏资源第一大省，海内外华人的祖根大半在河南。

两岸关系血浓于水。1988年台湾出版了一部巨著《台湾族谱目录》，收录200多姓万余谱牒，细究这些家族的开基祖，大部分来自中原。“台湾省文献委员会”主任林道衡称，台湾共有1694个姓氏。其中陈、林、黄等十大姓氏的人口数累计总和在全台湾各县市总人口的比例中，低于50%的有新竹县、桃园县及基隆市，其余各县市都超过半数以上。对十大姓氏的堂号源流进行考察，发现大多数都是源于大陆的中原河洛地区。[2]海峡两岸同胞同宗同源，血脉相连。

中原文化早已渗透到台湾同胞物质生活与精神生活的各个方面，成为凝聚两岸中国人的精神纽带。近年来，河南省以“万姓同根、万宗同源”为主题举办的陈、林、张、叶等姓氏文化节，得到了海内外炎黄子孙的广泛认可与响应，在台湾同胞中也掀起了到河南寻根谒

---

[1] 谢钧祥：《中华百家大姓源流》，中州古籍出版社1996年版。

[2] 甘永煌、陈伟建：《话说闽台文化——一水两岸共源流》。中国台湾网. http://www.chinataiwan.org/wh/lasy/200707/t20070731_392307.htm。

祖的热潮。这些姓氏文化活动的成功举办，是中原根文化时空穿透力的生动展现。中原的根文化把豫台两地的中华儿女紧紧联系在一起，到河南投资的台胞与日俱增。截至 2008 年底，已有 1484 家台资企业在河南省落户，河南合同利用台资 16.55 亿美元，实际到位台资 11.27 亿美元，大项目逐步增加，台塑集团在河南兴建电厂的第一期工程投资就达到 52 亿元人民币。目前，全省已建立 5 个省级台湾工业园，13 个台商投资园区。实践证明，在豫台往来和交流中，以爱国主义为旗帜，积极发挥中原文化的纽带作用，既能推动豫台经济融合，为两岸和平发展奠定更为扎实的物质基础，提供更为强大的经济动力，又能对“文化台独”形成有效遏制，加强海峡两岸人民的团结，促进祖国早日实现完全统一。

三、发挥中原文化的凝聚作用，扩大祖国对台湾的影响力与吸引力

民族凝聚力是中华民族共同的民族心理和民族精神的集中体现，民族凝聚力以传统文化为基础和依托，传统文化是民族凝聚力的母体。中华文化具有强大的凝聚力，因为它是一种以人为中心的文化。中华文化历来强调修身、齐家、治国、平天下，要求每个人不仅要对自己、对家庭负责，更要为社会、为国家服务。由此决定了个人与社会的紧密联系，决定了中华文化对中华民族有着巨大的凝聚力。

中原文化源远流长，瑰丽灿烂，是中华文化的典型形态，在中国历史上的影响极其深广，千百年来一直发挥着凝聚人心的重要作用。中原文化的凝聚作用，表现为中原文化内在的向心力在促进民族团结中所发挥的聚合作用。中原文化作为中华民族的根文化，作为传承中华文明的主干文化，长期以来成为海内外华人魂牵梦萦的精神寄托。台湾文化打上了中原文化的深深烙印。许多台湾人称自己为“河洛郎”或“河洛人”。“河洛”为上古中国开基之地，由河洛而中原。“河洛郎”是从台湾传回的称呼，而河洛地区的人们并不这样自称。实际上台湾

人对从闽南迁居台湾而祖籍在河洛地区的人，才称呼其为“河洛郎”或“河洛人”。由此可见，台湾“河洛郎”这一称呼直接来源于台闽豫之间悠久的历史渊源关系，显示了台湾同胞对中原河洛文化的充分认同，体现了中原文化强大的凝聚作用。我们要充分发挥、积极强化这种凝聚作用，不断扩大祖国对台湾的影响力和吸引力。

河南省在豫台文化交流中，注重打造中原文化的品牌，发挥中原文化的凝聚作用。比如，自 2006 年开始举办的黄帝故里拜祖大典，正由初期的文化符号、文化资源变成一种大型文化活动，成为中原文化的一个“金字招牌、强势品牌”，具有较强的文化辐射和带动效应。

2008 戊子年黄帝故里拜祖大典，有来自 158 个国家和地区的两万多名海内外人士参加。新党主席郁慕明，中华黄埔四海同心会参访团团长罗文山先生，陆军官校校友会参访团团长宁攸武先生，中国国民党黄国雄党部团团长康景文先生，台湾中国统一联盟主席王津平先生，应河南省委邀请参加拜祖大典。[1] 2009 己丑年黄帝故里拜祖大典，亲民党主席宋楚瑜及夫人应邀出席，共有来自 32 个国家以及港澳台地区的 2000 多名嘉宾参加，涵盖海外商会、华侨华人社团、姓氏宗亲会、知名企业等领域，大典主题为“同根同祖同源，和平和睦和谐”。“同根同祖同源”突出体现了黄帝故里作为中华民族精神家园、祖根圣地的地域特征；“和平和睦和谐”，表达了对两岸之间、对全世界之间和平、和睦、和谐的美好祝福。[2]

四、发挥中原文化的亲和作用，增强台湾同胞对中华文化的认同感与民族意识

中华文化世代相传的思维方式、价值观念、行为准则、风俗习惯，

---

❶ 《高端网谈》特别报道：戊子年黄帝故里拜祖大典。人民网. http://www.hnsc.com.cn/news/2008/04/08/280875.html。

❷ 河南新郑举行己丑年黄帝故里拜祖大典。新华网. http://news.xinhuanet.com/photo/2009/03/29/content_11094688.htm。

渗透到每个中国人的血脉中，中国人对中华文化都有强烈的文化认同感。而博大精深的中华文化——或哲学，或文史，或政治，或伦理，以及医学、农桑、民俗、音乐、戏曲、舞蹈等，皆发端于中原地区。因而中原文化对于海内外中华儿女具有强大的亲和作用。发挥这种亲和作用，就能够加强台湾同胞对中华文化的认同感，就能激励两岸同胞“共同继承和弘扬中华文化优秀传统，开展各种形式的文化交流，使中华文化薪火相传、发扬光大，以增强民族意识、凝聚共同意志，形成共谋中华民族伟大复兴的精神力量。”❶

——**戏曲文化**。河南是全国戏曲大省，有豫剧、曲剧、越调、坠子、宛梆等20多个地方剧种。豫剧，享誉海内外，有着深厚的中原民俗文化底蕴、源远流长的戏曲文化积淀以及广泛的群众基础，是一种为大众所喜闻乐见的剧种。豫剧在台湾同样有着深厚的民众基础，很多台湾同胞对豫剧情有独钟。由豫台两地豫剧团联袂打造的新编历史剧(豫剧)《台北知府》，塑造了一位河南籍“台北知府”陈星聚清正孝廉、忠诚爱国、受到台湾人民爱戴的艺术形象。这部豫剧精品，已在郑州正式演出，随后即赴台演出交流。

——**宗教文化**。中华民族传统文化的一个重要特点就是儒、释、道“三教合流”，而宗教文化是中原文化的一大亮点。道教是中国的本土宗教，被奉为鼻祖的老子李聃是河南鹿邑人。登封中岳庙是历代皇帝祭祀中岳神的地方，是我国现存最早、规模最大的道教建筑群之一。佛教传入中国后，第一座佛寺白马寺就在河南洛阳。洛阳的龙门石窟是佛教三大艺术宝库之一，已被列入世界文化遗产名录。在佛教文化史和中外文化交流史上鼎鼎大名的玄奘法师，是河南偃师人。河南独有的宗教文化资源为台湾宗教界人士所向往。2003年9月，台湾中华道教总会朝圣团来大陆参访，寻访老子圣迹。2009年3月31日下午，台湾亲民党主席宋楚瑜先生一行10人参访河南南海禅寺。2009年3月24日，台湾生命电视台台长海涛法师一行参访河南佛教学院。

---

❶ 胡锦涛：《携手推动两岸关系和平发展 同心实现中华民族伟大复兴——在纪念〈告台湾同胞书〉发表30周年座谈会上的讲话》，《人民日报》2009年1月1日，第2版。

——**医药文化**。中原医药文化是中华医药传统文化的重要组成部分。黄帝被后人公认为中医药的创始人,《黄帝内经》是中医的指导性著作。东汉南阳人张仲景的《伤寒杂病论》,提出了六经辩证的理论体系,是我国第一部理、法、方、药兼备的中医经典专著。洛阳龙门石窟的“药方洞”,保留有北齐时期完整的中医药方118个,治疗病种达37个。北宋都城开封的“针灸铜人”,为针灸医学发祥地的象征。目前,两岸中医药界进入务实合作的最好时期,要让台湾民众更多了解中原医药文化,争取台湾民心的回归。

——**民俗文化**。中原地区民俗文化特色鲜明,斑斓多姿。中原民俗创造了民间的生活形态和艺术品,如太昊陵庙会、洛阳花会、信阳茶叶节、马街书会、开封夜市等古代的民间节会至今不衰,开封的盘鼓和汴绣、朱仙镇木版年画、南阳玉雕、濮阳和周口的杂技等民间艺术享誉中外。中原民俗文化是展示中原文化的重要窗口,为民众的直接参与和体验提供了便利,极具亲和力。

——**和谐文化**。中原文化倡导厚德载物、天人合一,强调人与自然和谐、人际关系和谐以及人身心的和谐,奉行“己所不欲,勿施于人”、“礼之用,和为贵”的准则,和谐、包容、和平共处是其基本价值。台湾的传统文化教育很好地保留了中国传统文化的精华,对维护台湾社会的和谐发挥了文化的影响力。中原和谐文化,不仅有利于中原的发展,而且对推进不同区域的和谐发展,实现内地与台湾的合作共赢,具有深远意义。

邓小平曾指出,“现在最大的统一战线问题,是台湾回归祖国、实现祖国统一问题”。[1]党的十六大进一步提出了“寄希望于台湾人民”的方针,明确了最大程度地密切两岸人民关系、最大限度地争取台湾民心的对台工作新思路。因此,充分发挥中原文化的重要作用,增强台湾同胞对中华文化的认同感,是把“寄希望于台湾人民”方针落到实处的一条重要途径。

[1] 邓小平:《新时期统一战线是社会主义劳动者与爱国者的联盟——邓小平论统一战线》,中央文献出版社1991年版,第158页。

关于“一国两制”条件下香港文化建设的思考

刘芳彬

刘芳彬：女，中央社会主义学院中华文化教研部讲师

香港文化是中华文化的重要组成部分，中华文化是香港文化的根和源。但在英国一百多年的殖民统治下，香港文化出现了一些“断根”现象：港人缺乏国家观念、民族意识，缺乏对中华文化的认识和了解。在缺乏深厚民族文化底蕴条件下衍生出许多幼稚、浮躁、不成熟的新文化现象，给香港的繁荣稳定带来一些不和谐的音符。因此，“一国两制”条件下的香港文化建设要解决的是对中华文化的“续根”问题。弘扬中华文化，铲除殖民文化的影响，在香港文化中加厚中国文化底蕴，增强文化认同，构建以中为主、中西结合的多元文化，是保证“一国两制”成功实践的根基，也是促进社会和谐、稳定、繁荣的保障。

一、香港文化生态的特点

香港自古以来就是中国的领土，鸦片战争后沦为英国的殖民地。一百多年间，英国实施了一系列的殖民统治措施，消除香港同胞原有的中华文化认同，断绝其对原有文化根源的怀想，用西方的文化重塑港人的文化认同，使得港人自觉在文化上有别于中国人，文化认同混乱。他们在看待自己香港本土的文化现象时往往不自觉地被制约，

套用了英国殖民者审视与评定事物的标准与理论,因而造成本身文化认同上的缺失,这便是所谓的“文化原本的失真”,❶由此凸显出香港文化生态的特点。

在这里,中西文化在碰撞、交流中逐渐形成了一种兼收并蓄、多元共生的“海洋文化”。犹如香港作家也斯先生所描写的那样:香港“就像一个橱窗、复合商场、比邻的大厦,不是由一个中心辐射出来,而是彼此并排,互相连接。你可以从中环的太古广场走下金钟地铁车站,从美国图书馆走向一个超级市场,你发觉商场、酒楼、影院和政府的办公机构互相通连。你轻易地从文化空间走入商业空间,从私人的空间走入公众的空间,界线模糊,他们是互相重叠、互相渗透的。在这些空间中流连,你逐渐发现很难分辨什么是本来的,什么是外来的;什么是自己的,什么是他人的;什么是传统的,什么是现代的;什么是东方的,什么是西方的。商店的招牌,物品的标记,广告上的符号也都使用一种混杂的文字,意蕴互涉,牵叠了不同的文化脉络”。❷不难看出,中华文化在这里已经失去了主导地位,文化认同也向多元方向发展。在这种情况下,香港文化呈现出明显的“重商轻文、重西轻中”的特点。

首先,香港是个典型的自由市场经济地区。香港自开埠以来,一直实行自由开放的经济政策,这种经济政策促进了香港的发展。“香港奇迹”主要就是指香港高度发达的经济成就。经济的发展,使得香港人的工作生活节奏非常之快,绝大多数人整日忙碌不休,日复一日,年复一年,市民都在为赚钱奔忙,为生意不息。在这种生活氛围中,文化也被赋予商业化特征,主要成为企业、公司推销产品、发布广告、外表包装、赚钱盈利的手段。在人们的认知中,商业文化往往是休闲、娱乐、消遣、推销、包装、广告的代名词,给人的印象是层次较低,比较肤浅,缺乏品位,过眼即忘,不能给人以更深层的启迪,难给人以鼓舞,不能凝聚社会,不能升华精神。因此,商业文化是不能代

---

❶ 《浅论香港的文化认同问题》,《世纪中国》,2002 年第 12 期。

❷ 转引夏春平:《香港文化色彩》,龙门书局出版 1997 年版,第Ⅸ页。

表一个国家、地区或城市文化水准的，所以，有人非常形象地称香港是“文化沙漠”地带。当然，这种说法虽有偏颇，没有完全反映香港文化的全貌，但也的确从一个侧面反映了香港文化发展所存在的文化结构畸形、文化水平不高、文化名人不多、文化成果有限、文化设施不足、文化氛围不够等问题。

其次，殖民统治的影响。香港自古就是中国的领土，中国人占香港总人口绝大多数(95%以上)，但不容否认，香港社会认可的主流文化至今仍是以西方文化为主，而中华民族传统文化则没有受到应有的重视。这种格局可以从香港社会对子女教育倾向的取舍中略见一斑。比如，在香港，以母语作为教学语言的中文中学受到社会普遍的歧视，而以英文作为教学语言的英文中学则受到人们的重视，1998年当特区政府推出母语教学举措时，受到当时社会相当大的阻力，争议非常激烈。造成香港社会重西轻中的主要原因是长期港英殖民统治的结果，在英国长达一个半世纪的殖民统治期间，英国殖民者对中华文化采取的是隔绝与扼杀的政策，殖民者从教育入手割断港人与民族文化联系的纽带。这也是为什么今天如此多港人不认识、不了解、不熟悉国家、国情、历史、民族文化的根源所在；许多市民至今听不懂更不会讲普通话，仍有很多人看不起自己优秀的民族文化和民族语言，他们对西方的文化顶礼膜拜，唯西方社会马首是瞻，个别受殖民统治影响较深的港人，甚至不惜充当西方社会的“棋子”。

正是由于缺乏民族文化的深厚根基，缺乏对中华五千年文化的了解，更缺乏对中国历史文化的研究、挖掘与普及，香港社会呈现出一种“无根”的文化怪胎。许多人因为对民族政治文化的认识一片空白而对西方政治文化又一知半解，所以对香港政治文化的理解肤浅而幼稚。回归后，在香港的政制发展问题上，香港的反对派只知道照搬西方模式，而完全忽略了香港的历史背景、社会现状和政治现实，一味地强化“一人一票”的所谓“普选”，不断挑起矛盾，给香港的繁荣稳定带来不和谐的声音。

二、"一国两制"条件下香港文化发展面临的主要问题

香港的回归不仅是政治回归,也包括文化回归。一般来说,文化认同度与民族归属感呈正比关系。一个社会共同体的成员文化认同程度越大,该社会共同体的凝聚力和归属感必然越强。而没有文化认同和自省的共同体,即使它有足够的民主,有丰富的繁荣,那也只会是一个没有灵魂和自尊的躯壳。长期以来,香港缺乏文化战略发展规划。回归前,香港的文化发展一直未受到政府的重视,在缺乏政府统一的规划与安排下,香港的文化发展基本上处于放任自流的状态。而在教育上,港英政府采取"非政治化"的公民教育,有意识地淡化国家、民族等概念,割裂与中华文化的根脉。按香港学者的说法:中英联合声明签署以前,香港学校的公民教育可说是"无民族"、"无政治"的"疏离式的子民教育"。生活在"子民式政治文化"下的香港人,实际上只具有"居民"类属而无"公民"身份,[1]自然也没有公民的意识。在这种情况下,香港文化的发展主要是商业味很浓的表演文化。在人们的眼里,香港的文化就是流行歌曲、电影,香港的文化名人就是歌星、影星。香港自编自导及生产的戏剧、歌剧、电视剧,不是模仿西方,就是武打、搞笑,已经很少有地方特色、有深厚文化内涵的精品,中华民族的优秀文化在香港的文学、表演、视觉及电影等文化艺术事业领域不能很好地发扬光大。

回归后,特区政府已经意识到文化建设的重要性,并于2001年专门成立了香港文化发展委员会,2002年推出了香港文化发展的咨询报告,提出了"一本多元创新求变"的文化发展主题,确立了香港的文化特色就是一本多元,而长远的文化目标是"在中国文化基础上,开拓国际视野,吸取国外优秀文化,将香港发展成为开放多元的国际

[1] 朱白薇、孟庆顺:《香港公民教育与文化认同》,郑州大学学报(哲学社会科学版)2005年,第38卷,第1期。

文化都会”。但是，效果并不显著。有香港学者谈道：一直以来，康乐及文化事务署将眼光主要放在表演、展览、会议等短、平、快的文化项目上，政府可以为诸如维港“巨星汇”这样的宣传性演出不惜工本，但用于对香港文化发展具有长远影响的民族传统文化、历史文化之研究、发掘、普及、推广的费用与补贴却捉襟见肘。[1]

我们看到香港回归10多年来，在中央政府的大力支持下，香港渡过了一次次危机，内地与香港经济正日趋融合，正在逐渐走向一体化，香港经济正在越来越倚重内地经济的带动，无论从香港与内地的经济联系，还是从地缘关系，抑或从人文血脉渊源，中国文化都应该在香港占据主导位置。然而，很多港人对国家、对民族文化、对中华历史的认识和了解并没有出现根本的转变，如香港有立法会议员甚至将提倡爱国爱港视为极“左”表现，也有“知名人士”发表反对香港与中国内地加强联系的言论，将“背靠祖国”和“面向世界”加以对立，将“一国”与“两制”加以分离，实际上只讲“两制”，不要“一国”，等等。这应该引起有关部门的高度关注。“一国两制”条件下的香港是直属于中央政府、实行“港人治港”和高度自治的特别行政区，如果没有对祖国文化的自觉认同，很难自觉贯彻“一国两制”的方针，实行高度自治，这将直接影响“一国两制”在香港的顺利实践，甚至影响祖国统一大业的进程。

三、构建以中为主、中西结合的现代文化

香港回归后，在中央人民政府的大力支持和特区政府的领导下，在全体爱国爱港人士的共同努力下，香港保持了稳定和繁荣，香港的文化建设也提出了“以中华文化为主”的“一本多元”的发展方向，中华文化因素不断增长，港人的国家观念、民族意识有所增强。但是，我们必须看到，香港是在英国殖民统治长达一百多年后才回归祖国

[1] 《香港商报》，2004年8月26日。

的,港人受西方文化、价值观念、民主意识的影响很深,自然在某些地方存在着与建设中国特色社会主义理论不相适应,甚至存在着对香港发展、繁荣和稳定形成负面影响的因素。因此,我们要在坚定不移地贯彻落实“一国两制”方针和香港基本法的同时,必须大力弘扬中华文化,加强爱国主义和民族科学文化的宣传教育,采取各种措施,拓宽内地与香港交流的渠道,构建以中华文化为主、中西结合的现代文化特色,以包容的心态把西方的现代文明成果和我国优秀文化融合起来,创造出现代化的香港新文化。既增强港人对中华文化的认同,促进人心回归,又突出香港特色,有利于香港社会的和谐稳定。

首先,弘扬中华文化,增强文化认同。

文化是历史和传统的长期积淀。对于一个民族来说,文化是其精神密码,是一个民族生存的方式,是一个民族对自己生存的意义、存在的价值进行诠释和评价的内在标准。中华民族的优秀文化是个宝库,蕴藏着众多的精华,为中华民族的团结、奋进提供了巨大的精神动力,对中国人民和中国历史的进步和发展起着巨大的作用。江泽民同志曾指出:“中华民族儿女共同创造的五千年灿烂文化,始终是维系全体中国人的精神纽带,也是实现和平统一的一个重要基础。”因此,“一国两制”条件下的香港应当重视弘扬中华民族优秀的传统文化,促进港人对中华民族的文化认同。

“文化认同是民族凝聚力的根基。”因为,文化具有超时空的稳定性和极强的凝聚力,一个民族的文化模式一旦形成,必然会持久地支配每个社会成员的思想和行为,在人类历史进程中,同一民族通常都具有共同的精神结构、价值系统、心理特征和行为模式,人们正是在这种共同的文化背景中获得了归属感和认同感。[1]中华文化是中华民族身份认同的基本依据,“崇尚统一”是这个文化价值体系中最显著的特征之一。数千年来,国家统一一直被视为国家的最高政治目标和民族的最高利益,一切政治活动通常都以国家统一作为核心价值

[1] “文化认同:最坚固的国防”www.zjol.com.cn,2005年05月08日,浙江在线新闻网站。

和行为准则。这种民族心理沉积于中国社会和价值系统的最深处主导着中国的政治法律制度、经济生活方式和主流价值观念。中国历史上虽然有分有合,但不论是分裂时期还是统一时期,中华民族都有一个共同的思想意识,这就是国家统一的意识。中华文化这种强烈的国家认同意识,为遏制分裂倾向、凝聚统一意志、消除政治歧见提供了最坚固的精神堤防。“一国两制”正是我们党继承和发展了极其丰富的中华优秀传统文化的内涵,如“和为贵”、“和而不同”、“中华一统”等思想提出的实现国家统一的一种和平政策。事实上,也正是有这样的一种文化认同,把有着不同的政治背景、宗教信仰、生活经历的港澳同胞紧紧地联系起来,他们最终回到了祖国的怀抱。因为,深厚而悠久的民族文化给予了他们一个共同的名字:炎黄子孙!

香港回归后,在政治层面上,香港民众对“一国两制”表现了高度的认同,因为“一国两制”保证了香港民众的现实利益不受损害,人们的生活不受任何影响;但在民族和文化的认同上却出现“断根”现象,需要一定时间的“续根”教育和宣传,因为英国150年的殖民统治,西方的殖民文化及其殖民教育已经腐蚀了人们的心灵,曾一点点地冲淡了人们对中华民族和中华文化的记忆和认同。在香港,传统文化受到怀疑,民族凝聚力受到民族分裂主义的挑战,因此,在这种情况下,弘扬优秀的中华传统文化,增强港人的文化认同显得尤为重要。为增强港人的爱国主义意识和对祖国的认同,进一步加强民族文化教育,领悟崇高的中华民族精神,特区政府、香港社会、香港市民必须加紧文化补课工作,形成一个完整的文化发展规划和行动纲领,强化中华传统文化的宣传教育。

其次,强化国民教育,促进人心回归。

殖民统治下,香港没有国民教育。长期以来,港英政府有意地回避政治问题,淡化政治气氛,在教育政策上只注重培养工商应用型人才,香港社会的各种媒体又大都以赢利为目的,舆论导向和宣传媒介只停留在满足官能与民俗的层次上,这就使得港人的政治和社会观念异常淡漠,而实用主义却极度膨胀。港英时期的香港学校未能培养港人对祖国的依恋感和归属感。加上香港与内地在社会制度、生活水平、教育制度与社会价值等各方面存在很大差异,以至很多香港人并没有很强的民族文化意识与身份认同。香港文化教育是典型意义上的“断根”。

中英联合声明签订后,英国为了自身的利益,港英当局于1985年颁布《学校公民教育指引》(简称《八五指引》),在学校教育中开始引入公民教育的内容。这一措施明显是为了配合代议制改革。1996年,香港教育署推出了新的《学校公民教育指引》(以下简称《九六指引》)。在《九六指引》列举的学校公民教育的宗旨中,第一条就是要建立国民归属感。学校公民教育的宗旨是:使学生认识作为公民与家庭、邻里社会、民族国家以至世界的关系,培养积极的态度和价值观,从而对香港及中国产生归属感,并为改善社会、国家及世界作出贡献。可见,《九六指引》是一份面向香港回归祖国而写成的文件,它清晰而明确地强调国家、民族意识问题,希望香港的公民教育可以帮助香港学生建立新的国民身份,也期望公民教育可以帮助学生建立对国家民族的归属感。

主权回归后,培养和建立香港人对中华民族的认同感,既是现实的要求,也是香港人公民身份重新确立的需要。第一,“一国两制”下的香港是直属于中央政府的地方行政区域,如果没有对中华文化的认同,“一国两制”的实践就会遇到阻力,受到影响。第二,香港居民从英国殖民统治下的“臣民”变为中华人民共和国的公民,面对新的国民身份,怎样引导他们对祖国建立归属感和文化认同是香港公民教育的最重要任务之一。民族国家是公民教育的立足点,任何一个国家的公民只有首先成为一国之民,然后才有保障实现自身各方面的权利。香港只有通过公民教育,从教育入手,从孩子抓起,实现港人对国家的归属感,促进人心回归,才能为新的繁荣奠定可靠的基础。

“一国两制”、“港人治港”、高度自治的伟大实践,客观上扩大了中华文化的影响。但是促成港人对中华文化的认同还需要一定的时间，其中起关键作用的还在于教育。在国民教育中加强文化认同不仅能弥合港人在国家与民族认同上的不足，而且随着“港人治港”的落实，港人的政治责任感、民族自豪感和文化认同度都将得到提升，对促进人心回归具有重大的意义。

再次，铲除殖民文化，保留多元精华。

香港是国际化大都市，世界著名的自由港，其经济结构的多元化，资本的多样化、国际化，决定了香港文化发展也呈现出自由开放的多元化特点。殖民统治时期，港英政府，在经济上实行“积极不干预”，在文化上则采取“消极不干预”政策，并且在政治内容上有所限制。因此，总体而言，20 世纪 60 年代之前，港英政府在香港的文化发展上基本上是放任自流，并无大建树。进入 70 年代，一方面，由于工商业迅猛发展，国际文化交流日益频繁；另一方面，也由于 1967 年抗英暴动的冲击，港英政府为了稳定社会，对内树立亲民形象，对外建立国际文化形象，以增强香港的吸引力，逐步改变了过去在文化上“消极不干预”的过时文化政策，根据市场经济发展的需要，容纳接受各种文化在香港的存在，实施双轨制的文化发展投资战略，即政府与民间共同开拓，鼓励社会各界及外来资金投资文化建设，循商业原则依法进行。所以，以反映不同民族、不同肤色、不同人种的思想、愿望、信仰的各种传播媒介纷纷登场。世界著名的外国传媒机构在香港都有办事机构，外国报纸杂志可以自由在香港发行，表达不同政见、不同观点、不同信仰、不同思想的书报杂志都可以自由出版发表。不同信仰、不同国籍、不同肤色的人都可以在这里工作、学习、居住。这种开放的文化政策就逐步形成了香港独特的文化模式——多元共存，多元混合。

香港回归后，“一国两制”条件下香港原有的制度、生活方式基本不变，香港仍然是世界上最自由最开放的自由港，各种文化仍然可以自由地交流。因此，香港多元文化发展的格局基本不变。但是，“一国两制”条件下的香港，殖民统治已经结束，殖民文化也必将被彻底消除，特区政府必须从各个层面彻底铲除殖民文化的影响。同时，凸显民族文化，弘扬中华民族的文化传统，增加民族凝聚力。随着香港与内地的联系日益紧密，使得香港在政治上、经济上、文化上与内地逐步融为一体。香港文化的根本来就是中华民族传统文化，回归后要解决的是“续根”问题。在香港的多元文化中加强中国文化底蕴，不再走边缘化的道路，这也是“一国两制”成功实践的文化基础。

重庆抗战文化与海外统一战线

汪守军

汪守军:男,重庆社会主义学院副教授

中国共产党领导的重庆抗战文化是抗战时期我党文化统一战线的重要组成部分。它不仅在中国全民族的抗战斗争中发挥了极其重要而突出的作用,而且为中国共产党领导中国人民胜利推进社会主义革命、建设和今天的改革开放奠定了重要的文化基础,提供了精神动力。重庆抗战文化早已突破了重庆本土狭小的范围,深入全国,其内涵和发展形式已成为中华文化的重要组成部分和现代中华文化的重要表现形式,也深刻影响到海外华人华侨,对海外统一战线的建立和巩固起了积极的促进作用。

一、重庆抗战文化的历史意义

重庆至开埠以来一直是个文化比较落后的内陆城市,自从"五四"新文化运动以来,科学与民主、马克思主义等思想逐渐对巴渝文化产生了重大影响。1931 年抗日救亡运动开展后,尤其是 1935 年"一二九"运动之后,重庆文化出现了新的发展势头,巴渝文化逐渐与时代的进步与发展脉搏相融合,与中华民族的生死存亡共命运,特别是在中共领导的抗日救亡文化运动的推动下,重庆巴渝文化融合到全国的抗日救亡文化运动中,并成为抗战文化及其发展的基础。在抗日战争时期,主要由中国共产党领导的以抗日救亡为核心的重庆抗战文化,已远远超出了重庆本地的狭小范围,成为全国抗战文化战线的中枢,辐射到全国,影响到世界。

从重庆抗战文化的表现形式看,在抗日救亡文化运动的带动下,以漆鲁鱼为代表的暂时与中共党组织失去联系的一批党员在重庆组织了“重庆救国会”,并于1937年5月由《人力》周刊社、《春云》杂志社、墨画社等联合成立了“重庆文化界救国联合会”,为适应全国抗战的新形势,同年11月23日更名为“重庆市文化界救亡协会”,积极组织、引导群众,向群众宣传爱国精神,广泛开展文化界的抗日救亡运动。随着抗日救亡运动的深入开展,中国共产党领导的以“怒吼剧社”、“中华全国戏剧界抗敌协会重庆分会”、“重庆文化界抗敌支会”为代表的重庆文化界抗日救亡团体也纷纷成立,并以丰富多彩的戏剧演出等文化活动来宣传抗日救国思想,号召大家共同抗日,保家卫国,不仅在文化界形成了一致对外的抗日救亡力量,在群众中也产生了广泛的影响,激发了人民群众的觉醒,为抗日救亡作出了自己应有的贡献,为抗战爆发后重庆抗日民主文化运动的兴起奠定了重要的基础,而且使中国共产党领导的抗日力量、抗日政策和主张得到了越来越多各界爱国民主人士和群众的认同和支持,并使中共领导的文化统一战线日渐形成和更加巩固。

从重庆抗战文化战线的组成和来源看,首先是促使重庆教育结构发生重大变化,为整个中国,不仅仅是为重庆,哺育、培养和锻炼了无数的文化精英、抗战英才和国家建设人才:抗战前,重庆只有普通中学、师范及职业学校不到40所,而高等院校只有2所;抗战后,特别是国民政府迁都重庆后,从全国各地迁入重庆的学校既有初等教育也有高等教育,并形成以高等教育为主,中等教育次之,初等教育为辅的格局,其中仅高等院校就超过20所。其次是重庆新闻图书出版业的空前繁荣:抗战爆发后,全国的出版中心先由上海迁到武汉,继又迁到重庆,仅经国民政府图书审查处注册行文审批的出版、发行机构就超过400家,包括闻名全国的七大书局,图书种类8000余种,期刊近2000种。再次是人口结构的变化和素质极大提高。全面抗战爆发后，国民政府、各党派、民间文化团体等大量的文化机构、科研机构、文化团体纷纷迁渝，仅在科研机构和学术团体方面，到1938年底，迁渝的就已逾百家。同时包括一大批文化人在内的海内外中国人为了继续抗日或其他原因亦相继转移到重庆、桂林或香港等地。据统计，抗战时期，重庆人口剧增，1937年约47万人，1938年底即达60余万人，1941年突破70万人，1943年接近90万人，至1945年初已逾百万人，外地迁渝人口占重庆的一半以上。在如此背景下，国民政府的迁入、中共中央南方局和八路军驻渝办事处的成立、大量教育机构、文化出版机构、科研机构、文化团体及大批文化人和其他人员迁入重庆，不仅改变了重庆的教育、人口、文化结构，也直接影响到重庆的文化基础和文化面貌，特别是抗战后期蒋介石的内战政策、对日妥协退让甚至投降的倾向和对进步文化团体的压制、对进步（文化）人士迫害等使蒋介石国民政府大失人心，其主管的文化工作很快让位于中共领导的抗战文化运动，中共在言行方面坚定的抗战决心和意志感召着所有有良知而不愿当亡国奴的各阶级阶层的中国人，也影响到世界的华人华侨对中共及抗战的积极态度，使重庆真正成为抗战文化的战斗堡垒[1]。在中国共产党抗日民族统一战线方针政策的指引下，以国共合作为平台，通过中共中央南方局干部群众大量艰苦、细致而富有成效的文化统战工作，加强了与各党派的团结和合作，团结了大量文化团体和大批文化人，开展了丰富多彩、深入人心的文化运动，形成了广泛的抗日文化统一战线，极大影响和推动了全国抗日文化运动的发展和海外统一战线的形成，使重庆抗战文化具有广泛而充分的代表性，并与延安文艺界一道为促进全国文化统一战线的形成和发展作出了重大贡献，也改变了作为“战时首都”重庆的整个政治文化生态，使重庆既是名副其实的战时中国的抗战文化运动中心，更是中共领导广大中国人民进行抗战的文化统战堡垒，为抗战的最后胜利和后来的新民主主义革命的胜利、社会主义革命、建

---

[1] 周勇主编：《重庆抗战史：1931～1945》，重庆出版社2005年版。

设、改革和发展的顺利推进奠定了重要的文化基础、思想基础、组织基础和群众基础。

重庆抗战文化不仅强化了重庆在中国抗日战争中的历史地位，也使重庆在世界反法西斯战争中占有重要的历史地位。重庆抗战文化在抗战胜利后继续发展，对新民主主义革命的胜利、社会主义革命的胜利以及社会主义建设、改革和发展顺利推进和新时期海外统一战线的巩固与扩大发挥了十分重要的作用，其历史意义和现实意义是不言而喻的。

二、重庆抗战文化与中华文化

重庆抗战文化具有浓郁的巴渝文化底蕴，是在大敌当前、民族危亡的关键时期受中国共产党抗日民族统一战线主张的影响并在中共的主要（直接或间接）领导下以国共合作为平台而产生的。重庆抗战文化从一产生就不单单是属于重庆这个狭小范围的，首先和首要的是全面民族的，因为抗日救亡是所有有良知而不愿当亡国奴的中国人共同的使命和责任。同样，建设一个独立、统一、民主、富强的新中国也是重庆抗战文化所努力的方向。中国共产党领导的重庆抗战文化实质上已成为中国共产党领导的新民主主义革命文化的重要组成部分。重庆抗战文化在敌强我弱的战争环境中唤醒了绝大部分中国人的政治觉醒，增强了国人的民族意识、忧患意识和万众一心的团结意识，在抗日民族统一战线旗帜的指引下，促进了全国各族人民、各界同胞和抗日党派团体、社会各阶层爱国人士和海外侨胞的团结，使全中华儿女都同仇敌忾，共赴国难，并在各国友好人士和世界反法西斯力量的援助下，经过 8 年艰苦卓绝的斗争，最终打败了日本侵略者，“是近代以来中国人民反对外敌入侵所赢得的第一次完全胜利的民族解放战争。抗战的胜利极大地推动了中国革命的历史进程，成为中华民族由危亡走向振兴的历史转折点，为中国共产党团结带领全国各族人民实现民族独立和人民解放、建立新中国奠定了重要基础,也对世界各国人民取得反法西斯战争的胜利、争取世界和平的伟大事业产生了巨大影响”。[1]这其中,重庆抗战文化所起的作用是不能低估的。

重庆抗战文化的内涵从其渊源来看,既有巴蔓子将军不畏牺牲的民族精神,合川钓鱼城保卫战的万众一心、团结御辱、抵抗强敌的不懈斗争精神,也有民族英雄秦良玉的风骨底蕴;在抗战时期,承继前人又不断发展的重庆抗战文化的内涵主要体现在争民主反独裁、保家卫国、救亡图存、众志成城、万众一心和不怕牺牲的奋斗精神和奉献精神;抗战胜利后,重庆抗战文化的内涵演变成争民主反独裁、反内战求和平以及建设独立、统一、民主、富强新中国的民族追求;新民主主义革命的胜利和社会主义革命、建设、改革和发展的顺利推进过程中,重庆抗战文化已融入到现代中华文化之中,其内涵发展成为中国特色社会主义事业的发展壮大、中国特色社会主义现代化的早日实现和中华民族的复兴和强盛提供强大的精神动力和智力支持。今天,重庆抗战文化已内化成推动中国特色社会主义事业的、民族的、大众的、科学的现代文化,是中国共产党“三个代表”中“先进文化”的重要内容和组成部分。因此,在这个意义上,重庆抗战文化已走出了重庆狭窄的范围,成为现代中华文化的重要组成部分,并承接着其历史渊源,对新时期海外统一战线的巩固和发展仍发挥着重要的作用,服务于中国特色社会主义事业的发展。同时,中国共产党领导中国人民取得的巨大的发展成就和中国继续稳定健康发展的态势进一步增强了海内外华人华侨对中国的向心力和凝聚力,有力地推动了海外统一战线的巩固和继续稳定发展。

三、充分利用重庆抗战文化的中华文化底蕴和历史渊源,大力拓展海外统一战线工作

抗日战争是中华民族发展史上历经生死存亡考验的、正义

[1] 邢元敏:《重庆抗战史:1931~1945》(序言),2005年7月。

的、被迫的民族自卫战争。中华民族一直是热爱和平、对朋友邻居友好仁义的民族，中国历来是友好、礼仪之邦、仁义之国。中国过去虽然以农业立国，但其辉煌发展的历史也曾使西方垂涎和汗颜，中华文化就于此中孕育而生。因为是农业立国，交通不便，地理位置较为闭塞，刀耕火种、垦荒种地、与各民族的友好杂居通婚互动，历尽数千年而孕育了中华民族热爱和平、勤劳、坚韧、开拓进取、不畏艰难险阻、不怕牺牲的品格和精神，并融入到中华文化之中，这也是历经“湖广填四川”的巴渝儿女的优秀品质。因此，当日本帝国主义侵略中国、中华民族面临生死存亡的时候，海内外所有中华儿女是决不会坐视不理的，于是美洲、欧洲、东南亚各国的华人华侨等纷纷捐钱捐物，甚至直接派人或亲自回到中国，来到重庆与巴渝儿女一道，也包括许多热爱和平的外国友人，他们不顾家庭，甚至不惜牺牲自己来支援、帮助中国的全民族抗战，直到抗战的最后胜利。抗日战争使所有中华儿女都聚集到中国，来到重庆、桂林等地，无论在思想上行动上达到了空前的统一和团结，正应了“天下兴旺，匹夫有责”，直到今天，为了中华民族的复兴，所有中华儿女也在继续履行自己的责任，贡献自己的力量。这也是重庆抗战文化深厚的中华文化底蕴和十分重要的历史渊源，更是重要的历史资源。

利用好如此重要的文化资源和历史资源，加强海外统一战线建设，促进海外统一战线的巩固与发展，不仅对发展重庆，促进中国特色社会主义事业的腾飞有重要作用，对促进祖国的早日完全统一也将发挥积极而重要的作用。

其一，大力宣传重庆红岩文化，与延安革命文化及其他各地的革命文化加强合作和交流，发展好“红色旅游”。这既加强了对国人革命文化传统的教育，促使人民更好地认识该段历史，也深刻认识近现代以来中国多难的历史，对教育、引导人们珍惜和维护今天来之不易的社会主义事业健康、稳定、迅猛发展的局面有重要的现实意义。同时通过发展“红色旅游”事业，吸引全国各地，甚至海外的华人华侨来到中国，来到重庆参访、消费，也能从一定程度上扩大内需，促进地方经济的发展。

其二，充分利用重庆“战时首都”、抗战文化中心以及世界反法西斯亚洲中国战区等的历史资源，热诚邀请、鼓励还健在的海内外华人华侨、国际友人或他们的子女、亲属到中国，特别是来重庆参访，以历史图片、历史回顾、实地走访的形式，对比重庆的今日往昔，广交朋友，加强联系，深化友谊，有利于巩固和发展海外统一战线，促进祖国的统一事业，也有利于重庆的招商引资，有助于促进重庆总体战略部署的落实，推动经济社会快速发展。

其三，充分利用好重庆抗战国共合作和中国共产党与其他党派、民主人士交往合作的历史资源，促进台港澳海外统一战线工作，巩固和发展海外统一战线。首先是加强与从重庆离开到台湾的60余万国民党老兵及其亲属的联系，同时也做好和其他一百多万名从大陆去台的国民党军政人员的联系交友工作，提供一切便利的条件，包括成立相应的基金会进行必要的经济帮助，邀请他们到中国，去重庆参访，走亲访友，看看重庆今天巨大的发展变化及未来的发展蓝图，多听他们的倾诉、意见或建议，并应他们的要求提供尽可能的帮助，当然更欢迎和鼓励台湾同胞到祖国大陆、到重庆投资发展；其次也加强和重庆有渊源的港澳华人华侨的联系，坚定支持、帮助和维护港澳的稳定、繁荣发展，支持一切有利于爱国的言行，以优惠的政策和良好的投资环境吸引他们到祖国内地，特别是重庆投资发展，支持祖国现代化建设、重庆统筹城乡的建设和助推重庆“内陆开放高地”的形成；再次，利用以上资源以及通过他们辐射到海外的联系资源，搭成重庆与世界政治、经济、文化交流发展的平台，把东南亚、北美、南美、欧洲等地的华人华侨联系起来，吸引他们到重庆来旅游观光或投资发展，此外也加强和这几大洲及非洲、大洋洲国家的中国留学归国人员的联系，特别是从重庆出去的留学归国人员，以优厚的条件和扎实细致的工作吸引、鼓励他们回国创业，到重庆创业和发展。

通过以上努力和富有成效的工作，我们相信，重庆抗战文化的历史资源和现实作用一定会得到利用、发扬和拓展,也必然会极大地促进海外统一战线的巩固与发展,为中国,包括重庆的发展营造十分有利的外部环境,也有利于促进祖国的和平统一。

华人华侨与中国的现代化

吴乃华

吴乃华：男，中央社会主义学院中华文化教研部教授

近代以来，华人华侨促进了中国的独立和现代化；在实现中国和平统一和中华民族伟大复兴的过程中，华人华侨也正在发挥重要的作用。

一、华人华侨概况

（一）华人“华侨”名词的由来及定义

“华侨”是指已经在国外取得长期居住资格的中国公民。华侨加入或取得当地国籍，就会自动丧失中国国籍，成为具有中国血统的外国籍人，即外籍华人，简称“华人”。华裔是指中国血统的人在外国生育的后代，并不标明其国籍身份，其中有的具有中国国籍，有的具有外国国籍。

侨民一词，由来已久，原指寄居或客居外地的人。《隋书》卷24指出：“晋自中原丧乱，元帝寓居江左，百姓之自拔南奔者并谓之侨人（民），皆取旧壤之名，侨立州县。”清代编的《佩文韵府》说：“侨，寄也，客也。”《康熙字典》说：“旅寓曰侨居。”至19世纪末，才把移居外国的中国人简称为华侨。

“华侨”一词首次出现在书中是1883年。据专家考证，1883年郑观应《禀北洋通商大臣李傅相为招商局与怡和、太古订立合同》一

文说:“凡南洋各埠华侨最多处,须逐布置,亦派船来往。”1906 年,孙中山先生在海外对华人社团演讲时经常使用“华侨”一词,许多海外华人此时也开始以“华侨”自称。宣统二年(1909 年)二月,清政府农工商部向皇帝上呈关于居住在印度尼西亚(当时为荷属东印度)的华侨国籍问题的奏折中,明确地使用了“华侨”一词。

(二)华人华侨的历史

中国人移居海外的历史大致可分为五个阶段。

(1)远古至隋朝

中国人移居海外的历史悠久,两千多年前的先秦时期即有记载。据说,周武王灭商后,箕子拒不降周,带着封国民众徙居朝鲜,至今在平壤郊外还有箕子陵、箕子井田等古迹。公元前 333 年,楚威王兴兵伐越,一些越国人逃亡到越南。《史记·秦始皇本纪》记载,秦始皇为求长生不老药,派徐福率数千人出海寻求,这些人据说到了日本,现在日本仍有徐福墓和徐福村。也有说他们甚至到了美洲。秦朝时已有中国人经朝鲜去日本,据日本史书《古事纪》和《日本书纪》记述,这些人叫做“归化人”,他们自称“秦始皇的后裔”。汉代以后,更多的中国人前往海外,到了东南亚、南亚地区,有些人经商,有些人从事垦殖业。公元 540 年(南北朝梁武帝大同六年),中国侨居日本的人被称为“秦民”。

(2)唐宋至明朝前期

从唐宋至明朝前期,华侨人数迅速增加,并广泛分布于海外,人数约 10 余万。他们大多居住在今天的印尼、新加坡、马来西亚、越南、泰国、菲律宾等地。宋人写的《萍洲可谈》中说:“汉威令行于西北,故西北呼中国为汉;唐威令行于东南,故蛮夷呼中国为唐。”直到今天,不少地方的华侨仍称中国为“唐山”,称自己为“唐人”,称汉字为“唐文”,称居住地区为“唐人街”。由于当时妇女极少出国,华侨多与当地女子结婚,《真腊风土记》称:“唐人到彼,必先纳一妇女”,开始了同化融合于当地人的过程。

(3)明朝中后期至19世纪中叶

从明朝中后期海禁开放至鸦片战争爆发前,华侨大量增加,人数增至100万人以上,中国周边,从日本、朝鲜到印度、缅甸和印尼,到处可见华侨踪迹。华侨在东南亚的生产活动分为两种:一是聚居于贸易交通中心,从事商业经营、手工业品制造、蔬菜栽培和货物运输,其中少数人上升为拥资巨万的商业资本家,也有被当地政府任命为高级官员的;另一是结成移民集团,在当地政府权力未达地区从事开矿和垦荒活动,他们所开垦的矿山土地后来往往被当地政府划入版图,移民领袖也被任命为官吏或贵族。

(4)19世纪中叶至20世纪中叶

鸦片战争至中华人民共和国成立前,华侨急剧增加,遍及世界各地。到"二战"前夕,华侨总数达到1000万人左右,足迹跨越亚洲,远达美、澳、欧、非诸洲。他们有的以自由身份出国,有的则是被骗出国的"猪仔"。他们对当地的资源开发和生产发展作出了不可磨灭的贡献。华侨中小资本在西方殖民资本排挤和压迫的夹缝中获得了微弱的发展,有的开始投资于银行、信托、保险等业和新式轮船公司。这个时期的前半期,以天地会、三合会为中心的华侨秘密会党活动频繁,他们团结广大侨胞,反对外来压迫,保卫自身利益。这个时期的后半期,在中国民族民主革命高潮的影响下,华侨学校和书报社普遍设立,华侨报刊大量发行,广大侨胞的文化水平、民族意识和政治觉悟显著提高,以实际行动支援了中国的抗日战争。

(5)20世纪中叶至今

从中华人民共和国成立至今,海外华人华侨的政治经济地位发生了深刻的变化,目前居住在世界150多个国家和地区的华人华侨有4000多万人,其中80%以上加入了所在国国籍。新中国成立后至"文革"前,除了台港澳之外,大陆向海外的移民很少;"文革"期间基本停滞;1979年以后,随着中国多层次、多渠道、多形式的对外开放,中国人移民海外也进入一个新的发展阶段,留学是移民的主要途径之一。美国、加拿大、澳大利亚、新西兰、法国、英国等是华人的主要迁入国。人们习惯上把这些改革开放以来移居国外的人称为“新移民”。目前新移民的数量还在持续上升。海外华人社会继续向两极分化，一方面，财富日益集中，出现了若干拥有巨额资本、跨国经营和现代化设备的产业资本和金融资本；另一方面，大量小商小贩和手工业者改行，加入到产业工人和雇员行列。知识分子开始崭露头角，不少人在科学技术上作出重大贡献，成为华人的骄傲。

（三）华人华侨的分布

华人华侨的分布具有“大分散、小集中”的特点。有四个方面的含义：

（1）华人华侨集中在一些国家和地区。二战前，大约95%的华人华侨聚居于东南亚10国。二战后，由于这个地区的政府基本禁止新中国的移民入境，并多次发生大规模排华事件，迫使华人向北美、西欧等发达国家移民。从华人华侨的地区分布看，2800多万华人居住在亚洲的30多个国家和地区，600多万华人居住在美洲的30多个国家，其余分布在欧洲、大洋洲、非洲等地。世界上拥有华人华侨最多的国家为印度尼西亚、泰国、马来西亚、新加坡、越南、缅甸、菲律宾、美国、日本、韩国等。其中，印度尼西亚的华人华侨有1000万，泰国有700多万，马来西亚有600万，新加坡有230多万，越南有100多万，日本有60万，韩国有40多万，美国有300万，加拿大有120多万，英国、法国各有30万，澳大利亚有55万，新西兰有11万。

（2）在一个国家中，华人华侨多集中在若干地区或若干城市。华人华侨移民东南亚的高潮出现时，正值东南亚现代城市形成的早期，华侨成为这些城市的重要开发者。特别是在菲律宾的马尼拉和宿务，印尼的雅加达、泗水、棉兰，马来西亚的槟城、吉隆坡、怡保，泰国的曼谷、泰南，越南的胡志明市，日本的东京、横滨、神户，韩国的汉城、仁川等城市，华人华侨尤为集中，华人区也相对较大。在美国，43%的华人华侨居住在加里福尼亚州，17%居住在纽约。

（3）在各个城市中，又形成华人华侨聚居区，即“唐人街”、“华埠”、“中国城”等。菲律宾的马尼拉有60万华人华侨，大多居住在巴石河北岸的通多区。美国纽约有名的“唐人街”居住着华人华侨15万人。早期的唐人街不仅是华人华侨经济活动的要地，而且为华人华侨提供了安全保护，是华人华侨保持自己文化和种族特色的中心。每到节假日，各地区的华人华侨都会到“唐人街”、“中国城”来，听听乡音，叙叙乡情，品品家乡风味，以慰思乡之情。

(4)华人华侨在海外多是同乡、同宗聚居，成为华人社区的一个特色。在菲律宾，闽南人占80%；在泰国，潮州人占60%；在印度尼西亚，福建人占40%；在马来西亚，福建人占30%，广府人26%，客家人22%；在新加坡，福建人占40%，潮州人23%；在法国，以祖籍潮州者最多；在荷兰，主要是浙江青田、温州人；在非洲，以山东、河南、河北人居多。同籍而居使这些地方的华人社区形成自己共同的方言，成为华人华侨经济和文化的中心。

二、华人华侨与中华文化的海外传播和影响

随着中国人移民海外，中华文化传播到世界各地。回顾中华文化的传播及其对各地社会进步的影响，便可认识到这种文化的价值。

1. 中华文化在东亚的传播和影响

朝鲜与中国接壤，文化的接触较为直接和便捷。中朝间的交流，在《战国策》、《山海经》和《史记》中早有记载。儒家学说的典籍几乎都在朝鲜流传，甚至被定为“国学”。忠孝思想逐渐融入朝鲜民族的“新罗精神”，历代都有儒学宗师。儒家思想促进了韩国的经济现代化，儒家思想对人的积极向上和奋发自强精神的养成，对人的道德修养和自我人格的完善起到了积极作用。直到今天，儒家思想在韩国仍然有强大的影响，从民间以孝为核心的祭祖事亲，到公司中强调忠诚的企业文化，人际关系中讲究仁义礼信的伦理准则，都表现出儒家思想已经内化为人们的精神传统。日本在信史开端就大量吸取了中国各种文化成就，公元7世纪的大化革新，实为全盘唐化，其政治制度、地方建制、农工赋税、文字学术、宗教信仰，甚至衣冠文物，尽以中

国为典范，为日本后世社会发展打下了深厚的基础。日本的遣唐史延续了260余年，他们回国后不懈地倡导儒家忠孝仁爱、信义和平和纲常名教的思想观念，对日本社会产生了很大影响。儒学强调对整体负责的精神，是日本战后经济腾飞的重要原因。

2. 中华文化在东南亚的传播和影响

中国古代文献中把越南称为越裳国、交趾，汉代在彼处置郡，两千年来越南与中国一直保持着密切关系，中国的典章制度、儒家伦理思想、文字艺术乃至风俗民情一直伴随着越南民族文化的发展。历代王朝均强调以德治国，以忠孝为纲，提倡温良恭俭。柬埔寨在中国古籍中称为真腊、扶南，三国时朱应、康泰出使彼地，滞留多年，之后中国文化大量传入，推动了那里的社会经济发展。泰国古称暹罗，历代与中国友好交往。中国人至少在明代已大批流寓于此，主要从事商业活动，也有以农业、渔业为生者，他们带去的文化传统和生活习俗，深深地影响着当地土著民族，得到暹罗人民和王廷的信任与尊重，不少华人被委为国家重臣，或担任地方长官。明清以来，暹罗赴华朝贡使团不断，其中大批要员是华人。中国与菲律宾隔巴士海峡，民间往来甚久，《宋史》中已有记载，元代时菲律宾人曾到泉州贸易。马来西亚是中国古代航海家最早抵达的海外国家，也是西汉时中国通往印度、西亚和非洲航线的枢纽，是东西经济文化交流的要道。明初郑和七下西洋，先后五次到访马六甲，此处成为中国丝绸、瓷器、布帛、药品等物资的集散地，生活方式与中国相同，语言中也大量借用汉语。

3. 中华文化对欧洲的影响

中西交通的历史，可以追溯到秦汉之前，最著名的是陆地及海上的丝绸之路。随着中国烧瓷技术的成熟，丝绸之路后来也称陶瓷之路。中国四大发明的外传及其他生活和文化产品（如药品、矿物、真漆、茶叶、雨伞、风筝等）的输出，不断地改变着西方人的生活。马可波罗介绍的中国见闻引起了欧洲的轰动。明清以后，西方传教士在欧洲大量翻译出版四书五经，系统介绍儒家思想。17世纪欧洲哲学家莱布尼兹崇拜中国哲学,他说:“我们从前谁也不相信在这世界上还有比我们伦理更完善、立身处世之道更进步的民族存在,现在从东方的中国,竟使我们觉醒了。”他说:“中国是一个大国,它在版图上不次于文明的欧洲,并且在人数上和国家的治理上远胜于文明的欧洲。在中国,在某种意义上,有一个极其令人赞佩的道德。”他甚至认为,现代计算技术的基础二进制欧洲人落后于中国几千年,古代中国人不仅有忠孝道德方面的完满成就,在科学方面也早就超过了近代欧洲人。

18 世纪法国著名思想家伏尔泰对中国文化大加赞扬,他的自然神论的基本特征便是孔子的“己所不欲,勿施于人”。霍尔巴赫宣称:“欧洲政府必须以中国为模范。”欧洲哲学界普遍认为:“如果中国的法律变为各国的法律,中国就可以为世界提供一个作为方向的美妙境界。”

三、华人华侨与中国的现代化

海外华人华侨素有深厚的爱国传统。他们对加快中国革命的成功,推进中国的改革开放和现代化建设,促进祖国的和平统一,发展中国与所在国的友好关系等方面,都起着不可替代的作用。

(一)积极支持和参与抗日救亡和民族解放运动

辛亥革命时期,华侨追随孙中山,创建革命组织,捐献巨款援助革命,在海外掀起了波澜壮阔的爱国革命运动。当时华侨的捐款达 700 万至 800 万港元。孙中山先生指出:“同盟会之成,多赖华侨之力”,“非有华侨一部分,清室无由而覆,民国无由而建”,因此,“华侨为革命之母”。抗日战争时期,华人华侨掀起了声势浩大的抗日救亡运动。他们组织救亡团体,营造救国舆论,踊跃捐款捐物,争取国际援助,回国效命疆场。据统计,八年抗战,华人华侨捐款达 13 亿元,侨汇 95 亿元以上,还捐助飞机、坦克、汽车、衣物、药品及医疗器械等大批物资,为中国抗日战争和世界反法西斯战争的胜利作出了重大的贡献。

(二)热心支持和积极参与祖国的现代化建设

改革开放以来,海外华人华侨对中国的现代化建设发挥了重要作用,表现在三个方面。

1.直接投资,参与祖国经济建设。改革开放以来,中国政局稳定,经济强劲增长,与投资相关的法律、法规的制定和不断完善,优惠条件和措施的出台,加上庞大的市场、丰富的人才和劳动力资源等诸多因素,使中国内地成为海外华人华侨及港澳同胞投资的热点。据统计,截至1997年底,我国累计批准外资投资企业30.48万家,实际利用外资金额2218.71亿美元,其中海外华人华侨及港澳同胞的资金占60%~70%。近年来,海外华人华侨的投资金额逐年递升,投资规模日趋扩大,投资地区由东南向西北、由沿海向内地、由祖籍地向非祖籍地延伸扩散,投资领域不断拓展,投资形式趋于多样化,大大促进了我国的基础产业和基础设施建设,为产业结构改造和技术提升作出了重大贡献,成为中国经济快速增长的强大动力。

2.提供宝贵的人才、科学技术和信息资源。华人华侨在为祖国带来资金的同时,也带来了先进的经营管理方法和科学技术。他们生活在实行市场经济体制的国家和地区,精通市场经济规律和运行方式,巧于运筹,在激烈的市场竞争中卓有成效地发展壮大,可以为祖国的经济建设提供宝贵的经验和知识。海外华人华侨,特别是新移民中蕴藏着掌握先进科学技术的人才宝库,为中国的科技进步和经济腾飞发挥了巨大的作用。新中国成立后,大批留学生回到国内,其中60%以上的人进入了大学或研究机构,为开拓和发展新中国的教育、科技、国防事业,建立中国的科学研究体系和工业基础作出了卓越的贡献,中国两弹一星的功臣主要就是这批留学生。新时期以来,许多国家领导人出自留学生,如江泽民、曹刚川、罗干都曾在苏联东欧留学;国务委员陈至立曾在美国宾夕法尼亚州立大学作过两年访问学者;前科技部长徐冠华曾在瑞典斯德哥尔摩大学作过两年遥感数字图象处理研究;前教育部长周济曾在美国纽约州立大学留学,获博士学位;前商务部长吕福源曾留学加拿大,在蒙特利尔大学工学院进修一年;前国务委员兼国务院秘书长华建敏曾在美国接受过短期技术培训。至于省部级以下的官员,从中央到地方,厅局处各个级别拥有留学经历的更是数不胜数。自1978年以来,出国留学为我国高等学校培养了一大批高层次的学科带头人和各级领导干部。目前,教育部直属高校中,留学回国人员在校长中占78%,博士生导师占63%,国家级、省部级教学、研究基地(中心)重点实验室主任占72%。大批海归在教学、科研等重要岗位占有很大比例,发挥着重大作用。搜狐网的创建人张朝阳就是从美国留学回来的。华人在国际上有密集广阔的商贸联系网络,信息灵通,与国际资本的合作由来已久。在向国际拓展的过程中,华商国际商业网络是我们最有效和最便捷的途径之一。

3. 兴办教育和公益事业。海外侨胞一贯热心祖国和家乡的文化教育、公益福利和慈善事业。改革开放以来,华人华侨和港澳同胞建设家乡、兴办公益事业的热情空前高涨。据不完全统计,1979~1995年间,全国接受海外侨胞捐赠款物约合150亿元人民币。其中,广东省仅1991~1995年就接受华人华侨和港澳同胞捐赠折合人民币65亿多元。著名侨乡广东开平县的48所中学均建有图书馆(室),其中绝大多数是侨胞捐赠的。福建省接受海外乡亲捐资兴办公益事业的项目和金额也逐年增多。据统计,1992~1997年间,福建省海外侨胞、港澳同胞捐资在家乡兴办教育、铺路架桥等公益事业的金额达36亿元人民币。2008年5月12日四川汶川大地震后,全球的华人立即行动起来,截止5月22日,港澳和海外华人华侨的捐款已达近20亿元人民币。

(三)努力促进祖国的和平统一

中华民族的振兴是海峡两岸民众和全球华人的共同愿望,没有祖国的统一,就谈不上真正意义上的民族振兴。为此,海外华人华侨多年来利用自身的优势,多方面、多渠道、全方位地沟通和协调海峡两岸关系,为实现中国和平统一大业进行了不懈的努力,成为祖国和平统一的有力促进者。

1.“一国两制”构想从提出到完善的过程中，海外华人华侨发挥了积极的作用。1983年，邓小平同志在会见美国新泽西州西东大学教授杨力宇时，首次对“一国两制”的科学构想作了全面论述。海外华文报刊纷纷撰文论述这个构想的科学性、合理性、时代性，在华人社会引起广泛反响，在全世界引起强烈震动。1993年，在新加坡举行了“汪辜会谈”。同样引起了海外华人华侨社会的极大关注，海外华文报刊争相报道，并对实现两岸和平统一寄予厚望。1995年，江泽民主席发表和平统一祖国八项主张，海外各大华文报刊刊登评论文章，对八项主张给予很高评价，敦促台湾当局作出回应。2005年，胡锦涛主席发表了推动祖国统一、发展两岸关系的四点意见后，国民党、亲民党、新党领导人相继访问大陆。海外华人华侨学者和知名人士召开各种形式的座谈会，他们为胡锦涛坚定不移的反“台独”决心、高瞻远瞩的和平统一诚意和中华民族的两岸手足情深所感动。认为“胡四点”深刻地表达了海外华人华侨的心声，寄托了海外华人华侨对祖国统一的愿望，鼓舞了海外华人华侨推动祖国和平统一的决心。

2.海外华人华侨成为连接海峡两岸、促进祖国和平统一大业的纽带。祖国的和平统一是大势所趋。海外华人华侨纷纷成立旨在推动祖国统一的社团组织，美国华人成立了中国和平统一促进会、海峡两岸交流会、中国统一国际联谊总会，以及文化交流团体亚美文化协会；巴西侨胞成立了祖国和平统一促进会。美国的中国和平统一促进会成立于1982年，总会设在华盛顿，并在纽约、旧金山等10多个城市设有分会。该会成立后在各地频繁开展活动、出版刊物、举行讨论会，在华人华侨社会的影响日益扩大。近年来，各类华人华侨的世界性、区域性组织不断增加，活动日趋频繁，如世界华商大会、全球华人问题国际研讨会等世界性华人会议，以及国际潮团联谊会、世界海南联谊会等华人区域性会议的召开，使不同国家、不同阶层乃至不同倾向的华人华侨增进了了解和团结，为海峡两岸人士的交流创造了良好的条件和氛围，使一些持有不同政见的社团和人士打破了过去严重对立、互不往来的僵局，逐步走向缓和与合作。推动祖国统一的各种社团组织的建立和活动的开展，凝聚了海外拥护和支持祖国和平统一事业的社会力量，壮大了祖国和平统一的声势，对推动两岸关系朝着健康的方向发展起到了积极作用。

3. 抗议和谴责分裂中国的言行。李登辉、陈水扁主政台湾后，“台独”势力迅速膨胀，1995 年 6 月李登辉访美成行，激起了海内外的强烈不满，各地华人华侨纷纷举行抗议活动，指责美国此举旨在蓄意制造“两个中国”、“一中一台”，谴责李登辉违背中华民族利益的分裂活动，纽约 73 个侨团负责人联合致函克林顿，反对美国允许李登辉访美。2006 年，陈水扁决定“国统会终止运作、国统纲领终止适用”;2007 年，陈水扁又抛出所谓“四要一没有”的主张。这些言行立即遭到海外华人华侨的强烈反对和谴责。

(四)成为加强中国同世界各国友好联系的使者

在中国同世界各国政府和人民之间加强了解、加深友谊中，海外华人华侨有着不可替代的桥梁和纽带作用。如果说海外华人华侨是中国人嫁出去的女儿、是住在国的媳妇的话，那么他们一定会从心底里希望娘家和婆家友好相处，他们自己则充当祖籍国与住在国之间的友好使者。我国与东南亚国家的友好关系源远流长，很大程度上得益于居住在这些国家的华人华侨。历史上，华侨把中国先进的生产技术、传统文明和文化传统传入居住地，为当地的经济发展和社会进步作出了不可磨灭的贡献。今天，华人华侨仍然是我国与这些国家交流来往、发展互利互惠关系的桥梁。而随着华人华侨人数的日渐增多和分布得更为广泛，华人华侨在增进中国同世界各国政府和人民的友好、合作与交流方面，必将发挥更大的作用。

华人华侨作为我国与世界各国发展政治、经济、文化关系的桥梁，扩大了我国对外影响，促进了中外和平友好事业的发展。华人华侨遍布世界，许多国家的华人组织发挥民间外交的独特优势，积极主动地与当地政府沟通、联系，增进华人与当地其他民族的友好相处，增进所在国与祖籍国的了解互信，一些华人政治家的活动也极大地推动了中国与世界各国的联系、交往和友谊。近年来，华人华侨在促进我国同一些国家建立外交关系、缔结友好省市、友好城市、发展政府和民间的合作与交流方面做了大量的工作，在中印（印度尼西亚）复交、中韩建交中，华人华侨都起到了促进作用。华人华侨在引进外资和帮助国内企业到海外投资的过程中，起着穿针引线的作用，这种双向交流推动了国际间的经济合作和我国经济建设的发展。同时，华人华侨与中国文化交流也日益发展，有许多著名的华人作家、艺术家纷纷来祖国访问，通过开展中外文化交流，把中华文明介绍给世界，也将世界各国文化推荐给中国，促进了各种文化的交流融合。

区域文化与全球化

全球化与中华文化的民族性建构

李道湘

李道湘：男，中央社会主义学院中华文化教研部主任，教授

全球化为世界各民族文化在世界范围内的交流与合作架起了沟通和联系的桥梁，有利于世界各民族文化的相互接受和认同。各个民族也在利用这个平台向世界展示自己民族文化的特色，由此进一步推动了文化的全球化发展。为了让其他民族能了解和接受自己民族的文化，需要凸显文化的世界性，因为只有具有了世界性才会使其他民族产生共鸣。然而更重要的是，只有保持了文化的民族性才能吸引其他民族给予关注，文化自身的存在才有意义和价值。对于一个民族来说，坚持和保持文化的民族性是关涉民族自身的存在和发展的大事。因此，在全球化背景下，建构中华文化的民族性尤为重要。

一、民族性和民族多样性是文化多样性存在发展的基础

据统计，世界上有两千多个民族、两千多种语言。每个民族都有自己的文化。在长期的历史发展过程中，形成自己的文化传统和文化特色，由此构成了世界文化的丰富多彩。从这个意义上说，文化的多样性根源于民族的多样性。只要世界上还存在多个民族，文化的多样性就不会消亡。我们对民族的了解，更多是通过一个民族的语言、文字、风俗、习惯以及文化传统来认识的。民族的多样性和文

化的多样性，成为几千年来不同民族开展交流和合作的诱因和动力，吸引和驱使人们冲破各种障碍和阻力去探险和冒险。现代科技的发展，为人们的交流合作提供了便利的条件，造就了今日我们称之为潮流的全球化。从文化的意义上看，全球化为民族文化之间的交流、沟通、了解、认同以及相互的吸收和借鉴提供了平台，在与各个不同民族交往接触中，各个民族才得以清楚地认识其他民族文化的特点，也在与其他民族的比较中发现本民族文化的特点，进而认识到民族文化间的差异和不同。随着全球化进程的深入，民族间的交流合作不断深化，也促使各个民族更强烈认识到，本民族文化的存在攸关民族自身的生存和发展，民族文化的坚持和保护不仅关系到民族身份的辨识，更关系到民族的尊严和民族的聚合。因此，每个民族都会在吸收其他民族文化养分的同时，一定大力保持自己民族文化的特色。这是每个民族都不可放弃的底线，这也决定了全球化背景下文化多样性存在的理由和原因。

在现实的基础上，文化的多样性源于文化民族性的稳固。如果我们把文化分为三个层面，即物质层面、制度层面和精神层面，一般来说，在经济全球化的强烈冲击下，物质层面的文化最容易发生"趋同"现象；其次是制度层面的文化，如婚姻制度、姓氏制度等也相对容易发生变化；再次是精神文化，它表现在一个民族的语言、艺术、伦理、宗教、哲学中的文化"深层结构"中，包括这个民族的思维方式、价值取向、宗教信仰、审美情趣等，则有较强的相对稳定性，其核心价值不是那么容易被"同化"的，要说"同化"也是外来文化的本土化。具体到中华文化而言，在全球化时代，她要经受外来文化的冲击，在走向世界的时候，也会对其他民族的文化产生影响。保持自己文化的特色既是一个民族生存和发展的需要，也是推动世界文化发展多样性的需要。世界各国和地区都日益认识到文化多样性存在的必要性和合理性，文化多元化主张已经成为人们的共识。

中华文化也是如此，在走向世界的同时，更重要的是保持中华民族的特色。

二、文化多样性表达的是世界文化发展自身的要求和人类共同的愿望

2008年5月21日,范曾先生在联合国教科文大会上作了《趋近自然》的报告,对文化的多样性作了深刻的分析和阐释。他认为,文化的多样性源于人类对宇宙本体的认识各有不同的集体记忆,这种认识,会渗透到他们文化的各个领域,世代传递,以至成为了根深蒂固的传统,这种传统是那样的坚不可破,成了精神维系和凝聚的元素。正是这个多元文化的存在使得世界更加精彩。由于每一个族群所见、所知、所爱各有所长,也各有所短,于是一个五彩缤纷的、多元的文化,在世界遥远的上古即已存在于人间。[1]因此,多元从本性上讲,应该是和睦相处的,相互勉励、相互敬重、相互热爱。

1. 文化的强势侵蚀和单向传播,破坏了文化的多样性发展

文化的全球化从积极方面表现为文化的融合和交流以及全球范围内的文化共识,从消极方面看,它表现为强势文化借助自己的实力推行自己的文化制品和价值观念,以便在文化和思想上影响、同化他国的文化现象。

发达国家的文化凭借信息技术和互联网,迅速涌向发展中国家或相对落后的国家,并且控制着文化发展的方向,主导着文化潮流的走向,使文化传播失去了平衡,呈现一边倒的趋势。这种单向传播,实质是一种文化入侵。联合国开发计划署发表的《人文发展报告》显示,全球文化朝着一个方向传播:从富国向穷国,而不是从穷国向富国。经济全球化的一个直接后果,就是美国等西方发达国家的文化产品,在赚取商业利润的动机驱动下,迅速地占领和垄断了全球的文化市场。

[1] 南开新闻网,2008年5月23日。

美国凭借着经济和技术优势，将其以好莱坞、迪士尼、麦当劳、CNN为代表的大众文化，以工业方式大批量地生产和复制，迅速地传播到世界各地区，使其成为大多数人，特别是青年人文化消费的重要内容，成为超越国界的全球文化。美国通过对新闻广播、电视电影、音乐磁带、商业广告、图书报刊等大众传媒的垄断，在潜移默化中无形地控制了世界各国人民的精神生活。这种文化渗透使各民族原有的特色文化越来越从中心被挤到边缘，某些民族文化面临着逐渐弱化甚至消失的危险。

西方国家利用文化优势强行推销其意识形态、价值观念、生活方式。西方发达国家在计算机网络和信息技术方面也明显地领先于世界。它们控制着世界上的大部分电脑网络资源和网上的信息发布权，使英语成为通行的网络语言，利用互联网的全球化，将自己的意识形态、价值观念和生活方式“合法地”推销到全世界。正如《权力的转移》一书的作者阿尔温·托夫勒所说的：“未来世界政治的魔方将控制在拥有信息强权的人手里，他们会使用手中掌握的网络控制权和信息发布权，利用英语这种强大文化语言优势，达到暴力和金钱所达不到的目的。”❶对于弱小民族来说，他们的语言文化在西方国家的话语霸权面前更濒临着绝灭的威胁。语言学家说，现在世界上每星期就有一种语言从地球上消失。在美国文化强权面前，其他国家都感到了巨大的压力。

面对西方强势文化，大多数发展中国家都表现出一种无奈和无力抗衡的窘境，同时也不断表达对文化趋同、文化多样性弱化的忧虑。当自身的民族文化受到严重侵害，而殃及国家稳定、民族分裂、社会动荡的严重形势下，各国都强烈表现出对强势文化的抗议和抵制，呼吁尊重文化的多样性，尊重各个民族文化生存发展的基本权利，这不仅关系到各民族文化生存权的问题，也关系到世界文化健康发展和人类文明如何发展的重大问题。文化多样性就是在这种情形

❶ [美]阿尔文·托夫勒著，吴迎春等译，《权力的转移》，中信出版社2006年版。

下受到重视的。

2.《世界文化多样性宣言》表达了世界各国的共同愿望

随着全球化进程的加快,文化全球化势头也越来越猛,西方文化对弱势文化的冲击越来越重,文化的趋同性和单一性越来越明显,文化的多样性越来越减少。由此带来的是社会生活的面貌和人的精神面貌越来越枯燥,越来越缺少生气和活力,呈现出单一向度的文化形态。基于这一现象的严重性,各国有识之士一再呼吁,要重视文化多样性的消亡所带来的文化灾难。联合国教科文组织大会也于2001年11月2日第二十次全体会议通过《世界文化多样性宣言》。在其前言中指出,重视充分实现《世界人权宣言》和1966年关于公民权利和政治权利及关于经济、社会与文化权利的两项国际公约等其他普遍认同的法律文件中宣布的人权与基本自由,依据教科文组织颁布的国际文件中涉及文化多样性和行使文化权利的各项条款,重申应把文化视为某个社会或某个社会群体特有的精神与物质、智力与情感方面的不同特点之总和;除了文学和艺术外,文化还包括生活方式、共处的方式、价值观体系、传统和信仰,注意到文化是当代特性、社会凝聚力和以知识为基础的经济发展问题展开辩论的焦点,确认在相互信任和理解氛围下,尊重文化多样性、宽容、对话及合作是国际和平与安全的最佳保障之一,希望在承认文化多样性、认识到人类是一个统一的整体和发展文化间交流的基础上开展更广泛的团结互助,认为尽管受到新的信息和传播技术的迅速发展积极推动的全球化进程对文化多样性是一种挑战,但也为各种文化和文明之间进行新的对话创造了条件。

《世界文化多样性宣言》提出,文化多样性是人类的共同遗产,文化在不同的时代和不同的地方具有各种不同的表现形式。这种多样性的具体表现是构成人类的各群体和各社会的特性所具有的独特性和多样化。文化多样性是交流、革新和创作的源泉,对人类来讲就像生物多样性对维持生物平衡那样必不可少。从这个意义上讲,文化多样性是人类的共同遗产,应当从当代人和子孙后代的利益考虑予以承认和肯定。

为了维护文化多样性，必须制定相应的政策。从文化多样性到文化多元化在日益走向多样化的当今社会中，必须确保属于多元的、不同的和发展的文化特性的个人和群体的和睦关系和共处。主张所有公民的融入和参与的政策是增强社会凝聚力、民间社会活力及维护和平的可靠保障。因此，这种文化多元化是与文化多样性这一客观现实相应的一套政策。文化多元化与民主制度密不可分，它有利于文化交流和能够充实公众生活的创作能力的发挥。[1]

《世界文化多样性宣言》的发布，表明世界各国已经充分认识到文化多样性对于人类文明发展的重要意义，同时也认识到对每一个国家保持自己的文化传统和社会核心价值的极端重要性，还认识到这是关系全球化背景下各民族保持向心力和凝聚力的重大问题。

3. 亚洲文化部长论坛签署《佛山宣言》

相对于西方来讲，亚洲整体说处于劣势。面对西方文化的强烈冲击，亚洲各国都表示出很强的忧患意识，如何面对全球化浪潮，亚洲各国不断寻求破解之道。2005 年 11 月，来自于亚洲的 22 个国家的文化部长和代表，齐聚中国的广东佛山，就共同关心的文化问题展开讨论，并达成共识，共同签署了《佛山宣言》（简称为《宣言》）。《宣言》认为，在经济全球化的进程中，文化与文明要素在国际关系和社会发展中的重要作用日益凸显，文化交流与合作有利于亚洲国家的和平与发展。

《宣言》指出，亚洲各国愿在平等互利的基础上致力于促进文化交流和不同文明间的对话，加深亚洲人民和世界人民对彼此文化的理解和欣赏，加强各国政府文化部门间的协调与沟通，鼓励各国艺术家和文化艺术团体开展文化交流。

《宣言》强烈呼吁，要保持文化的多样性。指出，亚洲各国深信并展望，亚洲的文化交流与合作将为维护亚洲乃至世界文化的多样性，

---

[1] www. chinesefolkre. org. cn/mssh/redian/lhg/sjwhdxxxy. htm。

促进亚洲文化乃至人类文明的繁荣，增进亚洲人民乃至世界人民之间的友谊作出重要贡献。[1]

除发展中国家不断发出呼吁外，一些发达国家也认识到文化多样性对世界文化发展和各个国家文化建设的极端重要性，在各种场合也呼吁尊重文化的多样性，保护文化的多样性。

三、文化多样性与中华文化的民族性建构

坚持文化的多样性，就等于承认了文化的民族性，或民族文化生存发展的权利。在这个基础上，每一个民族都应继承和弘扬本民族的优秀文化传统。全球化背景下，中华文化也面临着民族性建构的问题。

1. 关于文化多样性的中国式解读

多元一体的中华文化本身就包含着文化的多样性因素，坚持和维护文化的多样性是中华文化内在的逻辑要求，也是中华文化历经五千年未曾中断的内在凝聚力量。特别是近代以来，中国饱受外国文化的侵略和冲击，失去了与其他文化平等交流的权利和机会，更为珍视和重视文化多样性及文化民族性的诉求。不断有有识之士呼吁，要借鉴和吸收人类一切文化成果，更要对中国历史文化怀有一份温情和敬意。当今一些知名专家学者和社会活动家再次呼吁，表达了中国学人的文化主张，即为《甲申文化宣言》（以下简称为《宣言》）。

《宣言》以中国人的方式对文化多样性进行了解读，首先认为，文明多样性是人类文化存有的基本形态。不同国家和民族的起源、地域环境和历史过程各不相同，而色彩斑斓的人文图景，正是不同文明之间相互解读、辨识、竞争、对话和交融的动力。文明既属于历史范畴，既已成为不同族群的恒久信仰、行为方式和习俗，则理应受到普遍的尊重。

[1] 《佛山宣言》，载南方网，2005 年 11 月 16 日。

其次认为，文化多元化对于全球范围的人文生态，犹如生物多样性对于维持物种平衡那样必不可少。每个国家、民族都有权利和义务保存和发展自己的传统文化；都有权利自主选择接受、不完全接受或在某些具体领域完全不接受外来文化因素；同时也有权对人类共同面临的文化问题发表自己的意见。每个民族和国家，在文化交往和交流方面均享有平等权利。

再次，《宣言》主张开展文明对话，以减少偏见、减少敌意，消弥隔阂，消弥误解。反对排斥异质文明的狭隘民族主义，更反对以优劣论文明，或者将不同文明之间的关系形容为不可调和的冲突，甚至认为这种冲突将导致灾难性的政治较力和战争。

鉴此，《宣言》向国际社会表达了关于中华文化的关切和立场，认为，华夏56个民族共同创造的中华文化，至今仍是全体中国人和海外华人的精神家园、情感纽带和身份认同。中国人民愿意接受自由、民主、公正、人权、法治、种族平等、国家主权等价值观，但中华文化注重人格、注重伦理、注重利他、注重和谐的东方品格和释放着和平信息的人文精神，对于思考和消解当今世界个人至上、物欲至上、恶性竞争、掠夺性开发以及种种令人忧虑的现象，对于追求人类的安宁与幸福，必将提供重要的思想启示。[1]

2. 中华文化的生命力和影响力在于保持自己的民族特点

在全球化不断推进的过程中，文化由于自身的特点和优势，对这个世界带来越来越深刻的影响，每一个民族的文化，既对其他民族文化产生影响，也受到其他民族文化的影响。

在各种思想相互影响、相互激荡的过程中，每个民族都认识到，保持民族文化的特点对本民族的生存和发展极其重要，它是凝聚民族的思想基础，是维系民族团结的纽带。同时也认识到，每一个民族的文化要想存在和发展，必须学会与其他民族文化的交流和沟通，必须以承认其他民族文化的存在和发展为前提，每一个民族都应有自己的文化，每

[1] 《甲申文化宣言》，《中国青年报》，2004年9月5日。

一个民族的文化都应有自己的特点。全球化为民族文化的交流和沟通提供了舞台,同时也促使了文化的多元认同。文化的全球化与文化的多元化并非对立的,而是统一的。因此,在世界一体化过程中必须保持鲜明的民族特色,民族文化才能显示自己的存在价值。中华文化要想展示自己存在的价值和意义,就要凸显中华民族的特点,中华文化要想显示自己的生命力,就要保持中华民族的特色。

中华文化历史悠久,在长期的历史发展过程中形成了自己鲜明的民族特色。儒家讲仁、义、礼、智、信,道家讲道,法家讲严刑峻法,佛家讲“四大皆空”、因果轮回,墨家讲兼爱、非攻,以及阴阳五行、相克相生、白马非马等,诸子百家的思想竞相争鸣,由此构成了中国文化丰富多彩的内容。经过历史的积淀,在中国这块土地上形成了具有自己特色的中华民族精神。归纳起来,主要有如下几个方面:“爱国主义”、“天人合一”、“以人为本”、“崇礼重德”、“贵和执中”、“自强不息”等。

文化愈是民族的,才愈是世界的。任何一种文化都首先是一种民族文化,因为一定的文化总是在一定的历史阶段和民族区域内发生演变的,它与各民族的生活方式息息相关,由此而深深打上民族的烙印,反映民族的气质,呈现民族的特点,体现民族的精神。因此,任何文化离开了它的民族性,就没有生存的根基,也就失去了存在的理由。中国文化在走向世界的时候,要永远记住,它是中华民族的文化,我们向世界展示的,也永远是反映中华民族精神的文化,“中华者,中国也。亲被王教,自属中国,衣冠威仪,习俗孝悌,居身礼仪,故谓之中华”。[1]

中华文化在今天显示出强大的生命力,她正在以其特有的方式来影响这个世界。

3. 决定中华文化民族性根本性特点的是它的核心价值

文化的民族性决定于民族文化特点,民族文化的特点决定于民族文化的核心价值。中华文化的民族性是由其核心价值观决定的。

---

[1] 王元亮:《唐律疏义释文》。

和而不同的文化传统在中国具有深厚的思想基础。她铸造了中华文化的品格,也铸造了中华民族的品格,决定了中华民族文化的价值取向。

“和”与“同”在中国古代文化中是一对对立的概念。早在春秋战国时期,人们对“和”与“同”就有了比较深入的看法,并力图区分“和”与“同”的差异。东周时期的太史史伯在谈到周幽王的弊端时,就提出“和”与“同”的问题。他认为周朝的最大弊端是“去和而取同”。“和”就是多样性的统一,“同”就是完全等同,意即周幽王只愿意听取一种声音,而听不进去不同的意见。为了进一步说明这个道理,史伯又作了进一步的阐述,他指出:“夫和实生物,同则不继。以他平他谓之和,故能丰长而物归之;若以同裨同,尽乃弃。”[1]史伯认为,新事物的生成是不同或相反的事物和合而成的,是多样性的统一,相同的事物叠加在一起是不可能产生新事物的。因此,所谓和而不同,就是在保持自身主体性的前提下承认不同的存在,尊重不同个体各自的特性,与其他个体和谐相处,既不屈己从人,也不强人从己,而是在平等的原则下相互吸收融合,形成和谐统一的新形态,才能使事物得到发展。

和而不同体现了中华文化的特点和精神,深刻反映了中华文化的民族性。我们应该以此为核心构建中华文化的民族性体系。

综上而言,我们清楚地看到,全球化已经成为世界发展趋势,渗透到人类生活的各个领域,特别是精神生活领域。现在仍然是以民族国家独立存在为基础的世界,文化的民族性建构是凝聚民族力量的动力和旗帜。因此,面对全球化情势下文化趋同和强势文化,我们最根本和最迫切的任务之一是构建中华文化的民族性,这样,中华民族才会不迷失方向,才能最终立足于世界民族之林,实现民族的伟大复兴。

---

[1] 《国语·郑语》。

全球化视野下区域文化建设的思考

张 煜 那 新

张 煜:女,沈阳社会主义学院副处长

那 新:女,沈阳社会主义学院副处长

全球化作为世界历史的发展进程开始于经济全球化,并逐步影响到世界政治、文化等方面,主要表现在:全球化趋势促进了世界不同民族、区域文化间彼此的沟通与交流、借鉴与吸收,在实践中形成更多的文化共识,有利于人类优秀文明成果的传播与分享;在加强不同文化间联系的同时,也突出地显现出了文化的丰富多彩与差异性;西方文化在全球化中凭借经济、政治实力及其文化国际战略得以更广更深的扩张,改变着世界不同文化间力量对比形势,强化弱势民族的文化困境;文化的对立和冲突影响着人们的民族认同和信仰重建。面对全球化给全球政治、经济和文化带来的各种影响和冲突,充分认识区域文化建设的战略地位,准确定位区域文化在全球化背景下的基点和坐标,对于促进区域政治、经济、文化、社会、生态五位一体的发展、构建和谐社会具有重要的意义。

一、坚持文化自觉,弘扬民族精神

区域文化是中华民族精神得以不断塑造培育的不竭源泉。民族精神的弘扬,是对区域文化先进因素和优秀成分不断荟萃吸纳与凝结升华的过程。民族精神是民族文化的核心、精华和灵魂。任何一个民族的民族精神都是一个不断继承、完善、丰富和发展的过程，是一个与时俱进、随着社会历史发展而发展的过程。区域文化的建设不能脱离民族性，必须适应于自己的历史传统和民族的思维特点、价值取向，否则它就成为无源之水、无本之木。在多元文化互动的全球化趋势中，强调文化自觉尤为重要，文化自觉是生活在既定文化中的人对其文化有自知之明，明白它的来历和形成的过程、所具有的特色和发展的趋向。文化自觉是民族自觉的一个方面，是一种民族文化在横向互动和纵向发展中维系自身体系和特征的保障，也是文化进行不断丰富和创新发展的基础性前提。而且只有坚持文化自觉，坚持文化的民族特征，才能在全球多元竞争中占有自己的一席之地，有自己的民族身份的确定和认同，不至于亦步亦趋，失去前进的方向。

二、营造创新氛围，坚持文化创新

创新能力是检验一种文化是否先进的一个重要标准。在国际竞争日趋激烈、国内改革和建设的任务艰巨繁重、客观实际不断变化的情况下，如果我们不解放思想，不进行创新，我们的理论和政策不向前发展，我们的现代化建设事业就不可能前进，我们也不可能成功应对各种挑战。进行文化创新，既是当前社会发展的现实需要，也是我们不可回避的现代化建设的历史任务。

文化创新必须符合规律性。文化作为社会活动的产物，文化发展有自身的特殊规律，随着时代的发展而发展，文化创新必须首先要立足于时代性，不能脱离一定时代的物质生产条件，特别是不能脱离该时代的物质资料和生产方式。其次，文化虽然是社会形成的，但文化创新则是充满精神个性的创造活动。文化创新的精神个性必然要求适合创新的宽松自由环境。这种宽松自由环境建立在合理的激活机制和保障机制之上。再次，进行文化创新需要巨大成本，创新需要付出智力体力以至心理上的代价，包括需要积累有关创新的知识经验、寻找创新的突破口的智慧、探索新路的胆略和勇气、承受失败风险的心理素质。因此，我们必须积极构建文化创新的激活机制，创造允许失败、允许犯错误的宽松环境，强化公平竞争机制。

三、强化文化认同，打造文化优势

文化认同，是指对人们之间或个人同群体之间的共同文化的确认，它是民族、国家、区域范围内成员对其文化的理解、接受和实践的文化心态，是一种特殊的心理状态。使用相同的文化符号、遵循共同的文化理念、秉承共有的思维模式和行为规范，是文化认同的依据。

文化认同可以对区域内不同的成员形成吸引力、感召力。这种力量促使区域成员紧密地团结起来，自觉维护共同体的利益，增强成员之间的协调性、整合性，从而保持整体的稳定，促进共同的发展。文化认同带来的这种精神力量，有利于区域动员一切经济和社会资源，为区域经济的发展服务。

强化文化认同，要重视传统文化的研究。传统文化是民族的文脉，是民族的根，其中有许多在当代依然是非常珍贵的思想资源，因而必须高度重视传统文化认同问题，加强对区域传统文化的挖掘、研究、整理，并进行形式多样的宣传，形成区域文化认同，使之成为人们自豪感的基础和凝聚力的纽带。

强化文化认同，要置身于整个社会文化发展的背景下，找准区域文化发展的优势与不足，进行新的整合。要加强社会主流文化构建，培养社会核心价值体系，提高社会参与度，强化主流文化在当地人民中的社会认同和认知程度。

要利用民族文化和传统文化的资源优势，壮大文化产业。文化产业作为21世纪的朝阳产业，我们要重视对本民族文化和传统资源的发掘，制定切实可行的国家文化产业战略，把发展文化产业作为新的经济增长点，逐步在国内和国际上形成有影响力的中国文化市场力量。

四、强化文化安全意识，确立国家文化安全战略

文化安全意识包括对传统文化的保护意识、忧患意识，对民族文化的发展意识、创新意识，对各种外来文化侵蚀的预警意识以及国家文化安全的战略意识等。在全球化的进程中，我们只有强化文化安全意识，树立科学的文化安全观，把反对文化霸权、争取文化发展空间作为维护我国文化安全的长期目标，才能弘扬和保护民族文化、珍视和继承传统文化，使文化更好地服务于经济发展、政治建设和军事斗争。

维护文化安全，就要发展先进文化。在文化建设中，我们既要防范超级大国的文化侵略，还要注意向世界先进文化学习，兼收并蓄，为我所用。同时，对于民族文化和传统文化的继承弘扬也要取其精华，去其糟粕。先进文化建设只有与时俱进，不断发展创新，才能获得强大的生机和活力。文化的先进性越高，文化安全程度才越高，发展先进文化是维护文化安全的重要保证。

我们要反对文化霸权、维护文化安全就必须大胆吸取和借鉴世界上最先进的文明成果，发挥高新科技在文化创新中的作用，加速知识观念更新，提升我国文化的国际竞争实力，激发中华民族的民族自豪感、爱国热情和民族向心力，保证我国文化的安全。

要加快文化安全立法，建立有效的国家文化安全预警机制。要在国家主权范围内有效行使文化立法权、文化管理权，运用法律的、行政的、市场的、经济的以及其他文化安全管制的手段，加强对西方文化产品进入的管理，吸纳和进口有助于我国文化产业发展和人民群众需要的文化产品，拒绝和抵制危害我国文化利益的文化产品，最大程度地避免西方文化产品进入我国市场产生的消极影响。同时，还要主动履行国际文化公约的义务，既保护自己的知识产权，也不侵占他人的合法权益。

全球化背景下区域文化的冲突及其建构

吴心福　孔祥林

吴心福：男，南京市社会主义学院副院长

孔祥林：男，南京市社会主义学院教务处处长，副教授

自20世纪90年代以来，全球化已经成为经济和社会生活诸多领域的一个重要发展趋势，全球化一词既指一种经济现象，又是一种政治现象、文化现象。全球化所带来的思维方式与价值判断的多元化，对世界上所存在的文化都有着强烈的影响，对于正在走向世界的中国而言，这种影响无疑更加明显。外来文化与区域文化的冲突已经显现，这是缘于不同历史传统、不同哲学理念的文化间的较量。在全球化背景下研究如何建构适应市场经济发展要求、具有地方特色的区域文化，对实现我国全面建设小康社会的奋斗目标有着重大的意义。

一、全球化与文化

全球化是指在全球经济、文化交流日益发展的情况下，世界各国之间的影响、合作、互动愈益加强，使得具有共性的文化样式逐渐普及推广成为全球通行标准的状态或趋势。全球化不仅限于经济领域，它同样渗透到思想、文化、科技、政治等各个领域，改变着人类生活和自然社会面貌。全球化表明人类社会正在进入全球社会时代，

全球社会呈现出相互依存、共同发展的局面。

全球化并不是一种新现象，可以追溯到15世纪美洲新大陆的发现。进入21世纪后，全球化浪潮的迅猛兴起，在人类社会的一切领域、一切方面造成了广泛而深刻的影响。形成全球化的根本原因是新科学技术革命为人类提供了新型生产力，快捷方便的交通和通信工具为人群的沟通交流提供了极为便利的手段和条件。全球化是在新科学技术革命影响下生产力发展的必然产物。全球化发展趋势几乎把所有国家和地区都卷进了世界经济和文明的发展大道。全球化的重要结果在于：人类在全球范围内被联系、被组织成一个有机系统，全球范围内的人类社会不单纯是各地区、各民族社会的集合体，而是成为与世界一体的有机联系的整体，各地区、各民族不过是全球系统中不可分离的一个组成部分。它们的发展日益强烈地受到其他地区和国家乃至全球系统的整体状况的影响，并深深地打上这种影响的烙印。全球化既是生产力发展的必然过程，也是人类文化激荡交融的历史进程，而作为"支撑人之生存和社会运行，为我们的行为提供合法性依据，提供标准的文化底座"[1]，是一国自立于世界并谋求发展的根基和依据。

全球化对世界体系产生了整合作用，体现在生活领域各个方面，尤其突出地表现在文化、精神层面的整合上。虽然全球化带来了巨大的经济发展空间和更多地获取物质利益的可能性，但在全球化过程中，文化的重要性越来越多地受到不同政体、族群、团体和个人关注。亨廷顿指出："对于人来说归根结底最重要的，不是政治意识形态或者经济利益。人们认同之所在，人们为之而战、而牺牲的，是信仰和家庭，血统和理念。"[2]文化总是以内在的、不知不觉的潜移默化的方式制约和规范每一个个体行为，赋予其目的、动机和意义。

关于文化有多种解释，19世纪英国文化史学家泰勒在《原始文

[1] 衣俊卿：《二十世纪：文化焦虑的时代》，《中国社会科学文摘》2003年5月。

[2] 王辑思：《文明冲突论的理论基础与现实意义 文明与国际政治——中国学者评亨廷顿的文明冲突论》，上海人民出版社1995年版，第186页。

化》一书中关于“文化”的定义，是最早有较大影响的定义。泰勒说：“文化，或文明，就其广泛的民族学意义说来，是包括全部的知识、信仰、艺术、道德、法律、风俗以及作为社会成员的人所掌握和接受的任何其他的才能和习惯的复合体。”❶有人认为对于文化不能限于形而上的解释，而应对其作出包括形而下的更为宽泛的解释，认为“全球化处于现代文化的中心地位，文化实践处于全球化的中心地位。”❷文化与人的生活息息相关，能够解决人们的精神层面和实践层面遇到的各种问题。胡塞尔指出：“文化的目的就是在特定的时代与地域界限内尽可能好地解答生活问题。”❸ 1982 年，世界文化政策会议通过的《墨西哥城文化政策宣言》指出：“文化是体现出一个社会或一个社会群体特点的那些精神的、物质的、理智的和感情的特征的完整复合体。文化不仅包括艺术和文学，而且包括生活方式、基本人权、价值体系、传统和信仰。”“文化赋予我们判断力和道义感，从而使我们成为有特别的人性的、理性的生物。我们正是通过文化辨别各种价值并做出选择。”❹

文化对于一个民族是非常重要的，在全球化时代这种重要性不仅没有被削弱，反而得到强化。一个国家和民族的发展，必须通过文化得到标志性体现。各国间的综合国力的竞争，归根到底是文化和科技的竞争，所谓民族复兴，其标准应当包含文化的繁荣和科技的进步。文化同时还是一个国家和民族发展的不竭动力，它作为国家精神财富的浓缩，承载了全民族认同的价值取向、精神支柱的血液输送功能，对于全体国民有着巨大的凝聚力和动员力。

---

❶ [英]爱德华・泰勒：《原始文化》，广西师范大学出版社 2005 年版。

❷ [英] 约翰・汤姆林森：《全球化与文化》，郭英剑译，南京大学出版社 2002 年版，第 1 页。

❸ [德]胡塞尔：《现象学与哲学的危机》，北京：国际文化出版公司 1988 年版，第 14 页。

❹ 欧文・拉兹洛：《多种文化的星球——联合国教科文组织国际专家小组的报告》，社会科学文献出版社 2001 年版。

二、全球化对区域文化带来的冲突

全球化时代理解文化本身必然会面临一个无法回避的问题，即文化冲突问题。当我们用跨文化的视角理解文化及其发展趋势时，文化的民族性与全球化之间的冲突便会呈现出来。作为民族文化的一个部分——区域文化，也就在全球化进程中显露其作用。它是顽强地排斥其他文化，还是被外来文化所同质化，是应当认真对待的问题。

全球化作为当代社会生活的一个既存事实，是工业文明发展一个不可逆转的结果。由于物质交流的需求，全球不同地区和国家的人，客观上需要一个世界市场和社会生活，因此一套全球时代通行的人类伦理和行事规则便由此产生，全球化意味着对这些全球文明成果的认同。全球化时代，人们的普遍交往空前扩大，经济的相互依赖不断加强，文化联系日益紧密，各个地域的相互影响不断加深，区域文化的存在形式和发展趋势必然受到全球文化的影响，在一定程度下出现同质化趋向。[1]

但是全球化时代以及文化本身又是一个复杂的矛盾混合体，是一个不断运动变化的过程和行为。它呈现出表面上同质性的一面，又必然会产生反同质化一面，即冲突性。当某种区域文化的文化生存空间在受到强势群体文化的挤压之时，必然导致区域文化对此的反抗并积极参与全球文化游戏规则的制定，以及运用这一体系来形成自我保护屏障。全球化下文化沟通确实会表现出一种意识形态的入侵，通过这种形式达到非领土性的扩张。强势文化对弱势文化（区域文化）群体进行意识形态的输出与根植，意识形态在文化领域的胜

---

[1] 从可口可乐、麦当劳看中国城乡人们的饮食，从梦特娇、皮尔·卡丹看中国城乡人们穿着，从好莱坞大片看中国城乡人们影视娱乐，从各小区的洋化命名看城市住宅，从马路上驰过的大量舶来品牌汽车看中国城乡交通……确实感觉在某种程度上中国与世界文化的一体性，即使这种一体性呈现的是一种表面与浅层。

利,为西方发达国家的商品输出赢取了合法化的通行证,为其进一步的世界性扩张扫平了障碍。但是,区域文化也必然存在反对这种文化扩张的冲动和自觉意识。“现状的权利建起了我们的意识要冲撞的外表。意识必须极力去冲撞这外表,只有这样才会更深层地假设从意识形态中解放出来。”[1]在对强势文化的反击中,区域文化获得自由和更广阔的发展空间。

全球化背景下对我国的民族文化、区域文化既有机遇又有挑战。全球化为改造继承民族文化、区域文化创造了条件,中国本土文化对世界各种文化的交流和融合乃至冲突,将促进本土文化改造和革新,那些封闭的、保守的、僵化的、固执的文化将会得到扬弃。全球化同时还有利于中国各地优秀区域文化的继承,因为文化交流过程为交流者提供了多种视域,从别的文化立场看自身区域文化,可能会更多地观察出其特点和优势,提升对自己所处的区域文化的自信,从而达到传承的目的。另外,在全球化背景下的文化交融中,各区域文化能更好吸引外来文化的优秀成果。先进的传媒、频繁的人员流动为各地吸引科技成果和人文思想提供了富有活力的平台,促进了各地的思想文化建设。

但是,也必须看到,全球化对中国的民族文化、区域文化带来了冲突与挑战,这是应当引起重视的问题。

第一,与本土价值观念的冲突。中国是具有悠久历史文化传统的国度,有历经几千年形成的富有深厚底蕴的价值观念。中国传统文化中自强不息、淡泊明志、入世进取、修身齐家、仁爱利他的价值观念充满了适应自然又饱含济世精神的人生智慧。这样的关注内省、强调境界的人生方式与现代西方文明中的拜金主义、消费主义的世俗化价值观念和弱肉强食、唯利是图的社会达尔文主义价值观是大相径庭的。西方文化中的这些内容在全球化过程中的中国社会有所扩散,特别是一些年轻人受其影响很大,这不仅不利于中国传统文化

[1] [德]阿多诺:《否定辩证法》,选自陈学明主编:《二十世纪哲学经典文本》,复旦大学出版社1999年版,第196页。

价值的弘扬，也与现代中国的社会主义核心价值观相去甚远。由信仰危机带来的精神颓废，由金钱至上带来的道德滑坡，由盲目竞争带来的秩序失范，给区域文化直至区域经济社会发展都产生了负面影响，成为区域文化必须面对的外来文化的冲击与威胁。

第二，文化殖民主义的危害。全球化在经济领域中表现为西方国家确立的经济治理与交往秩序向其他国家输送的过程，客观上形成了它们的强势文化。强势文化总是依托其强势经济和科技向外渗透，甚至搞起文化霸权主义，把自己的价值观念和价值准则强加于其他国家和民族，推行文化殖民主义。它们自觉不自觉地推行一种全球文化战略，力图使西方强势文化在许多方面取代非西方的本土文化，使文化的多样性失去其真实的意义。冷战结束后，西方国家某种势力的冷战思维并未随之结束，总有人认为西方文化是普世性的文化，其他文化在全球化语境都不具有普世性与合理性。它们在全球范围内，利用因特网、媒体、影视节目甚至战争等各种工具推广自己的价值观、生活方式和西方流行文化。这对其他国家文化的凝聚力和民族认同感产生了威胁，必然引起其他民族文化、区域文化对西方文化的深刻抵触和怀疑情绪。世界宗教的原教旨主义、文化保守主义思潮在一些地区高涨起来，这种思潮强调不同文化之间的差异性、对立性和不相容性，煽动民族和宗教狂热，并以唯我独尊的架势去迎接不同文化的挑战，造成的则不仅是文化层面的冲突，甚至引发恐怖主义和地区战争危险。

第三，对生活方式上冲击。中国的民族文化、区域文化在生活方式上受传统价值观的支配，表现为勤俭节约、中庸行事、诚信为本、父慈子孝、敬畏天地、为人内敛的为人处事方式。受全球化影响，西方的唯科学主义和后现代主义对中国人的生活方式产生冲击。唯科学主义在自然奥秘不断被揭示的基础上，逐步消解原来由宗教信仰所承担的社会道德塑造与合范性功能，演化成对科学的无限依赖与迷恋，却无法面对由科学无法解释的文化与人类精神生活的问题。人们身边随手可触的现代物质技术时时提醒着所谓的技术解决了人们的一切问题，中国传统的生活方式也被认为是落后、守旧、愚昧的代名词。后现代主义思潮打碎了一切有价值的东西,人生不再有什么意义,仅仅是不断消费着的动物性存在之物,虚无主义成为认知世界的一个通道。随之而来的生活方式就是怀疑一切,玩世不恭,拒绝崇高,卸载责任,一切都只是随着个人的欲望随意飘流。中国传统生活方式中"天将降大任于斯人"的责任,"留取丹心照汗青"的气节,不断地遭遇后现代主义的侵蚀。受后现代虚无主义影响而在中国青年中出现的无所顾忌和极端自我的生活方式在一定程度上成为流行与时髦。

三、全球化背景下的区域文化建构

面对全球化带来的文化冲击,我们应当看到,中国的民族文化,包括中国各地的区域文化是国家和民族的历史文化之根,也是未来文化发展源泉。全球化不可能淹没民族文化和区域文化,而是对区域文化的继承创新提出了新要求。全球化的趋势愈强,文化的民族性愈凸显,区域文化发展潜力愈大。正是区域文化的多样性推动本国文化得到发展进而与国际文明开展对话交流,在相互交融中促进世界文明之轮的前进。

区域文化的建构,就是基于区域文化的存在在全球化背景下不仅没有被消除,反而比以往更加突出这样一个事实,根据文化发展自身特殊的规律,利用全球化进程提供的机遇和有利条件,积极吸收利用外来有益文化,保持中华民族文化的优良传统和优势,同时也要自我淘汰区域文化中的糟粕,增强区域竞争力,促进区域经济社会的全面发展。

建构区域文化的重要性主要是:第一,区域文化具有提高社会凝聚力的社会整合功能。它通过在全社会形成共同理想、信念和主流社会意识形态,维系当地人民共同体观念,成为引导人们团结奋进的坚强纽带。第二,区域文化具有与区域经济相互促进的功能。一个区域经济活动的过程本身就是创造文化的过程,而这种文化体现了当地人民主体创造力的价值。一个区域经济的快速发展,包含了当地人民创新意识和创新能力提升,这种创新文化为经济发展又提供了强大后劲。从经济贸易活动方式看,一切商业行为和企业管理过程都渗透着文化的因素。一个地域对经济行为的文化态度,既是当地经济水平的一个测量标准,又是当地文化发展水平的一个重要标志。第三,区域文化具有塑造人的功能。对于后发国家来说,全球化过程同时也是现代化的过程,社会现代化和人的现代化是同一个历史过程中不可分割的两个方面,社会现代化首先是人的现代化,人的现代化是社会现代化的前提。从当前我国区域文化水平的差异以及由此而造成的人的现代化程度的差别可以看出,必须通过建构区域文化,进行文化创新才能促进人的现代化。

区域文化建构是一项长期而繁重的任务,各地的经济社会发展水平不一导致各地文化建设任务的重点亦有不同,但在全球化背景下,建构区域文化的任务是各地都必须面对的。以南京为例,对它的区域文化及其城市精神的塑造仍然是一个需要不断研究、不断努力的过程。

南京是一座历史文化名城,有着一脉相传的历史文化积淀和丰富深厚的文化底蕴。作为“六朝古都”、“十朝都会”,南京文化光辉灿烂,从汤山古猿人类到六朝文化、明清文化、民国文化乃至当代文化,古都与文化的交融,形成了独具魅力的特色文化。南京经过数千年的风雨,通过各种文化的不断碰撞、融合,不仅留下了丰富的有形文化遗产,而且孕育了无形的独特的文化气质和优良的文化传统。这种文化气质与传统主要表现在三个方面:一是养成了崇文重教的传统。南京在历史上曾拥有中国曾经出现过的各类学校,上至太学、府学,下到县学、义学。目前拥有 48 所各类普通高等学校和为数众多的国家级科研院所,其中“211 工程”高校达 8 所,名列同类城市第一位。2006 年末南京地区拥有两院院士 76 人,每万人拥有的大学生人数 845 人、研究生 96 人,两项指标均列全国第一。尊师重教一直蔚然成风。同样作为经济相对发达的邻近省份,江苏和浙江的区域文化就呈现不同的表征，浙江省素来就表现出“务实、重利”的文化特征，强调“入市”的价值观，以物质财富多少作为评价人的标准。相比较，江苏省历来就是文化大省，十分重视教育并强调文化知识学习的重要性，具有江苏区域文化特点的南京人崇文重教成为传统风气。[1]二是造就了海纳百川的胸怀。由于特殊的地理位置，南京文化属吴头楚尾，自古以来又是南北文化交汇之处，另外，由于战争、政治等因素造成的大规模的人口变动，不同地域文化的人口在南京混合，促成了本地文化与外来文化的融合，造就了南京文化海纳百川的风度。三是形成了凝重而不古板的气质。南京历代王朝由于政权频繁更迭，使得南京形成了带有偏安王朝的文化特色，这与其他古都是有所不同的，宫廷文化和市井文化在这里相互补充，形成了凝重而又不古板的文化形态。

2004 年 8 月，海默（北京蓝色海岸出版中心总编辑、总策划，CCTV 城市中国评选活动专家评委）出版了一本名为《中国城市批判》的书，对中国 16 个城市的文化个性和命运进行了批判，其中就有《伤感孤独的南京：一个丢了“魂儿”的城市》一文。书中对南京区域文化的不足进行了点评，认为南京的气质伤感而孤独，南京人甘于平庸，南京的旨趣是驳杂的，南京城市建设者对现代艺术无知，南京不争第一只求不是最后。应该说书中这些观点虽存在偏颇之处，但在一定程度上点中南京区域文化在全球化背景下不合潮流的要害。需要反思南京区域文化与现代化要求不相适应的东西，对区域文化加以建构。

第一，区域文化建构要坚持正确的指导思想，保持区域特色。要坚定不移地坚持马克思主义在意识形态领域的指导地位，建设社会主义核心价值体系，并把中国特色社会主义的共同理想作为社会主义核心价值体系主要内容。这是中国文化成功应对全球化挑战的根本思想保证，也是区域文化的构建方向和精神力量的源泉。区域文

[1] 参见余菲菲：《区域文化差异及其对民营企业家能力的影响——以江苏和浙江为例》，《商业经济与管理》2007 年第 7 期。

化建设要把提高当地人民的自信心作为重要任务，形成共同的目标追求，不断增强凝聚力。区域文化的建构要点在于保持特色，只有特色才是文化的生命力，这就要求南京继承和发扬传统文化的优秀成果，同时吸收借鉴外来文化（包括外国和中国其他区域）的有益成果，大力推进文化创新，通过提高文化传播能力扩大南京地方文化的影响力，通过在城建领域的特色成果和旅游行业的良好口碑验证南京区域文化建构之成效。

第二，区域文化建构要保持开放包容的文化心态。区域文化建构在全球化背景下存在吸收先进文化的过程，这就要求以开放的心态对待外来文化。对于经济贸易的通行规则要尊重、认同并遵守，而不是反其道行之，利用小聪明钻规则漏洞以获取利益。姑且不论道德与否，这样获取利益的方式对于个别人来说可能一时做到，但对一个区域来说，是无论如何不能做到的，即使偶尔获利，其害处也是影响深远的。对于外来文化中的文明生活方式也要加以学习借鉴，守时、谦让、礼貌、环保、节俭等外来文化可以与本地传统文化相结合，生长出更加美好的果子。要以积极的姿态开展对外开放和文化交流，通过现代发达的传媒手段，习得更加开放的胸襟，对自身内在价值进行创造性重构，促使地方实现由传统社会到现代社会的转变，保持区域文化获得更广阔的发展空间。

第三，区域文化建构要突出创业创新精神。创业创新是全球化浪潮下文化生成与传播的可贵品质，也是区域文化建构的重心。历史上的南京由于偏安王朝以及重官轻商的传统，形成了相对保守的精神性格。2009 年 4 月 14 日，中国社会科学院 2009 年《城市竞争力蓝皮书》发布，南京在人才竞争力上进入前 10 名，但在其他诸多指标中却没能把这一优势转化为现实的竞争优势。这要求南京人培养起敢为人先、善为人先的品格，变安逸闲适为创业发展，变急功近利为强化责任意识，变你死我活的竞争为互惠多赢，变办事重人情血缘为重规则法理，树立人与自然和谐的生态伦理精神，以勇气和创造力，走出一条具有鲜明南京区域特色的经济社会发展路子，在传统区域文化因子中注入与时俱进的现代品格，形成区域文明性质独特的精神气质。

第四，区域文化建构要着眼于培育人的主体自觉意识。南京原有的文化观念中某些成分成为制约地方发展的负面因素，现在应当通过文化重构建设新型的文化观念，以适应市场经济与现代化建设的需要。这种文化观念更新的根本在于人的主体自觉意识的培育。要进一步加强南京人主体意识的唤醒和主体创造力的充分发挥，政府在文化建设中须以提高人的素质为切入点，切实支持文化建设和理论创新。造就具有独立的主体意识且富有创造力的一方人，是一件会产生历史积淀和深远影响的事情，做好教化工作也是功德无量的一番事业。

第五，区域文化建构要精心设计实践平台。要进一步完善制度建设，真正转变政府的职能，为社会经济发展营造有利的制度文化环境。政府在进行制度安排时应考虑到非正式约束的文化因素存在，实现制度规范与区域文化的融合。要加快政府职能转变，使政府真正成为服务型的政府，以服务型行政文化带动区域服务意识、服务观念的提升，进而形成适应全球化要求的服务型文化。建构区域文化要通过一系列抓手和平台积极推进，可以通过重大活动来倡导区域优秀文化，通过培育先进典型来示范区域文化精神，通过推出文艺精品和艺术形象来表现区域文化追求，通过文明城区创建的常态化来升华城市精神。

总之，全球化对人类的物质生活和精神生活正在产生着极大的影响。“全球资本主义既促进文化同质性，又促进文化异质性，而且既受到文化同质性制约，又受到文化异质性制约。”[1]在全球化背景下，区域文化面临着全球文化同质化和区域文化本土化的冲突。南京的区域文化建构应该从全球化视野去认识发展，扬长避短，充分发挥全球化带来的历史性机遇，以文化包容的心态建构适应全球化趋势的富有区域特色、有利于促进区域文明水平整体提升的区域文化。

[1] [美]罗兰·罗伯森:《全球化——社会理论和全球文化》，梁光严译，上海人民出版社2000年出版，第249页。

结　语

2009 年“区域文化与中华文化”论坛综述

李 菡

李菡：女，山东省社会主义学院教授

2009 年 5 月 9 日至 12 日，由中华文化学院主办、山东中华文化学院承办的第五次全国中华文化学院工作会议暨“区域文化与中华文化——2009 年中华文化论坛”，在山东省社会主义学院召开。来自全国各省、自治区、直辖市和部分副省级城市社会主义学院分管文化学院工作的负责人和专家共 90 余人参加了论坛，提交论文 29 篇，进行主题发言 14 人。

本次论坛的主题是“区域文化与中华文化”。论坛以主题发言为脉络，围绕区域文化与中华文化的关系、区域文化与统一战线、区域文化与中华民族凝聚力、中华文化与海外统战工作等问题，展开了真诚、热烈而又冷静、理性的探讨，发表了许多精辟独到的见解，提出了许多富有建设性和启发性的意见和建议。现将本次论坛的基本研讨情况综述如下。

一、关于中华文化价值精神体系的综合观点

文化是一个民族的精神、灵魂，对中华文化价值精神体系的探讨，是希望能够激起国人的民族心理并引起共鸣。

中华文化学院文化教研部主任李道湘教授作了“全球化背景下

中华民族精神的建构”的发言，他认为全球化浪潮席卷全世界，带来了各种思潮的相互激荡，民族精神作为文化的内核受到的影响和冲击将是最后的，也是最为激烈的。随着中国不断融入国际社会，中华文化与世界各种文化直接谋面的机会将不断增加，这也意味着各种文化之间的摩擦不可避免，作为体现民族根本特征的中华民族精神最终也要面对各种深层次的冲突。在全球化背景下中华民族精神面临的机遇和挑战主要是文化的发展呈现的三种趋势：即文化的全球化、文化的多元化和文化的殖民化。因此，在全球化的背景下，构筑体现中华民族特点的中华文化价值体系，建构具有民族特点的中华民族精神是历史赋予我们这一代人的责任。

中华文化学院文化教研室主任于铭松教授作了关于“中华传统价值与普世价值”的发言，他认为在现实社会环境中，大多数人包括我们自己在内，都是在追求物质生活，我们的价值观有些地方出现了问题。如果社会没有共同约定的价值准则，那么，可能会在一定程度上影响到中国的发展，影响到中国的崛起。而中国崛起的伦理动因，或者说价值支撑他认为有两点：一是中国崛起的价值支撑离不开人类共同创造的优秀文明，比如说自由、平等、民主、人权等共同的价值理想。二是，中国崛起的价值支撑也离不开中华优秀的传统价值观，比如说天人合一、和为贵、和而不同、己所不欲勿施于人等这些价值理想。对统战领域而言，中华传统文化价值中的贵和持中的理念，与统一战线的大团结大联合的主题相契合，对统一战线政策产生了重大的影响。

二、中华文化的功能

文化在一个民族生存和发展的过程中所独具的功能是巨大、多重的。与会专家从不同角度对中华文化的功能进行了阐述。

宁夏中华文化学院副院长邢宗兰对传统文化在软实力中的作用提出了两个观点：一是文化价值论，即文化决定一个国家、一个民族乃至一个人的价值观;另一个是中华优秀传统文化是中华文化软实力的基因,弘扬传播传统文化,可以提升我国的文化软实力。而我国文化软实力的提升必须注重优秀传统文化的教育和传播,要认识到加强优秀传统文化教育是增强国民对本国文化自信心的需要,加强文化交流是展示国家形象、提升国家文化软实力的重要途径,是我们义不容辞的责任。

长春市社会主义学院副院长周承铭从区域文化与整体文化及整体凝聚力的关系、增强中华民族凝聚力的主要文化方略两个方面谈了自己的观点。他指出区域文化与民族文化有着千丝万缕的联系,又有着独立于民族文化之外的特质,两者是构成整体文化的主要元素,是产生整体凝聚力的重要根源。而中华民族凝聚力是中华各民族、各区域凝聚力的整合,其根源来自中华文化。对历史传统文化、区域文化、民族文化的认同构成了中华民族凝聚力形成的基础,积极弘扬包括区域文化、传统文化在内的中华文化是增强中华民族凝聚力的重要途径。

江苏中华文化学院副教授潘国政从中华文化是联结港澳台同胞和海外侨胞的精神纽带,进一步弘扬中华民族精神、团结和凝聚港澳台同胞和海外侨胞开展统一战线工作,弘扬中华优秀文化、推动港澳台同胞海外统战工作三个方面阐述了自己的观点。他认为文化认同是中华民族凝聚力的基础,"大一统"思想是中华民族凝聚力的源泉,爱国主义精神是中华民族凝聚的核心。在如何进一步弘扬中华民族精神方面,需要以中华文化为精神纽带,建立海外统战工作长效机制,夯实海外统战的思想基础,扩大海外统战的政治基础。在文化自身建设方面,要继承优秀传统文化,发展中国特色社会主义文化;推广华文教育,传承中华民族精神;加强文化交流,扩大中华文化海外影响力。

甘肃中华文化学院副院长辛刚国就区域文化和文化产业的几个问题谈了自己的观点。他认为区域文化就是中华大地特定区域源远流长、独具特色、传承至今,定然能发挥作用的文化传统,表现为区域性或者说地域性、历史稳定性和现实的影响力三个特征。区域文化资源是发展文化产业的基础,它具有非独占性。经济发展与文化产业发展存在着不平衡性。区域文化资源仅仅是为文化产业发展提供了一种可能,能否把区域文化资源转化为现实的生产力,最主要的因素有两个,一是人才,二是体制、机制。而发展文化产业一个很重要的问题就是要做好文化产业链的发展。对于区域文化的比较问题,辛刚国院长指出要有和而不同的文化观,这应该是将来区域文化发展的一个方向,也是对各自区域文化应该持有的态度。

黑龙江省社会主义学院文章指出,文化是人类社会的灵魂,经济、政治、军事及外交等一切活动都包含着文化。文化是一个国家的软实力,在人类社会的历史长河中处于重要地位。文章就如何发挥区域文化在地方经济建设和统战工作中的作用作了阐述。

三、地域文化研究相关问题

论坛中,各与会专家就地域文化研究过程中的相关问题进行了广泛而深入的讨论。

山东省社科联党组书记、副主席刘德龙就地域文化的界定与特点、当前地域文化研究的特点和作用、研究开发过程中应坚持的方针原则进行了论述。他首先论证了使用“地域文化”称谓的合理性,并提出当前地域文化研究的主要特点:第一,地域文化研究被纳入了建设社会主义先进文化的轨道,形成了全国性的地域文化研究热;第二,当前地域文化研究逐步由物质形态的文化延伸至非物质形态的文化层面;第三,当前地域文化研究在地域文化典籍和遗存的搜集、整理、保护、展示及濒危文化的抢救等方面有很大进展;第四,当前在地域文化的研究力量、研究方法、研究成果方面还有许多不足。关于研究开发地域文化应坚持的方针原则,刘德龙指出:地域文化的研究必须互补互助,互相学习借鉴。研究地域文化不能仅仅是发思古之幽情,也不能仅仅搞小循环。对地域文化必须坚持科学对待、正确区分的方针原则。

九三学社中央副主席、中央社院副院长邵鸿针对大众史学视角下地域历史文化研究的意义与努力方向进行了发言。他指出，地域性的历史文化研究不仅具有整体性历史文化研究的诸多意义，同时有自己独特的功能和长处：一是有助于认识了解地方经济、社会、文化、风俗的发展变迁，从而为地方社会治理和经济发展提供帮助；二是有助于深刻认识、整体把握中华文明；三是有助于推动地方经济文化建设。从大众史学角度来看，地域史学研究应注意的问题是：第一，进一步明确面向大众的目的性；第二，注重提高大众的参与度；第三，加强地方公共历史人才和技能的培养；第四，充分利用现代科技手段和媒体形式提高研究和传播效率。

中华文化学院中华文化教研部讲师刘芳彬认为，香港文化是中华文化的组成部分，中华文化是香港文化的根和源。但在英国一百多年的殖民统治下，香港文化出现了一些“断根”现象。因此，“一国两制”条件下的香港文化建设要解决的是对中华文化的“续根”问题。

沈阳社院副处长张煜、科长那新认为，全球化已经逐步影响到世界政治、文化等方面。充分认识区域文化建设的战略地位，准确定位区域文化在全球化背景下的基点和坐标，对于促进区域政治、经济、文化、社会、生态五位一体的发展、构建和谐社会具有重要的意义。

南京市社会主义学院院长吴心福、教务处处长孔祥林文章指出，区域文化的建构，要根据文化发展的自身特殊规律，利用全球化进程提供的机遇和有利条件，积极吸收利用外来有益文化，保持区域文化的优良传统和特色，自我淘汰区域文化中的糟粕，以增强区域竞争力，促进区域经济社会的全面发展。

天津社会主义学院研究员周秀泉认为，区域文化是值得研究和开发的领域，需要从基础做起并长期坚持下去。区域文化的社会效益与经济效益是区域文化产生影响的两个方面。区域文化是以中华文化为特征的，是以中华文化为思想内涵的，区域文化是对中华文化的弘扬。

山西社会主义学院李祥熙副院长就加强山西旅游景观文化建设阐述了自己的看法。他指出,山西是华夏文明的发祥地之一,也是中国历史文物保存最多的省份之一。山西在盘活宝贵的文化资源、变资源优势为旅游产业优势方面做了大量的工作,但同时也日益凸显出旅游景观与文化脱节等问题。加强景观文化设施建设是关系山西历史资源可持续利用的重要课题。

山西民俗专家聂元龙从山西民俗文化资源的特色与现状出发,从非物质文化遗产保护工程和建设山西文化强省的战略着眼,就对山西民俗文化资源和相关保护项目谈了自己的看法和建议。

四、各地区区域文化研究成果

针对不同地区区域文化的特点、价值及其在中华文化中或中心,或边缘的地位与不同作用,来自全国各地的学者分别进行了交流。

(一)齐鲁文化

山东省政协副主席、致公党山东省委主委、山东社院院长王志民围绕齐鲁文化与中华文明的关系进行了深入的探讨,提出以“轴心时代”为分野,齐鲁文化分别是中华文化的发祥地之一、中心、圣地的观点。历史学界将公元前800年至公元前200年称为“轴心时代”,这一历史时期对应中国的春秋战国时期,正是中国文化发展一个辉煌灿烂的时代。轴心时代之前,齐鲁是中华文明的发祥地之一。一方面,历史学家傅斯年等人在山东发现了龙山文化,考古发掘与夏鼐等学者的论述等均证明,齐鲁是中国文明的起源地之一;另一方面,泰山地区是上古时期中国文明上层的集中地。周朝建国后将周公与姜太公这两位具有特殊地位的人分封与齐、鲁,使得齐鲁之地历史上就具有较高的文化底蕴。在轴心时代,齐鲁是中华文明的中心。一方面,诸子百家大部出自齐鲁或与齐鲁有关;另一方面,稷下学宫是当时官方最大的诸子百家集合的中心,形成了百家争鸣的局面。正可谓是:诸子大半出齐鲁,百家争鸣于稷下。轴心时代之后的2000年,随着孔子的思想在汉代后成为中国文化的主干及其他因素的共同影响,齐鲁成为中华文化的圣地。

山东省社会主义学院于志平副院长就齐鲁文化与民族凝聚力的问题进行了探讨。他指出,齐鲁文化不仅是中华文化的重要组成部分,而且是中华文化的主干和核心。齐鲁文化上承三代,下启后世,将中华数千年文化传统联为大一统。齐鲁文化的"大一统"理念,是中华民族凝聚力活的灵魂;"和合"精神,是中华民族民族凝聚力的思想基础;"自强不息"的价值取向,是中华民族凝聚力的精神支柱;"民本"思想,是中华民族凝聚力的内在源泉。

(二)儒家文化

山东省社会主义学院李菡教授阐述了儒家文化的内涵及其对于中华文化的意义。指出,衍生于齐鲁大地、形成于春秋战国时期的儒家文化,以其博大精深的内涵和兼容并蓄的影响力,长期处于中华传统文化的主体地位,成为中华传统文化的主干和核心。其精神特性深深根植于民族性格中并已积淀为中华民族的共同思维模式和价值取向,同时对增强中华民族的凝聚力起着不可估量的作用。

(三)青海文化

青海社院工作处副处长郭敏丽从青海地方文化的特点与价值出发,对如何进一步弘扬中华文化与区域文化进行了思考。青海地方文化具有多元一体性、融合性、开放性与封闭性、边缘性、独一性等特点。青海地方文化的价值体现在构筑青海实力、旅游、生态、文化安全、民族认同等多个方面。青海地方文化的弘扬具体要从增强青海各族人民的文化自信和自豪感、保持青海生态环境、增强民族凝聚力等几个方面努力。

(四)闽台文化

福建社院副院长陈飞在发言中着重分析了闽台文化的主要特点与作用。指出,闽与台早已是文化共同体,闽台文化充分体现了中华民族文化的多元一体化格局。闽台文化的主要特点包括:生存性,敢冒风险、爱拼会赢；内蕴性，质朴率直、宽容谦谨；传承性，怀祖敬上、友善易融；开放性，豁达致远、变革求新；发展性，淡泊名利、无私为公。闽台文化的特点有利于增强中华民族文化的辐射力、亲和力、凝聚力、融汇力、转化力。

（五）海派文化

上海社院教研室副主任蒋连华通过从视野与理念、材料的取舍和运作方式三个角度探讨《海派文化概览》的编撰特点，汇报了上海区域文化的研究成果。《海派文化概览》的编撰坚持中国共产党大文化的理念与视野，在材料的取舍上突出区域文化独特性与普遍性的统一，在编撰上采用社会化运作方式。海派文化具有明显的工商业城市发展的时代印记，具有趋利、世俗、多变、个性解放、革新、崇洋、多样、宽容的文化特征。

（六）北方草原文化

内蒙古中华文化学院副院长杨道尔吉沿着草原文化的概念、草原文化研究的现状及成果、草原文化对中华文化的影响、近长城区域文化的形成这一脉络，论证了北方草原文化是中华文化重要组成部分的观点。中国北方草原文化，是指在北方温带半干旱区域，旱生或半旱生草原植物群落生长的一种文化形态，其核心理念可归结为：崇尚自然、践行开放、恪守信誉。历史上北方草原文化的融入汇聚，推动着中华文化多元一体格局的形成。内蒙古草原文化的分区应该重视近长城区域文化，应该重视来自中原的影响，这种影响非常广泛。

内蒙古社院钱灵犀副院长就草原文化发表了自己的看法：草原文化是中华文化的重要组成部分，是中华文化发展的一个重要动力源泉。草原文化以其游牧民族特有的豪迈刚健的气质和品格，作用于稳健儒雅的中原文化，使中华文化不断获得生机与活力。

（七）燕赵文化

河北社院基础教学部主任赵秀忠从梳理燕赵文化入手，提炼出河北人文精神中可资借鉴的统战文化元素，并就以燕赵文化为媒，推动统一战线发展提出了思路与对策。燕赵文化是指发生、蕴积、流传和发展在古燕赵区域为中心的历史传统文化。"坚韧质朴、重信尚义、宽厚包容、务实创新"十六个字,体现了河北人文精神。利用燕赵文化可以更好地促进社会和谐,团结海内外同胞尤其是海外河北籍同胞,推动文化产业发展。

(八)吉林文化

吉林社院白树海副院长、讲师潘越认为,从历史上看,吉林是一个多民族聚合地,形成了多民族文化聚合的独特的少数民族文化。社会基础与计划经济相结合,使吉林人产生了对自然资源和外部条件的依赖性,形成了具有很大惰性的"小农意识"。吉林要发展,就要按照社会主义先进文化前进方向塑造吉林特色文化。

(九)辽海文化

辽宁社院陈汉洲副院长、曹丽薇教授阐述了辽海文化。辽海文化是河文化——辽河(含浑河、太子河)、大凌河、鸭绿江流域的文化,及海文化——辽宁区域内的黄海、渤海及周遭文化的综合体。辽宁区域文化因其独有的特质对中华文化产生了叠加与激活的作用。

(十)重庆抗战文化

重庆社会主义学院汪守军副教授认为,中国共产党领导的重庆抗战文化是抗战时期我党文化统一战线的重要组成部分。它不仅传承了重庆本土传统优秀文化的精神,而且在抗战时期又融入到抗日救亡的文化运动中吸取营养,为抗战的最后胜利作出了巨大的贡献,也促进了海外统一战线的形成和巩固,并在以后的社会主义革命、建设、改革和发展过程中走出重庆狭窄的范围,继续贡献自己的力量。

(十一)龙江文化

黑龙江广袤的黑土地积淀了移民文化、流人文化、北大荒文化、冰雪文化、石油文化、森林文化,从而构成了多元化的龙江文化格局和既具有边疆和民族色彩,又带有中西合璧、南北交融性质的文明特质。

五、统战文化探析

宁波社院处长、副教授鄂焕成指出,所谓统战文化,就是在长期的统一战线实践中形成的一种精神和价值观念。它以历史上统一战线的实践为渊源，以悠久的具有极强包容性的中华文化为精神支柱，以中国共产党长期的统战工作实践为现实基础，经过提炼而成形，具有很长的历史跨度和深厚的底蕴。新时期的统战文化，是社会主义政治文明的一个重要内容，是社会主义和谐文化的重要组成部分，它的核心理念是“和”。

吉林社院白树海副院长、讲师潘越认为，中华文化是中华民族每一分子的“底色”，也是统一战线的“文化营养”。统一战线是马克思主义与中国国情相结合的产物，也是中国共产党人吸收了中华传统文化精华的结果。中华文化中的大一统思想、和合精神、尚中庸的包容态度和求同存异的原则等内容，是统一战线的文化渊源。

六、华人华侨与中国的现代化研究

中华文化学院教授吴乃华文章指出，随着中国人移民海外，中华文化随之也传播到世界各地，对各地社会进步产生了积极的影响，体现了这种文化的价值。海外华人华侨素有深厚的爱国传统，他们在加快中国革命的成功、推进中国的改革开放和现代化建设、促进祖国的和平统一、发展中国和所在国的友好关系等方面都起着不可替代的作用。

在闭幕式上，中央社院副院长黄易宇作了总结讲话。他充分肯定了论坛所取得的丰硕成果，指出本次论坛是中华文化学院系统内部第一次以工作探索和学术交流相结合的形式举办的学术论坛，不仅听到了知名专家学者的声音，也使各地文化学院从事研究工作的同仁拥有更多的话语权，提高了研究的积极性和学术水平，创造了深入交流的崭新平台。

本次论坛是一次文化的盛会，对于促进区域文化特色的研究、区域文化对中华文化贡献的研究和以中华文化为纽带开展海外统战工作方面都将起到重要的推动作用。

后　记

后　记

继2008年举办的题为“走向世界的中华文化”论坛之后，由中华文化学院主办、山东中华文化学院承办的中华文化论坛于2009年5月8日在山东社会主义学院召开。论坛的主题是“区域文化与中华文化”。来自全国各级社会主义学院及各方面的专家学者90余人参加了论坛，收到学术论文30余篇。论文从不同方面对区域文化、中华文化及二者的关系作了深入的研究和探讨，具有较高的学术价值和实践意义。现将论文编辑成册，供人们研究参考之用。论文涉及范围较广，按照专题分为以下几类：区域文化研究的几个问题、区域文化与中华文化、区域文化的人文价值、区域文化与统一战线、区域文化与全球化。

参加文稿收集汇总的有：冯涛、孟淼淼、李菡。参加本书初稿审读、编辑的有：李道湘、吴乃华、于铭松。李道湘、于铭松对文稿进行编辑和统稿，最后由黄易宇、于志平定稿。感谢为本书出版提供大力支持的领导，感谢知识产权出版社赵军同志为本书的辛勤劳动。

编　者

2009年10月